동남아시아 현대사와
세계열강의 자본주의 팽창

●

하권

「이 도서의 국립중앙도서관 출판시도서목록(CIP)은 e-CIP홈페이지(http://www.nl.go.kr/ecip)와 국가자료공동목록시스템 (http://www.nl.go.kr/kolisnet)에서 이용하실 수 있습니다.(CIP제어번호: CIP2011004512)」

동남아시아 현대사와 세계열강의 자본주의 팽창 ● 하권

초판 1쇄 인쇄 2011년 11월 21일 | **초판 1쇄 발행** 2011년 11월 25일
지은이 이마가와 에이치 | **옮긴이** 이홍배 | **펴낸이** 한혜경 | **펴낸곳** 도서출판 異彩(이채) | **주소**
135-100 서울특별시 강남구 청담동 68-19 리버뷰 오피스텔 1110호 | **출판등록** 1997년 5월 12일 제
16-1465호 | **전화** 02)511-1891, 512-1891 | **팩스** 02)511-1244 | **e-mail** yiche7@dreamwiz.com

續新裝版 東南アジア現代史 / 今川瑛一

ZOKU DOUNAN AZIA GENDAISHI by IMAGAWA Eiichi
Copyright ⓒ 1999 by IMAGAWA Eiichi
Original Japanese edition published in Japan by AKISHOBO

Korean translation rights by YICHE PUBLISHING CO., Korea
arranged with AKISHOBO, Japan
through BESTUN KOREA Agency
All rights reserved..

이 책의 한국어판 저작권은 베스툰 코리아 에이전시를 통한 일본 저작권자와의 독점계약으로 도서출판 이채에 있습니다. 저작권법에 의해 한국 내에서 보호를 받는 저작물이므로 무단전재나 복제, 광전자 매체 수록 등을 금합니다.

978-89-88621-89-9 04910
978-89-88621-91-2 04910(하권)

*값은 뒤표지에 있으며, 잘못된 책은 바꿔 드립니다.

동남아시아 현대사와
세계열강의 자본주의 팽창

●

하권

이마가와 에이치(今川瑛一) 지음 / 이홍배 옮김

머리말

미중 대립, 미소 냉전의 시대에서 탈냉전의 시대로

동남아시아의 현대사를 돌이켜 보면, 1945년 8월 15일 일본의 항복에 따른 인도차이나와 인도네시아에서의 격렬한 독립투쟁으로 대표되는 정치적 격동과 함께, 1950년 6월 25일 발발한 한국전쟁이 그 후 세계 각국의 정치, 경제에 중대한 영향을 미친 점을 지적할 수 있다.

한국전쟁은 어느 정도 수습 단계에 접어든 것처럼 보였던 미소 대립을 다시 격화시켜 미소 냉전이 장기화되는 원인을 제공했다. 그리고 한국전쟁에 중공군의 개입과 이에 따른 미중 간의 직접적인 전투는 그 후, 아시아에 오랜 세월 동안 미중 간 대립의 시대를 초래하여, 미소 대립과 함께 동남아시아를 포함한 아시아 전역의 정치, 경제에 지대한 영향을 미치는 요인으로 작용하였다. 따라서 제2차 세계대전 이후의 세계정세를 결정지었다고 할 수 있는 사건들을 토대로 분석을 전개하는 것은 매우 의미 있는 방법이 아닌가 생각된다.

주지하는 바와 같이 한국전쟁은 지금으로부터 60여 년 전에 일어났지만 젊은 세대에게는 익숙하지 않은 사건일 것이다. 그러나 60여 년 전 발발한 한국전쟁이 아시아에 미소 냉전의 시대를 가져오고 그 후 베트남전쟁 등의 대동란을 일으키는 원인을 제공했다는 것은 명백한 사실이다. 그렇기에 이 책에서 서술하고 있는 한국전쟁 이후 60여 년 동안의 동남아시아 현대사를 이해하는 것은, 모든 독자들에게 현재의 동남아시아와 함께 일본의 위치, 중국의 입장, 미국을 비롯한 세계열강들의 자본주의 팽창에 대한 욕망 등에 대해 보다 명확한 인식을 얻게 할 것이다.

이 책 『동남아시아 현대사와 세계열강의 자본주의 팽창』은 상권과 하권으로 구성되어 있다. 상권에서는 20세기 초 세계 대공황의 발발 시점부터 1950년경에 걸쳐 전개된 서구열강의 식민지화와 일본 제국주의 침략으로 인해 끊임없이 혼란의 시기를 보내야 했던 동남아시아 각국의 독립투쟁의 역사적 현장을 추적한 데 이어, 하권에서는 1950년부터 2000년까지를 대상으로 한국전쟁과 베트남전쟁, 미중 대립과 미소 냉전시대라는 참혹하고 긴박한 역사적 현장의 주인공이었던 동남아시아 각국의 정치, 경제적 투쟁과 생존, 자립과 발전을 위한 격렬한 몸부림을 사실적으로 묘사하고 있다.

또한 하권 역시 상권과 동일하게 동남아시아 현대사를 국가별, 사건별로 기술하지 않고, 동남아시아 전체를 하나의 국가로 설정하여 시대별로 분석한 후, 동남아시아 전 지역의 정치, 경제의 전체적 움직임을 서술하였다.

끝으로 상하권을 통해 20세기 100년이라는 세월 동안 동남아시아가 걸어 온 역사적 현장을 재현하고자 했던 이 책의 시도가 성공했는가 그렇지 못했는가는 독자 여러분의 판단에 맡기고 싶다.

2009년 2월

이마가와 에이치(今川瑛一)

목 차

머리말 4

제1장 한국전쟁과 아시아   11

1. 한국전쟁의 배경   13
2. 한국전쟁과 중국의 참전, 그리고 미국의 대응   16
3. 한국전쟁으로 인한 경제적 타격   22

제2장 한국전쟁과 동남아시아 정치   27

1. 반공 국가들의 정권 강화   29
   필리핀: 공산세력의 패퇴 29 / 태국: 피분의 권력 강화와 도전자들 32 / 영국령 말레이시아: 곤경에 처한 말레이시아공산당 35

2. 중립국의 국가통일 투쟁   40
   인도네시아: 통일국가 결성을 위한 고투(苦鬪) 40 / 미얀마: 내전과 냉전 48

3. 인도차이나전쟁   53
   1차 인도차이나전쟁 53 / 디엔비엔푸 전투 56 / 시아누크의 투쟁 58

제3장 평화공존과 불황 속의 경제 건설   63

1. 제네바회의, 평화공존 그리고 반둥회의   65
   제네바협정 65 / 평화공존과 중립주의 대두 67 / 반둥회의 69

2. 자립경제 건설을 위한 노력   72
   1차 생산물의 불황 72 / 1차 생산물 가격 하락 74 / 1차 생산물 불황의 영향 77

3. 불황 속에서의 경제 건설   79
   공업화 선진국 필리핀의 위기 79 / 쌀 수출국의 명암 81 / 독립 말레이시아연방의 출발 84 / 인도네시아의 정치 위기 87 / 인도차이나 국가들의 경제 재건 91

제4장 냉전의 부활과 신흥 정권들의 정치 위기　95

1. 냉전의 부활과 세계정세　97
   스탈린비판과 헝가리 사건 97 / 수에즈 위기 100 / 이라크혁명과 쿠바혁명 101 / 중국에서 발생한 위기 102

2. 대륙부 동남아시아의 위기　106
   태국: 사릿의 쿠데타 106 / 분열하는 미얀마 113 / 인도차이나 위기의 심화 117

3. 해양부 동남아시아의 격동　125
   필리핀: 막사이사이의 죽음 125 / 말레이시아연방: 말레이시아인 우월주의 국가의 출범 128 / 인도네시아: 수카르노의 도전과 수마트라 반란 130

제5장 베트남전쟁 전야　141

1. 1960년 동아시아의 투쟁　144
   한국, 이승만 정권의 붕괴 144 / 미일안보 반대투쟁 145

2. 유연반응전략과 실험장, 인도차이나　149
   케네디와 라오스의 위기 150 / 미국 정부의 베트남 개입 155

3. 인도차이나, 1963년의 비극　161
   반(反)응오딘지엠 쿠데타 161 / 캄보디아: 서서히 다가오는 위기 165

제6장 동남아시아의 새로운 투쟁　171

1. 태국과 미얀마의 상반된 행보　173
   성장이 뚜렷한 태국 경제 173 / 미얀마: 네윈 장군의 쿠데타 175 / 미얀마식 사회주의의 추진 177

2. 수카르노의 투쟁　184
   내전 승리와 서이리안 회복 투쟁 184 / 파문을 일으킨 말레이시아 구상 187 / 말레이시아 대결 192

제7장 1965년의 전환기   197

1. 미군의 베트남전쟁 개입   201
   통킹만 사건 201 / 미 해병대의 다낭 상륙 203

2. 해양부 동남아시아의 변화   206
   싱가포르의 독립 206 / 9·30사건과 수카르노의 좌절 208

3. 태국, 미얀마, 말레이시아연방의 변화   214
   태국 공산세력의 무장봉기 214 / 미얀마 사회주의의 동요 216 / 마르코스의 등장 218

제8장 베트남전쟁   223

1. 베트남전쟁과 중국의 문화대혁명   225
   베트남에서 고전하는 미군 225 / 테트 대공세의 충격 228 / 베트남전쟁의 확대와 라오스, 캄보디아 230 / 중국의 문화대혁명 234

2. 말레이시아와 인도네시아의 다른 행보   236
   수하르토 체제 확립 236 / 인종 폭동과 부미푸트라 정책 240

3. 동남아시아국가연합 출범과 미얀마의 정세 불안 확산   243
   동남아시아국가연합 출범: 경제 발전에의 초석 243 / 정세 불안이 지속되던 미얀마 245

제9장 닉슨독트린과 탈냉전시대의 시작   249

1. 괌독트린의 충격   251
   중소 군사 충돌이 가져다준 행운 251 / 대중 화해를 위한 여러 방책 252

2. 캄보디아의 반시아누크 쿠데타   255
   우경화하는 시아누크와 론 놀 쿠데타 255 / 반격하는 중국과 시아누크 257

3. 닉슨의 중국 방문과 동남아시아 국가들   258
   닉슨의 중국 방문 258 / 닉슨의 방중 성명에 당황하는 친미 국가들 260

제10장 오일쇼크와 대혼란의 시대　267

1. 데탕트의 붕괴와 10월 중동전쟁　269
   데탕트 시대 269 / 데탕트의 붕괴 270

2. 반일 폭동과 동남아시아의 동요　273
   대혼란의 시대로 돌입 273 / 태국: 피로 얼룩진 일요일 274 / 반일 폭동의 충격 275 / 심화되는 동남아시아의 동요 277

3. 인도차이나 붕괴와 ASEAN의 정착　283
   인도차이나의 붕괴 283 / ASEAN의 단결 285 / 동티모르 문제 286

제11장 신캄보디아전쟁과 역오일쇼크의 시대　291

1. 신(新)캄보디아전쟁　293
   폴 포트 정권 대 베트남 293 / 근대화 중국 대 사회주의 베트남 296 / 중국카드와 베트남군의 캄보디아 침공 299 / 다시 긴장하는 동남아시아 302

2. 역(逆)오일쇼크와 민주화의 바람　306
   레이건의 반소전략과 1차 생산물 불황 306 / 1차 생산물 불황에 대한 동남아시아의 대책 308 / 마르코스 정권 붕괴 310 / 냉전 붕괴와 민주화 바람 312

제12장 탈냉전시대의 동남아시아　319

1. 플라자합의의 충격　321
   수출주도형 공업화 시대 321 / 사회주의 동남아시아의 대전환 326

2. 혼란의 탈냉전시대　331
   사라져가는 냉전의 산물들 331 / 통화위기와 수하르토 정권 붕괴 336

맺음말 343
옮긴이 후기 346
동남아시아 현대사 간략 연표(1929~1999년) 350
찾아보기 357

표 목록

〈표 1〉 한국전쟁 당시의 천연고무와 주석 가격 추이 24
〈표 2〉 평화공존 시기의 천연고무와 주석 가격 추이 75
〈표 3〉 합성고무 생산의 증가 추이 75
〈표 4〉 천연섬유와 인조섬유의 생산 비율 76
〈표 5〉 필리핀의 산업별 국내순생산 구성비 추이 80
〈표 6〉 1960년대 전반, 중반에 걸친 태국과 미얀마의 수출 실적(FOB 기준) 183
〈표 7〉 인도네시아 자카르타의 소비자물가지수 195
〈표 8〉 ASEAN 주요국의 인프라 정비 진행 상황 244
〈표 9〉 ASEAN 국가의 통관수출 증가율 추이 309
〈표 10〉 플라자합의 이후 일본의 대외 직접투자 324
〈표 11〉 ASEAN 국가의 GDP 성장률 추이 325
〈표 12〉 ASEAN 국가의 수출증가율 추이 337

그림 목록

〈그림 1〉 인도네시아 행정구역 42
〈그림 2〉 태국의 국내총생산 83
〈그림 3〉 라오스의 정치세력 구도(1960년 당시) 122
〈그림 4〉 수마트라 반란 현황(1956~1958년) 133
〈그림 5〉 태국·인도차이나 지도 151
〈그림 6〉 대륙부 동남아시아 지도 355
〈그림 7〉 해양부 동남아시아 지도 356

제 1 장

한국전쟁과 아시아

1 한국전쟁의 배경

1945년 10월 1일, 중국 대륙에서는 중화인민공화국이, 같은 해 12월 27일에는 인도네시아 연방공화국이 건국되었다. 이러한 움직임은 1945년 8월 15일 일본의 항복으로 제2차 세계대전이 종료되면서 그동안 아시아에서 전개된 크고 작은 동란(動亂)이 일단락되었다는 것을 의미했다.

일본이 패전한 후부터 1950년 6월 발발한 한국전쟁에 이르는 시기까지 동남아시아에서는 필리핀, 미얀마, 인도네시아 및 라오스, 캄보디아, 베트남(바오다이 정권)이 독립했고, 남아시아에서는 인도, 파키스탄(방글라데시 포함), 실론(현 스리랑카)이 독립을 쟁취했다.

동아시아에서는 한반도가 대한민국(남한)과 조선민주주의인민공화국(북한)으로 분리되어 독립했고, 중국 대륙은 중국 공산당과 국민당이 내전을 벌인 끝에 중화인민공화국의 통치체제로 들어갔으며, 국민당은 일본의 구(舊)식민지였던 타이완(대만)에 고립되었다.

단, 구(舊)프랑스령의 베트남과 라오스에서는 베트남공산당의 지도 아래, 프랑스가 수립한 정권을 인정하지 않고 진정한 독립을 위하여 반(反)

프랑스 투쟁이 지속되었다. 또한 공산당의 반격으로 고심하던 영국령 말레이시아는 아직 독립을 이루지 못하고 있었다. 오래전부터 독립국이었던 태국은 제2차 세계대전에서 일본의 동맹국이었음에도 불구하고 절묘한 외교정책으로 독립을 유지할 수 있었다.

1949년 말, 인도차이나와 영국령 말레이시아를 제외한 대부분의 아시아 국가들은 신흥 정권들이 독립국가의 실권을 장악하기 위해 의욕에 가득 차 있었다.

한편 1950년대 초, 제2차 세계대전으로 소련군의 지배하에 있던 동유럽에서는 미국과 영국의 반격에도 불구하고 소련의 지배가 확대되어, 아시아의 중국과 북한을 포함한 거대한 소련 주도의 공산권이 유라시아 대륙에 출현했다. 미국은 서유럽과 아시아 대륙의 주변 국가들이 소련의 세력권으로 편입되는 것을 막아 냈다. 더 이상 미국은 소련을 필두로 한 새로운 세계질서를 묵인할 수 없는 입장에 놓였다.

이와 같이 1950년대 초반, 중동 지역에서 이스라엘의 건국을 둘러싼 지역 분쟁이 해결될 조짐은 보이지 않았지만, 동유럽과 아시아의 동란은 일단락되는 듯한 분위기가 조성되어 상당히 안정을 되찾았다고 평가할 수 있다. 실제로 미국과 소련이 자신의 세력권을 거의 확립함에 따라 앞으로 미소가 평화적으로 공존하리라 예상하는 사람들도 점차 늘었다.

그러나 이러한 세계정세에 대한 장밋빛 전망이 사람들의 마음속에 자리 잡기 시작하던 1950년 초, 모스크바에서는 실로 '무서운 계획'이 실행에 옮겨지고 있었다. 이것은 바로 한국전쟁에 대한 것으로, 북한군이 남한을 기습 공격하여 공산화하겠다는 계획이었다. 소련 붕괴 이후 공표된 자료에 의하면, 이 계획은 1949년 3월, 북한의 지도자 김일성이 소련의 지도자 스탈린(Iosif Vissarionovich Stalin)에게 처음으로 제안했지만, 주한 미군의 존재를 두려워한 스탈린은 그 시점에서는 계획을 승인하지 않았던 것으로 나타나 있다. 그러나 1950년 1~2월에 걸쳐 스탈린이 이 계획을 승인했으며, 같은 해 4~5월경에는 중국의 지도자 마오쩌둥(毛澤東, 모택동)도 참가하여 최종적으로 한국전쟁이 결정되었다고 한다.[1]

스탈린이 1950년에 들어서 왜 한국전쟁의 계획을 승인했을까, 그리고 당초 이 계획에 전혀 관심도 없었던 마오쩌둥이 정말 이 계획에 찬성했을까 등에 대해서는 지금도 분명하지가 않다. 단지 후술하는 바와 같이, 1950년 초반 남한의 미군 병력이 큰 폭으로 축소된 것이 스탈린의 심경을 바꾸었을 가능성이 충분했으리라고 짐작된다.

그러나 한국전쟁의 발발이 미국을 비롯해 서방 세계에 상당한 충격을 주었고, 이후의 세계정세를 바꾼 것은 명백한 사실이다. 만약 한국전쟁이 일어나지 않았더라면 미소 냉전은 조기에 종결되어 미중 전쟁도 일어나지 않았을 뿐만 아니라, 미국이 아시아에서 반공전략을 전개하여 베트남 전쟁에 개입하는 일도 없었을 것이다. 그리고 일본의 경제부흥은 늦어졌으며, 중국이 아시아 경제에 참가하는 시점이 훨씬 지연되었거나 경제력도 취약했을 것이다. 그럼에도 불구하고 현실은 다음과 같이 전개되었다.

2 한국전쟁과 중국의 참전, 그리고 미국의 대응

1950년 6월 25일 새벽 4시, 9만 명의 북한군은 전차와 중화기를 앞세워 남북한의 경계선 즉 38도선을 넘어 대한민국을 공격했다. 6만 5천 명의 경장비를 갖춘 한국군과 500명의 미군고문단은 무방비 상태여서 남쪽으로 후퇴를 거듭할 수밖에 없었다.

당시 주한미군이 불과 500명밖에 없었다는 사실은, 미국 정부가 공산군의 공격이 이 시점에서 일어나리라고는 전혀 예측하지 못했다는 것을 의미한다. 그리고 1950년 1월 4일 애치슨(Dean Gooderham Acheson) 미 국무장관이 아시아에서의 미국의 방위선이 일본열도에서 필리핀에 이르는 선상에 있다며 한국을 언급하지 않은 사실은, 당시 한국 방위가 미국의 아시아 전략에 있어서 그다지 중요하지 않았음을 추측하게 한다. 제2차 세계대전 말 1천2백만 명 이상으로 증가했던 미군이, 종전 후 남편과 아들들을 빨리 귀국시키기를 원하는 미국 내의 강한 여론에 부딪쳐 그 규모를 급속히 축소시켰던 것도 한 원인으로 볼 수 있다. 실제 1950년 6월에는 146만 명으로 감소했다. 따라서 전략적으로 중요성이 낮은 해외 지역에 주둔하는 미군은 서둘러 본국으로 귀환 조치되었던 것이다.

그러나 북한군의 침공을 확인한 트루먼(Harry Shippe Truman, 1945~1953년 재임) 대통령의 대응은 신속했으며 단호했다.

트루먼 정권은 1950년 6월 27일 미군의 한국 파병을 명령했다. 이날 유엔안전보장이사회는 유엔의 이름으로 한국 지원에 대한 결의를 받아들였다. 오래전부터 안보리에 참석하지 않았던 소련은 이날도 불참하여 한국 지원 안건은 소련의 거부권 행사에 부딪치는 일 없이 결정되었다. 6월 28일, 북한군이 한국의 수도 서울을 점령한 날, 재일 미공군기지에서 B26 전투폭격기 12기가 한반도로 출격하여 처음으로 전투에 참가했으며, 같은 날 일본열도에 남아 있던 미군 2개 사단(1개 사단은 약 1만 5천 명) 중에서 1개 연대(약 1,500명)가 한국에 파견되었다. 미 육군이 처음으로 전투에 참가한 것은 7월 6일이었다. 그러나 각 전투에서 북한군이 이미 우세했다. 8월 초순 6만 5천 명에 달하는 주한미군과 약 3만 명으로 축소된 한국군은 북한군의 진격을 저지할 수 없었다. 결국 8월 중순 한국 정부는 부산까지 밀려났다.

불리한 전황 속에서도 트루먼 대통령은, 7월 중순부터 하순에 걸쳐 미 의회에 100억 달러의 한국전쟁 비용과 미군 60만 명의 증원을 요청하여 한국전쟁에 임하는 확고한 결의를 대내외에 천명했다. 한편, 트루먼 대통령은, 한국전쟁이 소련과 중국을 포함한 공산세력이 전 아시아를 상대로 한 침략작전의 일환일 수 있다는 데 가능성을 두었다. 그리하여 6월 27일 필리핀 내 미군을 증강시키고 인도차이나에서 베트남공산당의 독립투쟁과 맞서 싸우던 프랑스 정부에 대한 지원을 강화했으며, 필리핀 해역에 있던 미 제7함대를 타이완해협(臺灣海峽, 대만해협)으로 파견하라고 지시했다.[2]

1950년 6월 미 군사고문 35명이 베트남의 사이공에 도착했다. 한국에 미군을 급파하여 일본 본토에 전투부대가 부재하자, 미 정부는 7월 8일 일본에 준(準)군대를 부활시킬 것을 결정하고, 경찰예비대의 설치를 승인했다. 이것이 바로 자위대(自衛隊)의 전신이다.

그러나 한국전쟁은 1950년 9월 15일, 맥아더 연합군사령관이 진두지휘한 인천상륙작전의 성공으로 극적으로 반전된다. 이날 미군 2개 사단이 공산군이 점령하고 있는 인천항에 상륙하고, 남쪽에서는 한국군과 미군의 합동작전으로 북한군을 몰아내는 데 성공했다. 남쪽의 북한군은 모두 붕괴되어 북쪽으로 후퇴했으며, 한국군과 미군은 북한군을 추격하여 9월 16일에 서울을 탈환하고 10월 3일에는 38도선을 넘어 북으로 진격했다.

이와 같이 전세가 대역전되고 한미연합군이 북진하자, 한반도에 인접해 있던 중국은 커다란 위기감을 느꼈다. 한반도 전역이 친미 정권으로 통일될 경우, 신생 중국 공산정권은 한반도에 인접한 동북 지역에서 반공 세력으로부터 공격받을 가능성이 높아지기 때문이다. 동북 지역은, 바로 옛 만주 지역을 가리킨다. 일본의 지배로부터 벗어난 지 얼마 되지 않았기 때문에 중국공산당 정권의 통치가 안정적으로 확립되었다고 장담하기는 어려웠다. 1950년 10월 3일 중국의 저우언라이(周恩來, 주은래) 총리는 베이징(北京, 북경)에 주재하고 있던 인도 대사에게 연합군이 38도선을 넘으면 중국군을 한국에 파견하겠다고 전했다. 이것은 명백한 대미(對美) 경고였다. 한편 이 시점에서 한국 지원에 대한 유엔의 결의에 따라 몇몇 유엔 가입국은 한국에 파병을 시작했다. 이중에는 미군 이외에 영국군, 호주군, 필리핀군, 태국군 등도 포함되어 있었다. 미군 11만 3,500명, 영국군 1,700명에 이어 필리핀군은 1,369명의 병력을 파견했다.[3]

연합군은 1950년 10월 20일 북한의 수도 평양을 점령했으며, 계속 북진하여 10월 26일에는 한국과 중국의 경계선인 압록강에 도착했다. 중국은 이러한 사태를 인정할 수가 없었다. 이에 따라 중국은 대군을 이끌고

10월 25일경부터 북한으로 진격하여 연합군을 공격하기 시작했다. 10월 말부터 11월에 걸쳐 중국군의 대대적인 공격을 받은 미군은 크게 패해 남쪽으로 다시 밀려 내려갔다. 12월 9일 공산군은 평양을 되찾고, 12월말에는 38도선에 도착하여 1951년 1월 4일 서울을 다시 점령했다.

이처럼 북한군의 한국 공격으로 시작된 한국전쟁은, 6개월 후에는 미국과 중국의 전면적인 충돌로 이어져 아시아에서 미중 간 대립의 시대를 초래하기에 이른다.

이러한 갑작스러운 사태 속에서 트루먼 정권은 중국과의 대결을 강화하는 한편, 중국과 연관된 동남아시아와 남아시아 지역에서 반공작전을 꾀해야 했다. 특히 중국이 한국전쟁에 개입하기 직전인 10월 11일, 티베트(Tibet)에 해방군을 파견하여 그 지역을 지배하자, 주변국인 인도와 파키스탄에 긴장이 고조되었다. 중국은 미국과의 대결에 대비해 서부 국경을 견고히 방위하기 위해서 티베트에 진격한 것이지만, 그 결과 미국은 남아시아에서도 중국과 대결해야 하는 상황에 직면했다.

구체적으로 당시 미국이 전개한 반공외교의 실태를 정리하면 다음과 같다. 우선 1950년 9월 19일에는 미국과 태국 간 경제원조협정이, 그리고 10월 17일에는 상호방위협정이 체결되었다. 중국군의 한국전쟁 개입 이후인 11월 7일에는 미국과 스리랑카 간 기술원조협정, 12월 16일에는 미국과 인도 간 경제원조협정, 12월 20일에는 미국과 파키스탄 간 상호방위협정이 각각 체결되었다. 또한 한국전쟁의 발발과 때를 같이하여 베트남 공산군의 반프랑스 공격이 격화된 인도차이나에 대한 대책으로서, 미국은 12월 21일 미국과 프랑스, 인도차이나 3개국간의 상호방위원조협정에 조인했다.

1951년 1월 하순, 한반도에서 연합군의 반격이 시작되어 3월 7일에 마침내 서울을 탈환한다. 그러나 그 이후의 전세는 공산군과 연합군이 38도선을 두고 일진일퇴를 반복하는 교착 상태에 빠졌다. 전쟁의 양상도 지상군에 의한 공격에서 공군에 의한 공중전으로 바뀌었다. 이러한 교착 상태를 반영하듯 공산군과 연합군 사이에 대화를 통해 해결하려는 분위기가 고양되었고 1951년 7월 10일, 양 진영은 휴전회담을 시작하기에 이른다.

휴전회담이 시작된 후에도 한국전쟁은 지구전에 들어가 휴전협상은 난항을 겪었으나, 협상이 시작된 지 약 2년 뒤인 1953년 7월 27일 휴전이 정식으로 결정되었다. 휴전이 성립된 데에는, 1953년 3월 5일 소련의 지도자 스탈린의 죽음이 크게 작용했다. 소련의 후계자들은 스탈린의 사망 이후 소련 내정에 힘을 쏟기 위해, 해외의 문제들은 조기에 해결하려고 했다. 그 사이 미국에서도 대통령선거가 치러져 1952년 11월 아이젠하워(Dwight David Eisenhower, 1953~1961년 재임)가 새로운 대통령으로 취임했다.

휴전협상이 시작된 후에도 트루먼 정권은 한반도에서 일본열도, 필리핀, 인도차이나, 태국 그리고 인도 대륙으로 이어지는 중국을 둘러싼 아시아 국가들을 미국이 주도하는 반공방위선상에 편입시키기 위해 적극적인 공세를 폈다. 1951년 9월 8일에는 서방 국가들과 강화조약을 맺은 일본이, 미국과 미일안전보장조약을 맺음으로써 한국과 필리핀, 태국, 파키스탄과 함께 미국과의 상호방위조약 대열에 합류했다. 이보다 조금 빠른 9월 1일 미국은 호주, 뉴질랜드와도 방위협정을 맺었다. 바로 태평양안전보장조약(Pacific Security Pact, 앤저스 조약(ANZUS Treaty), 오스트레일리아(A), 뉴질랜드(NZ), 미국(US)의 3개국이 체결한 무기한 집단안전보장조약으로 3개국의 머리글자를 땄)이다.

1953년 1월에 출범한 아이젠하워 정권도 기본적으로는 트루먼 정권과 같이 아시아 반공외교노선을 이어가고 있었다. 아이젠하워 정권은 아시아의 동맹국을 군사적, 경제적으로 지원함과 동시에 각국에 설치한 미군기지망을 활용하여 소련과 중국 진영의 침략에 대해, 필요하다면 핵무기라도 사용하여 즉시 보복할 체제를 갖추고 있었다. 그러나 인도, 인도네시아, 미얀마 등 일부 아시아 국가는 미국 진영에 속해 있으면서도 공산권과의 대립을 거부했기에 미국 정부를 애태웠다.

이처럼 한국전쟁은 아시아 지역의 국제정치에 큰 영향을 주었고, 그 충격은 이것으로 끝나지 않았다.

3 한국전쟁으로 인한 경제적 타격

한국전쟁이 당시 세계에 안겨준 또 다른 큰 충격은 경제에 미친 영향이었다. 전쟁은 군사비 지출의 증대를 통해 많은 국가들의 경제를 부활시켰다. 한국전쟁이, 이른바 '한국 특수'를 일본에 가져다주어 일본 경제를 패전의 아픔에서 다시 일어서게 한 것은 잘 알려져 있다. 그러나 넓은 의미에서 한국 특수의 혜택을 받은 것은 일본만이 아니다. 미국, 서유럽, 동남아시아의 많은 국가들도 전쟁 특수에 의한 혜택을 누렸다.

한국전쟁은 소련의 위협을 재확인한 미국과 서구의 국가들이 군사력을 다시 강화하는 데 촉매제 역할을 했다. 실례로 미군은 한국전쟁 개전시에 146만 명이었으나, 1953년 6월에는 355만 명으로 증강되었다. 200만 명 이상 증가한 것이다. 군사력의 강화와 전쟁경비의 증가로 인해 미 정부의 안전보장비 지출은 1950년 회계연도의 130억 달러에서 1953년도에는 504억 달러로 크게 늘어났다. 1953년도의 경우, 안전보장 관련 지출 비용은 총예산지출의 65%를 상회하는 수준이었다.[4]

이와 같은 군사비 증대의 영향으로 미국의 공산품 생산은 급속히 확대되었고, 군인이 증가하면서 실업자는 급감했다. 경제는 호황을 누렸고 각 가정의 지출도 크게 늘었다. 미국의 가정에 텔레비전이 보급되기 시작한 것도 한국전쟁이 일어난 시기였다. 소련의 위협을 가까이서 느낀 유럽도 서둘러 군사력을 강화했다. 1949년 8월에 창설된 북대서양조약기구(NATO, North Atlantic Treaty Organization)는 1950년 12월 서독군을 포함한 유럽공동방위군 60개 사단의 창설을 결정했다. 이러한 서유럽 국가들의 군사비 증대는 서독 공산품의 수출 증가로 이어져 서독 경제의 재건을 촉진했다. 이처럼 한국전쟁은 일본뿐만 아니라 미국, 유럽에도 특수효과를 가져다주었다.

더욱이 한국전쟁으로 유발된 미국과 유럽, 그리고 일본의 경기호황은 이번에는 광물, 에너지 자원, 식량, 식품류에 대한 전 세계적 수요를 증가시켰다. 따라서 1차 생산물 가격이 급상승하자 개발도상국을 중심으로 한 1차 생산물 수출국들은 경제적 이득을 챙기게 되었다. 전란이 지속되고 있던 인도차이나반도를 제외하고, 1차 생산물의 대량 생산을 통해 발생한 막대한 경제적 이윤이 발생하자, 많은 동남아시아 국가들의 신생 정권들은 정권의 안정화에 크게 도움을 받았다.

전쟁이 나면 가장 먼저 가격이 상승하여 '전략물자'라 불리는 주석은, 1950년 평균 1롱톤(영톤)당 744.6파운드에서 1951년에는 1,077.3파운드로 가격이 폭등했다. 1951년의 주석 생산은 영국령 말레이시아가 58,300메트릭톤(미터톤)으로 세계 1위, 볼리비아가 2위, 인도네시아가 31,500메트릭톤으로 3위를 차지했다.

다른 전략물자인 천연고무는 1950년 평균 1파운드당 38.86센트에서 1952년에는 61.07센트로 가격이 상승했다. 천연고무 생산은 인도네시아가 1위, 영국령 말레이시아가 2위, 태국이 3위를 차지하여 동남아시아 국가들이 독보적이었다. 한국전쟁이 인도네시아, 영국령 말레이시아, 태국

〈표 1〉 한국전쟁 당시의 천연고무와 주석 가격 추이

	천연고무		주석	
	생산량 (천 롱톤)	가격 (1등급 스모크트 시트) (센트/파운드)	생산량 (천 미터톤)	가격 (파운드/롱톤)
1949년	1,459.9	19.88	164.4	605.8
1950년	1,779.5	38.86	169.0	744.6
1951년	1,812.7	59.28	170.2	1,077.3
1952년	1,750.0	61.07	173.8	964.4
1953년	1,698.1	23.37	179.7	731.7

주: 1롱톤은 2,240파운드, 1메트릭톤은 1,000kg. 스모크트 시트는 훈연 처리한 천연고무시트.
자료: 일본 아시아경제연구소(1961), 『아시아 특산물의 국제수요』.

과 같은 동남아시아 국가들에 경제적으로 이익을 가져다준 것은 명백한 사실이다.

전략물자 이외의 1차 생산물도 가격이 모두 상승했으며, 쌀을 비롯한 식량과 설탕, 코프라(copra, 야자열매를 말린 것) 등의 특산품도 가격이 올랐다. 미얀마 태국과 같이 쌀과 설탕을 수출하는 필리핀도 이익을 얻었다. 반면 쌀값이 올라 서민들의 생활이 어려워지자 정부 정책에 강하게 반발하는 일부 국가에서는 내정이 불안하기도 했다.

전반적으로 한국전쟁은 동남아시아 국가들에게 1차 생산물의 가격 상승으로 특수효과를 누리게 해 주었다. 필리핀, 태국과 같은 미국의 동맹국들은 미국으로부터 경제적, 군사적 원조를 받아 많은 이익을 남기기도 했다.

하지만 한국전쟁으로 인한 경제 효과는 전쟁이 종결된 후 곧 소멸되었다. 실제로 1951년 후반 한국전쟁이 교착 상태에 빠져 휴전협상이 활발해지자 선진국들의 전쟁경기는 하락국면으로 돌아섰고, 1차 생산물의 가격도 떨어졌다. 1953년 7월 한국전쟁의 휴전이 결정되자 동남아시아 국가들은 불황의 조짐을 보였으며, 정치 또한 불안정해지기 시작했다.

한국전쟁 이후 나타난 동남아시아 정치의 불안정한 상황을 논하기 전에, 우선 한국전쟁 시기에 동남아시아 국가들의 정치 상황은 어떠했는지를 살펴보자. 이 시기 대부분의 동남아시아 국가들은 한국전쟁 특수에 따른 경제효과를 활용해 정권 기반을 강화했다.

註

1) 『朝日新聞』 1993. 6. 26일자, 『読売新聞』 1994. 7. 21일자.
2) ハリー, S. トルーマン(1966), 『トルーマン回顧録 2』, 加瀬俊一 監修, 堀江芳孝 訳, 恒文社, p. 241.
3) James McGovern(1972), 『To the Yalu』, William Morrow & Co. New York, p. xviii.
4) US Dept. of Commerce, 『Statistical Abstract of the United States』.

제 2 장

한국전쟁과 동남아시아 정치

1　반공 국가들의 정권 강화

한국전쟁이 동남아시아 국가들의 정권에 경제적 이익을 주었고 각국 정권이 국내 통합을 추진하는 데 긍정적이었다 하더라도, 반드시 동남아시아 국가들의 내정(內政)이 안정되었다는 것은 아니었다. 그렇다면 한국전쟁 당시 동남아시아 국가들의 내정은 어떠했는지를 몇 가지 유형으로 살펴보도록 하자.

한국전쟁 시기에 미국과 영국을 중심으로 하는 서방 진영에 서서 반소련, 반중국 입장을 취했던 나라들에는 필리핀과 태국, 그리고 영국령 말레이시아가 있다.

필리핀 : 공산세력의 패퇴
필리핀은 제2차 세계대전 이후인 1946년 7월에 독립했으나 독립국가의 운영을 둘러싸고 크게 대립했다. 제2차 세계대전 중 일본 통합에 협력했던 대지주들은, 일본의 침략으로 황폐해진 국토를 재건하기 위해 미국의

경제원조 아래에서의 경제부흥에 우선순위를 두었다. 미국은 경제원조의 대가로 특권을 요구했는데, 핵심은 필리핀인과 같이 미국인에게도 토지와 광산기업을 소유할 수 있도록 해 달라는 것이었다. 그러나 제2차 세계대전 중 활동했던 민족주의자 항일투쟁단체는, 미국에 의존한 경제 재건을 반대했다. 대지주와 민족주의자의 대립은 결국 친미파 대지주의 승리로 끝났으나, 이에 반발한 반미 단체의 핵심인 후크발라하프 [(Hukbalahap, 루손(Luzon)섬 중부의 가난한 소작인을 주요 병력으로 하는 제2차 세계대전 당시의 항일인민군]는, 다시 총을 들고 1946년 8월말, 1만 명의 병력으로 친미파인 로하스(Manuel Roxas) 정권에 무력으로 도전하게 된다.[1]

1948년 4월 15일, 로하스 대통령의 갑작스런 사망으로 정권을 넘겨받은 키리노(Elpidio Quirino) 대통령은 1948년 6~7월에 걸쳐 후크발라하프의 루이스 타루크(Luis Taruc) 사령관과 평화교섭을 추진하여 내전을 종식시키려고 했다. 그러나 후크발라하프는 무장해제를 요구하는 정부의 제안을 거부함으로써 협상은 끝내 결렬되고 만다. 후크발라하프는 1948년 9월부터 인민해방군으로 이름을 바꾸고 정부와 다시 전쟁을 시작하기에 이른다.

이러한 상황 속에서 1950년 6월 한국전쟁이 발발하자, 1949년 11월 대통령선거에서 재선한 키리노 대통령은 미국의 반공노선을 적극적으로 지지했다. 필리핀 정부가 한국전쟁에 미국과 영국군 다음으로 많은 수의 병력인 1,369명을 파견한 것도 우연이 아니다.

더욱이 1950년 들어 필리핀 공산주의자들은 점점 더 과격해졌다. 1950년 1월, 핵심 세력인 루이스 타루크의 인민해방군 지도부와 마닐라(Manila)의 공산당 본부를 통솔하는 호세 라바(Jose Lava) 서기장은 공산군을 총동원하여 일제히 봉기를 일으킴으로써 2년 내에 정권을 쟁취한다는 방침을 세웠다. 그리고 3월 29일, 1만 2,800명으로 추정되는 인민해방군에 의한 봉기는 전 지역에서 동시에 시작되었다.

그러나 필리핀 공산세력은 봉기를 일으킨 후 고립되었으며 오히려 정세는 키리노 정권에 유리하게 돌아갔다. 1950년 국방장관에 임명된 막사이사이(Ramon Magsaysay)가 정부군의 대대적인 개혁을 단행하는 동시에 미국의 군사지원을 받아 전력을 증강한 것이, 공산세력에게 불리하게 작용했다. 필리핀의 국방예산은 1949년 5,400만 페소(peso)에서 1954년에는 1억 4,700만 페소로 크게 증가했다.[2]

인민해방군이 약화된 또 다른 요인은 소규모 게릴라전 중심의 기존의 작전에서, 병력 투입 규모에 의존하는 일반적인 전투 형태를 취하면서 전투 병력이 급속히 줄어드는 손실을 입은 때문이었다. 공산군은 1950년 4월부터 12월까지 1,268명이 사망하고, 1951년에는 2천 명 이상이 전사했다.

그리고 공산세력에게 악재로 작용한 마지막 사건은, 1950년 10월 18일에 일어났다. 공산당 내부자의 밀고로, 호세 라바 서기장을 비롯한 공산당 마닐라 본부의 간부 다수가 체포되고 대량의 자금과 비밀문서가 압수되었다. 이로 인해 각지의 공산군은 지휘체계를 상실하고 정부군에 의해 괴멸되었다. 게다가 한국전쟁에 참가했던 필리핀 정부군이 속속 귀국하면서 현장 전투에서 우월한 지도력을 발휘하여 공산군을 압도했다.

1950년 1만 2,800명에 달했던 공산군은, 1952년 4천 명으로 급감하여 점점 세력이 약화되었다.[3] 한편 이러한 사태에 대한 책임으로 1951년 2월, 인민해방군 사령관에서 해임된 루이스 타루크는 1954년 5월 17일 정부에 투항했다. 당시 마닐라타임스의 신문기자인 베니그노 아키노(Benigno Simeon Aquino Jr.)도 타루크와 함께 정부에 항복했다. 아키노는 훗날 상원의원으로 활약했으나 마르코스(Ferdinand Edralin Marcos) 정권에 의해 암살된다.

한국전쟁 기간 중 필리핀에서는 키리노 정권이 국내 공산당을 제압하고 큰 승리를 거두었으며, 이로 인해 중앙정부의 기반은 강화되었다. 키리노 대통령은 외교 면에서도 아시아, 태평양 지역의 반공 국가들을 결집하여 국제적인 연합체를 결성하는 데 힘을 쏟았다. 그러나 반공전쟁 승리의 진정한 공로자는 막사이사이 국방장관이었다. 가난한 집안에서 태어나 어렵게 공부하여 대학을 나오고, 세계대전 중에는 항일게릴라의 지방 사령관으로서 활약했던 그는, 국민들의 압도적인 지지를 얻어 1953년 11월 대통령선거에서 승리하여 대통령에 취임했다.

태국 : 피분의 권력 강화와 도전자들

한국전쟁 시기, 태국의 지도자는 피분(Phibun Songkhram) 수상이었다. 피분은 1932년 절대왕정을 타도하고 입헌혁명을 일으킨 주역의 한 사람이다. 1938년부터 1944년까지 태국 수상을 역임하고 친일노선을 걸었으며, 중국인의 직업 제한과 프랑스와의 영토쟁탈전을 전개하는 등 민족주의적 정책을 실시했다. 그러나 일본이 패배하자 피분의 입지는 약화되었고, 세계대전 후 태국의 실권은 1932년 입헌혁명의 지도자였지만 일본과의 동맹에는 반대했던 문민지도자 쁘리디 파놈용(Pridi Banomyong)에게 돌아갔다. 1946년 3월 쁘리디는 수상이 되었지만 6월 9일 아난다 마히돌(Ananda Mahidol) 국왕의 살해 사건에 대한 책임으로 8월 21일 사임 압력을 받았다. 아난다 국왕은 1945년 12월 유럽에서 막 귀국한 상태였다. 다음 국왕으로 아난다의 동생인 푸미폰 아둔야뎃(Phumiphon Adunyadet, 라마 9세)이 즉위하게 된다.

쁘리디 수상이 사임하고 난 뒤 후임에는 쁘리디가 이끄는 반일단체 '자유태국'에 속한 탐롱(Tamron) 해군소장이 수상에 오른다. 그러나 탐롱 정권은, 태국이 제2차 세계대전이 일어나기 전에 프랑스로부터 얻어낸 라오스와 캄보디아 영토를 1946년 11월 프랑스에 반환하는 바람에 국민들의 원성을 샀다. 더구나 전후 아시아 전체가 식량 부족으로 허덕이는 상황에서 태국 쌀이 암시장에서 고가로 거래되고, 물품이 부족하여 인플레이션이 발생하자 국민들의 감정은 더 악화되었다.

  1947년 11월 8일, 반(反)쁘리디파 육군 중심의 군 간부들은 이러한 국민들의 정서를 이용하여 쿠데타를 일으키고 정권을 탈취했으며, 결국 쁘리디와 탐롱은 해외로 망명한다. 쿠데타가 성공하자 피분은 육군총사령관에 취임하고 1948년 4월 15일 수상이 되었다. 피분 수상은 제2차 세계대전에서의 쓰라린 패배와 연합국에 속했던 중국이 승리를 거두자, 과거에 철회할 수밖에 없었던 태국 내 중국인의 활동규제를 다시 강화하기에 이른다. 그 이유는 중국 내전에서 공산세력의 우세가 명확해진데다가, 태국 내에는 중국인 공산당 세력이 무려 5만 명이나 존재하고 있었기 때문이다. 피분 수상은 공산세력과의 대결을 위해 영국과 미국을 가까이하면서 군사와 경제적 원조를 꾀했다. 피분 정권이 미·영국에 접근한 정책은, '자유태국' 쁘리디 정권이 베트남과 라오스 공산세력의 반프랑스 투쟁과, 미얀마 민족주의자들의 반영 독립투쟁에 호의적으로 지원했던 것과는 대조적이었다. 그렇기에 피분 정권의 새로운 정책은 미국과 영국으로부터 대환영을 받았다.

  피분이 권력을 장악하자 강하게 반발한 자유태국 세력은 권력 탈환의 기회를 엿보고 있었다. 1949년 2월 26일 해병대를 주력으로 하는 자유태국 장교단이 수도 방콕(Bangkok)에서 쿠데타를 일으켰다. 이 쿠데타는 수도에 주둔하고 있던 사릿 타나랏(Sarit Thanarat) 사단장이 이끄는 육군 제1사단과 경찰, 공군에 의해 진압되고 만다. 사릿은 1947년 11월에 일어난 반자유태국 정권 쿠데타에서 주력부대인 제1사단 제1연대를 이끌어

주목을 받고 두각을 나타냈다.

한국전쟁이 시작되었을 때 태국의 정치 상황은 여전히 불안했다. 1950년 7월 23일 피분 수상은 태국군을 한국에 파병한다고 밝혔으며, 같은 해 9~10월에는 미국과 경제 및 군사 지원협정을 맺었다. 그러나 반(反)피분파의 저항은 그 후에도 계속되었다. 그리고 다음과 같은 자유태국의 계획은 상당히 거창한 것이었다.

1951년 6월 29일 방콕 왕궁 앞을 흐르는 차오프라야(Chao Phraya)강의 주변 해군본부 내의 선창에서 미국으로부터 기증받은 준설선 맨해턴호의 증정식이 거행되었다. 증정식에는 정부 고관들과 외교관들이 참석했다. 태국 해군의 몇몇 장교들은 증정식에 참가한 피분 수상을 강제로 납치하여 해군 지휘관의 기함(旗艦) 시·아유타야(Ayuthaya)호에 가두었으며, 동시에 해병대가 공격을 개시했다. 그러나 이와 같은 해군의 쿠데타는 경찰, 육군과 공군으로 구성된 정부군에 의해 3일 만에 진압되었다. 시·아유타야호는 정부군에 의해 격침되었으며 이 배에 타고 있던 피분 수상은 강을 헤엄쳐 가까스로 구조되었다. 쿠데타 후 해군 내 자유태국파는 일소되었고 쁘리디 전(前) 수상의 정치기반은 사라졌다. 그 후 쁘리디는 망명지인 중국에서 오랜 세월을 보내야 했다.[4]

맨해턴호 사건 이후 태국 군부는 정계에서 자유태국파를 배제하기 위해 1951년 1월 29일 무혈 쿠데타를 통해 의회를 해산시키고 관선(官選)으로 의회를 다시 구성하여 피분 신내각을 출범시켰으며, 동시에 반정부파 의원을 모두 추방하는 등 정권 강화에 주력했다. 이로써 1952년 2월 총선거를 통해 의원의 과반수가 민선에 의해 선출되었지만 의회는 피분 정권의 영향력하에 놓이게 된다.

피분 정권은 1952년 11월 비(非)태국인의 활동을 법적으로 제한하는 반공입법(反共立法)을 통과시키고 화교를 비롯한 반정부파에 대한 탄압에 나섰다. 1953년 1월 31일 중국 정부가 태국 북부에 인접한 태국족 거주지에서 윈난(雲南) 태국족 자치정부를 출범시켰을 때, 태국 정부는 이를 태국에 대한 공산주의자의 도발로 간주하여, 같은 해 2월 7일 태국공산당을 비합법화했다. 한편 태국공산당은 1942년 12월 화교를 중심으로 결성된 상태였다.

이처럼 국내에서 구(舊)쁘리디파와 자유태국, 친중국 공산세력을 탄압했던 피분 정권은, 대외적으로 미국과 영국의 반소련, 반중국 정책에 협력하고 군사적으로도 미국과의 관계를 강화해 나갔다. 그리고 이는 곧 태국이 동남아시아에서 친미반공의 보루가 되고 있음을 의미했다. 이리하여 한국전쟁 시기에 태국은 피분이 이끄는 태국 군부가 권력기반을 굳건히 다지는 데 전력을 기울였다. 1950년대 전반 피분 수상의 주도 아래 착실히 실력을 쌓고 있던 인물은 몇 차례 쿠데타에서 활약하고 육군의 최고 실력자가 된 사릿 장군과 라이벌 파오 경찰장관이었다. 그 둘은 이윽고 격돌하게 된다.

영국령 말레이시아 : 곤경에 처한 말레이시아공산당

제2차 세계대전 중 일본군에 점령되었던 말레이시아는 전쟁이 끝난 후 다시 영국의 지배를 받았다. 전쟁 중 일본군에 무력으로 저항한 중국계 공산군을 중심으로 한 항일인민군은, 소련의 지시에 따라 동맹국 영국의 말레이시아 복귀를 환영했다. 1945년 12월 약 6,300명의 항일인민군은 무기를 버리고 영국의 지배에 복종했다. 당시 말레이시아는 전 세계 고무의 45%, 주석의 34%를 생산하여 영국의 유력한 달러 획득원이었다.

그러나 영국의 입장에서 볼 때 말레이시아 통치가 결코 쉬운 일은 아니었다. 우선 민족 문제가 큰 걸림돌이었다. 말레이시아에는 전체 인구의 약 50%(약 1천만 명)를 토착 말레이시아인이 차지하고 있었고, 외부에서 유입된 중국인이 40%, 인도인이 10%를 점했다. 더욱이 중국계와 인도계가 상공업, 철광, 고무산업, 금융업 등 근대적 산업 부문에 종사하고, 말레이계는 농업과 공무에 종사했다. 또한 정치적으로는 이슬람교도 토착민의 지배자인 술탄(Sultan, 아랍어의 '통치자'를 의미)이 각주의 명목적 주권자였으며 영국의 보호하에 있었다. 인구 100만 명 중 80%를 중국인이 차지하고 있는 항만도시 싱가포르는 영국의 직할 식민지였다.

제2차 세계대전 후 영국은 우선 싱가포르를 제외한 말레이시아 지역을 직접 통치하에 두고, 각 민족에게 평등한 시민권을 부여하는 방침을 세웠다. 그러나 이 방침은 토착 말레이시아인의 특권적 지위를 주장하는 말레이시아인 사회로부터 큰 반발을 샀다. 말레이시아인 사회의 지도자를 중심으로 1946년 3월 1일에 결성된 범(汎)말레이시아·말레이시아인회의(PMMC)가 반대운동의 선두에 나섰다. PMMC는 1946년 5월 11일, 통일말레이시아국민조직(UMNO, United Malay National Organization)으로 개명하고, 말레이시아인 사회의 지도적 정당으로 활동하게 된다.

말레이시아인 사회의 저항으로 영국은 1948년 2월 술탄 자치국의 연합체로서 말레이시아 연방자치정부를 출범시켰다. 말레이시아연방(말라야연방)에서는 술탄과 말레이시아인의 특수한 지위가 보장된 한편, 비(非)말레이시아인에 대한 시민권 부여는 제한되었다. 외교, 군사 등의 중요사항은 영국 총독과 그 내각에 위임되었으며 싱가포르는 직할 식민지인 채로 남았다.

영국의 말레이시아 통치를 어렵게 만든 두 번째 문제는 말레이시아공산당이었다. 앞에서도 언급한 바와 같이 제2차 세계대전 이후 말레이시아공산당을 주력으로 하는 항일인민군은 소련의 명령에 따라 무력투쟁을 포기했다. 그러나 1946년 이후 세계정세는 급변하여, 이른바 미소 냉전시대가 도래하자 소련은 미영을 비롯한 서방세력에 무력투쟁을 전개하라고 전 세계 공산당에 지시했다. 동남아시아 국가의 공산당에 내려진 소련의 무력투쟁 지령은, 1948년 2월 인도의 캘커타에서 열린 아시아 공산주의자회의에서 각국 공산당에게 전해졌다. 말레이시아공산당은 이 지시에 따라 1948년 3월 당중앙위원회에서 무력투쟁 방침을 결정했다. 1948년 6월 16일 말레이시아공산당은 3천 명의 공산군을 동원하여 영국 정부와 자본가 계급을 공격했다.

그러나 영국 총독부의 반응은 신속했다. 1948년 6월 18일, 말레이시아 전역에 비상사태를 선포하고, 8~9월에 2만 5천 명의 영국군과 네팔 출신의 구르카(Gurkha)군을 중심으로 한 정부군, 그리고 1만 명의 말레이시아인이 중심이 된 경찰군이 공산군의 공격을 저지했다. 9월말까지는 말레이시아인으로 구성된 2만 4천 명의 경찰군도 정부 측에 가담했다. 전력 면에서 압도된 공산군은 1948년 말경부터는 산악과 정글로 몸을 숨기고 게릴라전으로 저항할 수밖에 없었다. 당시 공산군은 1930년대의 불황과 제2차 세계대전의 전란을 피해 정글에 정착해 있던 중국계 주민들로부터 식량을 조달받았으며, 이들을 게릴라전에 참여시키기도 했다.

이에 맞서 영국 총독부는 말레이시아인 경찰군과 정규군을 증강했다. 또한 국민당 계열 중국인을 경찰군에 편입하거나 국민당 계열 중국인을 중심으로 한 '말레이시아중국인협회'(1949년 2월 결성)를 치안 유지에 참여시키는 등 대책을 강구했다. 그러나 영국 정부가 가장 역점을 둔 것은 1949년 2월에 결정된 '신촌(新村)계획'이었다. 이는 정글의 중국계 주민 10만 명을 정부군의 지배지에 신설된 마을로 이주시켜 게릴라로부터 격리시키는 계획이었다.

그러나 영국 정부의 공산군에 대한 정책은 난항을 거듭했다. 첫 번째 원인은 1949년 10월 중국 본토에서 공산정권이 승리를 거둔 것이다. 중국 베이징에서 중국공산당이 무력투쟁에서 승리했다는 소식이 라디오방송을 타고 전해지자 말레이시아공산당과 그 지지자들은 크게 고무되었다. 또한 1950년 1월 6일 영국 정부가 중화인민공화국을 승인하자, 말레이시아 내에서 중국계 교민들은 공산당과 공산게릴라에 대해 호의적으로 바뀌었다. 지지자들이 늘어나자 공산군은 5천 명 규모로 전력을 증강하여 정부군에 대대적인 공세를 폈다.

이처럼 한국전쟁이 발발할 때에 말레이시아는 위기에 처해 있었다. 영국 총독부는 한국전쟁으로 공산당의 위협이 다시 증명된 만큼, 공산당과의 투쟁에서 승리하는 것에 우선순위를 두었다. 중국계 공산당과의 대결을 위해 영국 총독부는 말레이계 정규군과 경찰군을 강화하는 데 힘을 기울였으며, 게릴라와 주민들을 격리시키기 위해 신촌계획을 강력하게 추진했다. 정글 오지에 도로를 건설하고 새로운 마을을 조성하기 위해 미국으로부터 토목공사에 쓰이는 기계와 불도저 등을 원조 받았다. 1950년 후반부터 1951년말까지 전세(戰勢)는 서서히 정부 측에 유리하게 변해 갔다.

중국의 지원을 받아 대규모 공세를 펴던 공산군은 정부군과 정면충돌하여 큰 피해를 입었다. 1948년 6월에 전쟁을 시작하여 1950년 10월까지 공산군은 4,900명의 전사자를 낸 것으로 추정된다. 게릴라를 주민과 격리하기 위한 전략도 성공하여, 1951년까지 42만 명의 중국계 주민이 철책으로 둘러싸인 410개의 새로운 마을로 이주했다. 이주자의 총수는 약 75만 명에 달했으며 480개의 마을에 분산, 격리되었다. 전투에서 큰 손실을 입어 전력이 2천여 명으로 축소된 공산군은, 후방에서 지원하던 주민들까지 잃게 되자 1950년 후반에는 반도 북부의 태국 국경 산악지대로 몰려나게 되었고, 그 이후에는 더 이상 중앙정부에 큰 위협이 되지 못했다.

공산당의 위협을 떨쳐버린 말레이시아는 영국으로부터 독립하는 과제만 남게 된 셈이었다. 공산게릴라와의 전투에서 군과 경찰, 행정의 실권을 쥐게 된 말레이계 주민들은 독립투쟁의 주도권을 갖게 되었다. 영국으로부터 독립이라는 공통과제를 갖고 있던 싱가포르의 경우, 독립투쟁의 지도권은 중국계 주민의 손에 있었다. 후에 지도자가 되는 리콴유(李光耀, 이광요)가 '인민행동당'을 결성하는 것은 1954년 11월의 일이었다. 나중에 리콴유의 라이벌로서 말레이시아의 수상이 된 마하티르 빈 모하맛(Mahathir bin Mohamad)은 1953년에 의사가 되었으며 이제 막 정치무대에 발을 내딛은 상태였다.

2 중립국의 국가통일 투쟁

한국전쟁 시기에 필리핀과 태국, 영국령 말레이시아 정권이 반공의 깃발 아래 정권을 강화한 데 반해, 인도네시아와 미얀마는 중립주의를 내세워 미소 대립과 미중 대립을 중심으로 한 국제정치의 거센 파도에 휩쓸리는 것을 피하려고 했다. 그러나 양국의 중립정책에는 나름대로의 이유가 있었다. 너무나 많은 국내 문제가 쌓여 있었기 때문에 이 나라들은 대외 문제에 개입할 여유가 없었던 것이다.

인도네시아 : 통일국가 결성을 위한 고투(苦鬪)
제2차 세계대전 중 인도네시아를 점령하고 있던 일본이 패배한 직후, 수카르노(Sukarno)를 필두로 한 자바(Java)섬 중부의 민족주의자들을 중심으로 인도네시아의 독립이 선언되었다. 그러나 이 독립선언은 식민지 지배자였던 네덜란드의 승인을 얻지 못했다. 민족주의자들은 독립을 위해 네덜란드군과 그 동맹국인 영국군을 상대로 4년여에 걸쳐 치열한 항쟁을

전개했으며, 격렬한 투쟁 끝에 인도네시아는 1949년 12월 27일 독립을 쟁취했다. 그러나 '독립 인도네시아'는 대통령에 취임한 수카르노를 비롯해 인도네시아 민족주의자들에게는 결코 만족할 만한 상태가 아니었다.

인도네시아의 독립이 민족주의자들에게 만족스럽지 못했던 이유는, 나라 이름이 말해주듯이 '인도네시아연방공화국'은 통일국가가 아니며 16개의 자치국과 자치지구로 구성된 연방국가였기 때문이다. 독립전쟁의 주역이었던 수카르노를 비롯하여 중부자바 출신의 민족주의자가 주도권을 가지고 있던 인도네시아공화국은, 자바섬의 1/2과 수마트라(Sumatra)섬의 대부분을 지배하고 있었으며, 인구는 3,100만 명으로 추정되는 등 실제로는 연방을 구성하는 자치국 중 하나였다. 독립전쟁 중에 네덜란드가 각지의 친네덜란드 세력을 통합하기 위해 세운 '괴뢰국가'는 6개 자치국과 9개 자치지구로 이루어졌으며, 보르네오(Borneo)섬, 셀레베스(Celebes)섬 등 광대한 지역을 지배하였고, 인구 4,600만 명을 보유하고 있었다.[5]

자치국은 인도네시아공화국을 포함한 7개국으로, 서자바의 빠순단(Pasundan)국, 동자바국, 마두라(Madura)국, 동수마트라국, 남수마트라국 및 기독교 신자가 많은 자바 동쪽의 섬으로 구성된 동인도네시아국이 있었다. 자치지구는 9개 지구로 중부자바 이외에 수마트라 동쪽의 섬들로 구성된 방카(Banka), 빌리톤(Billiton), 리아우(Riau), 보르네오섬에 있는 서칼리만탄(Kalimatan), 다야크(Dayak), 반자르마신(Bandjarmasin), 동남칼리만탄, 동칼리만탄이었다. 따라서 수카르노 대통령을 비롯한 민족주의자들의 염원은 이러한 수많은 지방정권을 통합하여 통일국가를 수립하는 것이었다. 통일국가 건설은 민족주의자들이 당초 예상했던 것보다 순조롭게 진행되는 것처럼 보였다. 독립전쟁에서 승리하자 민족주의자들에 대한 지지도가 급상승했기 때문이다.

〈그림 1〉 인도네시아 행정구역

주 : 2011년 현재 성별(省別) 지도
자료 : Statistik Indonesia에서 작성.

① 아체특별성
② 북수마트라
③ 남수마트라
④ 리아우
⑤ 잠비
⑥ 남수마트라
⑦ 벙쿨루
⑧ 람풍
⑨ 자카르타수도특별구
⑩ 서자바
⑪ 중자바
⑫ 욕야카르타특별성
⑬ 동자바
⑭ 발리
⑮ 서누사퉁가라바랏
⑯ 동누사퉁가라바랏
⑰ 동티모르
⑱ 서칼리만탄
⑲ 중칼리만탄
⑳ 남칼리만탄
㉑ 동칼리만탄
㉒ 북술라웨시
㉓ 중술라웨시
㉔ 남술라웨시
㉕ 동남술라웨시
㉖ 말루쿠
㉗ 이리안자야

    1950년 3월 9일, 중부자바자치지구, 동자바국, 마두라국이 인도네시아 공화국과 협의하여 통일국가에 참가하기로 합의했으며, 3월 12일에는 서자바의 빠순단국이 강제로 중앙정부에 통합되었다. 이것은 1950년 1월 하순, 구네덜란드 장교가 반둥에서 일으킨 반정부 쿠데타에 빠순단국 지도부가 연루된 것이 발각되었기 때문이다. 3월 24일에는 남수마트라 정부가 통합되었고, 4월에는 역시 '1월 쿠데타'에 지도부가 깊게 관여하고 있다고 하여 남칼리만탄 정부가 병합되었다.[6)]

    1950년 5월 15일에는 동수마트라국과 동인도네시아국이 통합에 동의했다. 이처럼 지방정권이 차례로 중앙정권과의 합병에 동의함으로써 1950년 8월 15일 통일국가를 향한 수카르노의 꿈이 실현되었다. 이날 인도네시아는 연방제를 폐지하고 통일공화국이 되었다. 대통령에는 수카르노가, 부통령에는 하타(Mohammad Hatta)가 임명되었다.

한편 통일국가는 실현되었지만 해결해야 할 문제가 산적해 있었다. 첫 번째 문제는 친네덜란드 정권이 해체된 후, 각지에 남아 있는 군대를 어떻게 통합, 유지할 것인가였다. 네덜란드파의 네덜란드령 동인도군 약 6만 5천 명은 1950년 5월에 해체되어 2만 6천 명이 중앙정부군으로 통합되었다. 그러나 중앙정부 지배하의 군부대 약 17만 5천 명과 합쳐서 20만 명으로 늘어난 국군을 유지하기에는 정부의 재정 부담이 너무 컸다. 그리고 설상가상으로 새로 편성된 국군 내부에서는 두 파벌 간의 알력이 일어났다. 즉, 정규 군사훈련을 받은 직업군인인 구네덜란드군 출신의 장교들이 대부분 고위직을 차지하고, 게릴라전을 수행해 온 수카르노파 의용군 출신의 군인들을 억압했기 때문이다. 구네덜란드군 출신 중에서는 나수티온(Abdul Haris Nasution) 육군참모장이 유명하다. 후에 대통령이 되는 수하르토(Suharto) 장군은 네덜란드군과 일본군으로부터 교육을 받은 후 의용군에 참여했다.[7]

두 번째 문제는 정부의 지도력이 약하여 정치적 불안정이 계속되었던 점이다. 새로운 국가는 의원내각제를 중심으로 하는 1950년 헌법을 기초로 출범했는데, 이는 '수상과 각료의 임명권을 대통령에게 부여한다'는 독립 초기의 1945년 헌법에 비하여 대통령의 권한을 약화시키는 결과를 가져왔다. 동시에 의회 내의 정쟁(政爭)으로 수상의 지위가 불안정하여 정치 불안의 원인이 되었다. 특히 의회는 구연방공화국의 국회의원을 중심으로 인도네시아공화국 국회의원들과 연합한 형태로 구성되어 있었기에, 친네덜란드파와 민족주의파 사이에 자주 대립이 발생하여 정치적 불안을 초래했다.

세 번째 문제는 반정부 무력투쟁이 끊이지 않았던 점이다. 순조롭게 보였던 지방정권 통합의 과정에서도 서(西)몰루카(Molucca)와 술라웨시(Sulawesi, 셀레베스섬) 등에서 친네덜란드파가 반란을 일으켰지만, 그 이전의 1949년 8월 초부터 서자바를 중심으로 원리파 이슬람교 지도부에 의해 통솔되던 '다룰이슬람(Darul Islam, '이슬람의 집'을 의미, 이슬람교국운동)'의 반란이 정부를 괴롭혔다.

다룰이슬람은 제2차 세계대전 말기에 일본군이 이슬람교회의 자경단(自警團)에 자위를 위한 무장을 인정하면서 탄생한 이슬람교회의 무장조직으로, 세속적 이슬람교도가 서구형의 근대국가 수립을 목표로 하는 것과 달리 이슬람교회가 지도하는 국가 건설을 지향하고 있었다. 즉 다룰이슬람은 세속적 이슬람교도에 의한 행정, 사법, 군사적 지배를 인정하지 않으며, 수카르노와 같은 세속적 이슬람교도는 진정한 이슬람교도가 아니라고 생각했다. 그들은 독립전쟁에서 세속주의(世俗主義)를 표방한 의용군과 공동으로 싸웠지만 1948년 3월에는 서자바에서 '이슬람교국'의 설립을 선언했다. 독립전쟁의 종결이 가까워짐에 따라 그들은 전국적인 이슬람 국가 수립을 목표로 세속주의를 내세운 의용군에 도전하기에 이르렀으며 1949년 8월경부터 서자바를 중심으로 수천 명의 병력을 동원하여 무력항쟁에 돌입했다.

이처럼 한국전쟁 시기에, 1950년 8월 15일 출범한 통일 인도네시아 정부는 국내 안정과 통일을 위한 투쟁에 많은 시간을 보냈다. 1950년 8월부터 1954년에 걸쳐 수카르노 대통령의 임기 동안 수차례 새로운 내각이 탄생했다가 사라지는 현상이 반복되었다.

1950년 9월 출범한 이슬람교 정당 마슈미(Masjoemi, Masyumi Party)를 중심으로 서구 교육을 받은 낫시르(Mohammad Natsir)가 이끌었던 정권을 비롯해 마슈미와 독립투쟁의 중심 정당인 국민당과 연립한 수키만(Sukiman Wirjosandjojo) 내각(1951년 4월 출범), 역시 마슈미와 국민당

연립인 윌로포(Wilopo) 내각(1952년 4월 출범), 국민당과 소수 당의 연립에 의해 만들어진 알리 사스트로아미조요(Ali Sastroamidjojo) 내각(1953년 8월 출범)이 이 시기의 중앙정부를 이끌었다.

이들 정권은 반정부 무장세력과 투쟁하여 전란으로 황폐해진 국토를 재건하고 식량과 물자 부족에 의한 인플레이션 대책과 함께, 네덜란드령 뉴기니(New Guinea)섬 서부(서이리안)의 주권 획득을 비롯한 많은 외교 과제를 안고 있었다.

각지에서 일어난 반란에 고심 중이던 초대 낫시르 정권은, 설상가상으로 서이리안을 둘러싼 네덜란드와의 협상이 결렬되고, 인플레이션으로 경제 불안이 증대되는 가운데 공산당계 노동조합의 시위 때문에 결국 붕괴하고 만다. 한편 1948년 9월 수카르노 정권 타도를 위한 쿠데타가 실패하면서 공산당 역시 붕괴하고, 살아남은 지도자들은 중국으로 망명했다. 그러나 1950년 6월 중국이 인도네시아 정권을 승인하면서 대중 관계가 개선되자, 7월에는 1953년에 공산당 서기장이 되는 아이디트(Dipa Nusantara Aidit)와 같은 젊은 간부들이 중국에서 귀국했다. 이후 공산당은 수카르노를 지지하는 입장으로 정계에 복귀하고, 곧바로 노동조합을 기반으로 세력을 다시 확대하려고 했다.

1951년 4월에 출범한 수키만 내각도 인플레이션과 공산당 계열 노조의 시위로 어려운 상황에 처해 있었다. 1952년 1월에는 미국으로부터 군사, 경제, 기술을 포함한 원조를 받기로 했으나 민족주의자의 반발에 부딪쳐 1952년 2월 총사퇴할 것을 요구받았다.

1952년 4월에 출범한 윌로포 내각은 식량 증산, 치안 회복, 서이리안 문제 해결을 중점 과제로 내걸었지만, 군의 통합과 유지 문제로 10월 17일 큰 사건에 직면한다. 당시 국군 20만 명의 유지비는 총예산의 20%를 차지하고 있었으며 이는 정부의 입장에서는 커다란 부담이었다. 이 때문에 정부는 나수티온 육군참모장을 위시한 구네덜란드군 출신 간부에게 군의 대대적인 구조조정을 명하고, 국군 20만 명 중 8만 명을 1953년말까지 퇴역시키는 계획을 작성하게 했다. 그러나 이 계획은 수많은 의용군 출신 병사가 해고되는 결과를 가져와 의회 내에서 민족주의파 의원들의 반발을 불러일으켰다.[8]

의회에서 반대론이 높아지자 나수티온 참모장은 1952년 10월 17일, 3만 수천여 명의 시위부대를 동원하여 의회와 대통령 관저를 포위하고, 수카르노에게 국회를 해산할 것을 요구했다. 그러나 이러한 군의 행동은 수카르노가 국회해산을 거부함으로써 실패하고 만다. 이 사건으로 군 내부의 구네덜란드파와 의용군파의 대립은 절정에 달했으며 의용군파의 요구로 나수티온 육군참모장은 1952년 12월 결국 해임된다.

그러나 위기를 모면한 것처럼 보였던 윌로포 내각은 당시 인구가 과잉 상태에 있던 자바에서 수마트라로 이주해 온 불법 거주자를 북수마트라의 지방 당국이 탄압하자, 이에 대한 책임을 지면서 1953년 6월 붕괴되었다.

1953년 7월 30일 출범한 국민당 중심의 알리 사스트로아미조요 내각 역시 국내의 치안 회복, 경제 안정화, 국군 개혁 등의 여러 문제를 해결하기 위해 고군분투했다. 그러나 이 알리 사스트로아미조요 통치기에 주목할 만한 점은, 인도네시아 정부의 대외 정책이 급속히 반미 성향을 띠게 되었다는 점이다. 그 이유 중의 하나는 서이리안의 주권 획득을 둘러싸고 네덜란드와의 교섭이 난항을 거듭하는 가운데, 이 문제에 대해 인도네시아를 지지하지 않았던 미국에 대한 반감이 높아졌기 때문이다. 결국 미국의 원조는 군사를 제외하고 이루어지는 것으로 윌로포 내각 때 결정된다.

이러한 반미 성향은 알리 사스트로아미조요 내각 때에 더욱 명확해졌으며, 알리 수상은 1953년 8월 9일 미국과 안전보장에 관한 조약을 체결하지 않는다고 발표했다. 더욱이 알리 정권은 미국이 소련과 중국의 위협에서 동남아시아를 지키기 위해 결성하려고 힘을 기울인 반공을 위한 집단방위조직인 동남아시아조약기구(SEATO, Southeast Asia Treaty Organization)에 참가하는 것을 거부했다. 미국은 전술한 바와 같이 영국령 말레이시아에서 일어난 공산당의 반란이 인도네시아에 파급될 것을 우려하여 인도네시아의 동남아시아조약기구에의 참가를 강력하게 바랐었다. 그런 만큼 알리 정권의 결정은 미국을 크게 실망시켰다. 한편 동남아시아조약기구는 태국과 필리핀 등이 참가하여 1954년 9월 6일에 결성되었다. 반공외교를 추진한다는 입장을 보였던 태국의 피분 정권은 방콕에 동남아시아조약기구 본부를 유치했다.

한편 알리 정권은 서이리안 문제로 네덜란드와의 대립이 심화되는 가운데, 독립 이후에도 인도네시아를 네덜란드 국왕의 명목적 통치하에 두고 있었던 '네덜란드·인도네시아연합'을 폐지하기 위해 노력했으며, 결국 1954년 8월 10일 네덜란드·인도네시아 연합협정은 소멸된다. 그러나 이때 양국 간 협정에서 인도네시아에 있는 네덜란드의 경제이권은 이전과 동일한 것으로 결정되었다.

그러나 경제 불안이 오랫동안 지속되고 있는 가운데 인도네시아 정부는 자국 경제를 사실상 방치하고 있던 네덜란드 자본에 대해 커다란 반감을 가지게 된다. 1953년 10월 3일, 수카르노 대통령은 네덜란드 자본이 보유하고 있던 전력과 가스 사업의 국유화를 발표했고, 1954년 3월에는 가루다(Garuda)항공의 국유화를 선언하고 인도네시아에서 네덜란드 자본의 경제 지배를 배제한다는 입장을 분명히 했다. 이러한 네덜란드의 경제이권을 제외하려는 움직임은 경기 침체가 심화되는 1950년대 후반에 더욱 가속화되었다.

이처럼 알리 사스트로아미조요 정권하의 인도네시아는, 국내 정치와 경제가 불안정했으며, 대외적으로는 반제국주의, 중립주의 기치 아래 미국으로부터 벗어나려는 움직임을 강화하는 등 네덜란드와의 대립이 심화되었다. 그런데 이 시기에 인도네시아 중립외교의 빛나는 성과는 바로 1955년 4월에 열린 반둥회의였다. 이에 대해서는 나중에 언급하기로 한다.

미얀마 : 내전과 냉전

미얀마는 1948년 1월 4일 영국으로부터 독립했다. 그러나 독립을 전후로 미얀마는 거대한 정치적 동란에 휩쓸리게 된다.

첫 번째 원인은 1947년 7월 19일 미얀마 독립운동의 최고지도자이며 독립을 준비하는 과도정권의 수상인 아웅산(Aung San)과 5명의 각료가 한창 각료회의를 준비하던 중에 친영파 단체의 습격을 받고 살해된 일이었다. 일본군에 협력하여 반영투쟁을 벌이다 반일로 입장을 선회한 뒤, 대영독립 투쟁을 지도한 불과 32세의 젊은 투사의 죽음은 미얀마 정치를 크게 동요시켰다. 후계자로 지명된 우누(U Nu)는 지도력 면에서 아웅산에 미치지 못했다.

동란을 야기한 두 번째 원인은 공산주의자들의 공세였다. 미얀마 공산주의자는 제2차 세계대전 발발과 때를 같이하여 서서히 세력을 확대했으며, 아웅산 등 친자본주의파의 민족주의자와 대립하고 있었다. 1946년 7월, 공산당 내의 과격파가 즉시 반영 무력투쟁을 시작할 것을 외치면서 게릴라전을 시작했다. 그들은 '미얀마 붉은깃발 공산당(적기 공산당)'이라고 불렸다.

이 과격파의 행동에 자극을 받은 타킨 탄툰(Thakin Than Tun)이 이끄는 공산당 다수파(미얀마공산당, 속칭 '백기 공산당')도 반영투쟁을 강화해야 한다고 주장하며 아웅산과 대립했다. 타킨 탄툰과 아웅산의 부인들은 친자매로 서로 관계가 긴밀했다.

1948년 1월 독립 후에도 공산당 다수파와 아웅산의 뒤를 이은 우누와의 대립은 계속되었고, 마침내 1948년 3월말 공산당 다수파는 반정부 무력투쟁에 돌입했다. 물론 이 투쟁은 모스크바로부터 지령을 받아 실행된 것으로 추정된다.

공산당 다수파의 무력반란은 우누 정권에 큰 타격을 주었다. 당시 12개 대대(1개 대대는 약 800명)로 구성된 정부군(미얀마인 5개 대대, 카렌족 3개 대대, 기타 소수 민족 4개 대대) 중, 1948년 8월 미얀마족(버마족) 군대 2개 대대가 반란을 일으켜 공산당 측에 가담했기 때문이다. 정부군에 편입되지 않았던 옛 미얀마 독립의용군 병사까지 포함하여 공산군은 1만 명에 가까운 병력이 되었다.

이때 우누에게는 3천 명 정도의 미얀마족 군대와 카렌(Karen)족과 카친(Kachins)족의 몇몇 부대만이 있을 뿐이었다. 이 위기 상황에서 미얀마 동란의 세 번째 요인이 폭발했다. 그것은 카렌족의 반란이었다.

미얀마는 인구의 70% 정도를 미얀마족이 차지하고 있지만 나머지 30%는 카렌족과 카친족, 샨(Shan)족 등의 소수 민족으로 구성되어 있다. 더욱이 식민지 시대 영국은 반항적인 미얀마족을 꼼짝 못하게 만들기 위해 소수 민족들을 영국 식민지군으로 고용한 반면, 미얀마족의 무장은 인정하지 않았다. 카렌족 등 소수 민족은 영국 통치하에서 군인과 공무원 신분으로 미얀마족보다 대우를 받았다.

따라서 미얀마 독립은 소수 민족에게는 영국령이 되기 전의 미얀마가 그러했듯이, 다시 미얀마족으로부터 지배를 받는 것을 의미했다. 그 결과 영국 식민지 시대에 군사력을 갖추고 있었던 카렌족은 독립된 미얀마에 통합되는 것을 바라지 않았으며, 자신들의 독립국 '카레아니스탄'을 결성하기 위해 우누 정권과 협상을 전개했다. 그러나 미얀마족 정권은 카렌족의 독립을 인정하지 않았다. 이러한 상황에서 시작된 미얀마족의 내전은 카렌족(당시 약 3천만 명)에 있어서는 독립할 수 있는 절호의 기회였다. 1948년 8~9월 사이 카렌족은 거주하고 있던 미얀마 남부에서 반(反)우누 정권 무력투쟁을 개시했다. 정부군 내의 카렌족군 3개 대대도 반란세력에 합류했다.

이리하여 1949년 전반, 미얀마는 카렌족군이 중앙부의 주요 도시를 공략하여 수도 랑군을 포위하는 중대한 국면을 맞는다. 위기에 처한 우누 정권은 영국과 미국으로부터 군사는 물론 경제 원조를 요청할 수밖에 없었으며, 증강된 정부군은 새로 임명된 총사령관 네윈(U Ne Win)의 지휘 아래 카렌족군에 반격했다. 1949년 4월 중순 미얀마 정부군은 랑군 교외에서 카렌족군을 무너뜨리고 공격을 늦추지 않고 남은 카렌족군과 공산군을 차례로 진압했다. 카렌족군과 공산군은 마을을 버리고 이라와디 삼각주(Irrawaddy delta)의 농촌과 산속으로 도망가 게릴라전을 펼치기에 이른다.

이처럼 미얀마 정부는 국내에서 일어난 반란을 진압하기 시작한 1949년 가을, 또 다른 문제에 봉착한다. 이른바 미얀마 동북부 샨고원의 중국 국경지대로 중국 대륙에서 중국공산당에 패배한 국민당군이 넘어와, 미얀마 영토 내에서 현지인 병사를 모아 세력을 확대하려는 주목할 만한 사태가 벌어진 것이다.

우누 정권은 중국 국민당군이 물러나기를 요구했지만 국민당군은 이를 무시했다. 미얀마 정권과 국민당 정권과의 관계는 악화되었다. 이때 우누가 내린 결단은 국민당의 적, 중국 공산정권과 손을 잡는 것이었다. 1949년 12월 17일 미얀마 정부는 같은 해 10월 1일에 건국된 중화인민공화국을 승인했다. 우누가 중국 정권을 인정한 것은, 무엇보다도 자국 내 존재하는 공산당에 대한 압박 카드로 활용되었을 것으로 추정된다.

한국전쟁은 미얀마가 이처럼 내우외환을 겪고 있을 때 발발하였으며,

미얀마에 직접적인 타격을 주었다.

1950년 10월 중국군이 한국에 파병되면서 미군에 큰 타격을 입혔다. 이때 미국 정부는 중국을 제지하는 중대한 작전을 전개했는데, 그것은 샨고원에 거점을 확보하고 있던 약 1만 명의 국민당군으로 하여금 중국 본토를 공격하게 하는 것이었다. 이 작전은 1951년 5월에 실행되었으나, 국민당군은 미국의 계산과는 달리 중국 공산당군에 너무 쉽게 패배했다.

그러나 미얀마 정부로서는 중국을 승인한 직후 되돌아온 국민당군을 방치할 수 없었기에 미얀마군 주력부대로 하여금 샨고원으로 출격하게 했다. 그런데 정부군이 샨고원으로 북상하자 이라와디 삼각주에서 미얀마 공산군이 활동을 강화했다. 그리하여 미얀마군은 다시 내전 진압에 힘을 쏟을 수밖에 없었다. 국민당군은 1952년 6월 정부군이 소홀한 틈을 타다시 중국을 공격했지만 곧바로 쫓겨 왔다.

반면 샨고원의 국민당군은 미얀마 정부에게는 물론 중국 정부에게도 매우 귀찮은 존재였다. 국민당군을 진압하는 것이 중국과 미얀마 양 정부의 공동 과제였다. 이때 미얀마 공산세력도 국민당군의 진압에 협력해야 했다. 국민당군은 미국이라는 제국주의의 선봉이며 미얀마공산당에 있어서도 적이었기 때문이다.

1952년 10월 1일, 미얀마공산당은 좌파의 게릴라 단체와 통일전선을 형성하고, 그들의 공격목표를 미 제국주의의 선봉장인 국민당군으로 규정했다. 더욱이 공산당은 미 제국주의와의 대결을 위해 국내의 지주세력도 자기편으로 만들 필요가 있다고 생각하여, 지주로부터 뺏어 농민에게 분배한 토지를 다시 지주들에게 돌려주었다. 이는 구소작인과 농업노동자 출신이 많은 공산군을 분열시킴으로써 정부에 유리하게 작용했다.[9]

1953년에 공산군은 크게 약화되었으며 카렌족군 역시 축소되면서 일부는 샨고원으로 도망가 국민당군과 공동투쟁을 할 수밖에 없었다. 정부군은 국민당군과 카렌족군을 더욱 강하게 압박했다. 우누 정권은 국민당군의 배후세력인 미국과의 대결을 강화했으며, 1953년 3월에는 미국으로부터 군사와 경제적 원조를 더 이상 받지 않았으며 국민당을 강하게 포위해 들어갔다.

그러나 1953년 3월 5일 스탈린의 사망으로 미소 간에 평화공존 분위기가 고조되면서 국민당군의 문제도 대화를 통해 해결하기에 이른다. 1953년 10월 유엔의 중재로 국민당군의 미얀마 철수가 결정되어, 우선 국민당군 2천 명이 타이완으로 송환되었다.

이처럼 미얀마 정부는 한국전쟁 시기에, 내전과 국민당군과의 싸움이라는 혼란에 직면해 있었으며, 동시에 미국과 중국 사이에서 중립주의 외교노선을 취했는데, 이는 어쩔 수 없는 선택이었다.

1954년 우누 정권의 공격대상은 수천 명의 카렌족군과 2천 명의 공산군으로 한정되었으며 이후 그들의 세력은 점차 약화되었다. 그러나 반란이 진정되는 조짐이 있어도 미얀마 정치는 여전히 안정을 찾지 못했다.

3 인도차이나전쟁

1차 인도차이나전쟁

인도차이나에서는 일본이 패전한 후, 공산주의자 호찌민(胡志明, 호지명)이 이끄는 베트민(Viet Minh, 베트남독립동맹회)이 베트남의 독립을 선언했다. 라오스에서도 민족주의자인 왕족 페사라트(Phetsarath) 수상이 이끄는 정부가 독립을 선포했으며, 캄보디아에서도 시아누크(Nordom Sihanouk) 국왕이 독립을 선언했다.

그러나 이들 3개국의 독립은 옛 종주국 프랑스의 승인을 얻지 못했고, 프랑스는 각국의 독립세력에 대해 무력진압에 나섰다. 1945년 9월 하순, 프랑스는 제일 처음 군을 주둔시켰던 남베트남에서 공산세력을 공격했으며, 10월 중순에는 캄보디아에 들어가 독립세력인 손곡탄(Son Ngoc Thanh, 손응옥탄) 정권을 타도했다. 시아누크 국왕에게는 프랑스에 충성할 것을 맹세하게 했다.

프랑스는 1946년 3월 중국 국민당군이 일시적으로 관리했던 북베트남에 들어가 그 지역에 수립된 베트민 정권을 무너뜨렸다. 프랑스는 독립을 요구하는 베트민 정권의 요구를 거부하고, 1946년 12월 19일 베트민군에 대한 전면공격을 개시했는데, 바로 1차 인도차이나전쟁의 시작이었다.

1946년 3월, 프랑스는 라오스를 침공하여 페사라트 수상이 이끄는 이른바 자유라오스(Lao Issara, 라오 이싸라) 정권을 무너뜨리고 친프랑스 왕족정권을 수립했다. 페사라트 수상은 방콕으로 도망쳐 쁘리디 파놈용 수상의 보호하에서 반프랑스 투쟁을 계속했다.

한편 캄보디아에서는 프랑스로부터 내정자치를 인정받은 시아누크 국왕 통치하에서 1946년에 의회정치가 도입되었으며, 선거를 통해 민주당이 정권을 잡았다. 그러나 각지에서는 중앙정부에 불복하는 여러 세력이 할거하여 시국이 불안했다. 북부에서는 캄보디아 영토를 욕심내고 있던 세력이 태국의 지원을 받고 있었고, 중부에서는 토착민과 강도, 남부에서는 베트민을 지원하는 캄보디아 공산세력 등이 중앙정권에 도전했다.

1947년 프랑스는 반공 공세를 강화하여 베트남과 라오스에서 공산세력을 주요 마을에서 쫓아내고, 주요 거점과 간선도로를 점거했다. 그러나 공산군은 게릴라전을 멈추지 않았다.

1947년 12월 캄보디아 총선거를 통해 민주당이 다시 여당이 되었다. 이 선거에서는 당시 프놈펜(Phnom Penh)의 기술학교 에콜 테크니크(École Technique)의 학생이었던 살로트 소르[Saloth Sar, 후의 폴 포트(Pol Pot)]가 민주당 선거운동을 도왔다. 이것을 계기로 그는 후에 정부에 의해 프랑스 유학생으로 선발되었고, 결과적으로는 가공할 만한 공산주의자가 되었다.[10]

이듬해인 1948년 5월 프랑스는 공산세력에 대항하기 위해 친프랑스파로 하여금 '임시베트남중앙정부'를 수립하게 하지만, 12만 명의 프랑스군과 10만 명으로 추정되는 베트민군의 공방은 끊이지 않았다.

1948년 캄보디아 북부에서는 친태국파인 자유크메르 게릴라가, 남부에서는 베트민 지지파가 활발히 활동하여 농촌 지역은 게릴라들에 의해 지배되었다. 이에 따라 정부의 재정 수입이 감소되고 경제는 더욱 불안해졌다.

1949년 3월, 프랑스는 친프랑스파인 베트남 정권을 강화하기 위해 '독립베트남중앙정부' 원수에 전(前) 안남 황제 바오다이(Bao Dai, 保大)를 내세우는 데 성공했으며, 6월 14일 프랑스연합 내에서 베트남 중앙정부의 독립을 인정했다. 그러나 친프랑스 정권의 독립은 베트민의 반발을 크게 샀다.

프랑스는 1949년 7월 19일 라오스의 친프랑스 정권도 프랑스연합 내에서 '독립'시켰으며, 캄보디아 시아누크 국왕에게도 11월 8일 '독립'을 인정했다.

이러한 프랑스 주도의 독립은 라오스의 경우, 독립운동 단체의 분열을 불러일으켰다. 방콕에 망명 중인 자유라오 정권은 1949년 10월 25일 해산했고 페사라트 수상은 방콕에 머물렀지만 그의 동생인 수반나 푸마(Souvanna Phouma)는 친프랑스 정권에 협력하기 위해 라오스로 돌아갔다. 그리고 이복동생인 수파누봉(Souphanouvong)은 친프랑스 정권과 싸우기 위해 라오스에 입국하여, 그곳에서 파테트라오(Pathet Lao, 라오스해방전선, 자유라오스의 후신, 1954년 후 라오스애국전선으로 불림)를 이끌면서 프랑스와 싸웠다.

한편 캄보디아에서는 1949년 경제적, 정치적 위기가 심화되면서, 마침내 같은 해 9월 시아누크 국왕이 의회를 해산하고 의회의 간섭 없이도 정치를 할 수 있는 '강권형 정치'를 도입했다. 시기를 같이하여 폴 포트를 비롯한 에콜 테크니크에서 선발된 21명의 학생은 1949년 8월 사이공 항구를 출발하여 10월 1일 프랑스 마르세유(Marseille)에 도착했다. 폴 포트와 이엥 사리(Ieng Sary), 손셴(Son Sen) 등의 프랑스 유학파가 캄보디아 정계에 등장하는 것은 더 나중의 일이다. 이 시기의 캄보디아 공산주의 운동은 항(抗)프랑스 전쟁에 협력하는 친베트남파 공산세력이 지도하고 있었으며, 그들은 1950년 3월 크메르 이사락(Khmer Issarak, 자유크메르)를 설립하고, 손곡민(Son Ngoc Minh, 손응옥민) 의장의 지도하에 임시인민해방중앙위원회를 설치했다. 손곡민 등은 시아누크 정권에 항전의지를 불태우며 1950년 4월 17일 캄보디아의 1/3을 해방시켰다며 독립을 선언했다. 그러나 이 독립은 베트민과 파테트라오만 승인한 것이다.

한편 중국은 1950년 1월 18일, 소련은 같은 해 1월 30일 베트민 정권을 승인했다. 이와 같이 인도차이나반도는 한국전쟁 시기에 혼란과 투쟁으로 점철되었다.

디엔비엔푸 전투

1950년 5월 19일 호찌민은 프랑스에 대한 공세를 강화했다. 한국전쟁이 일어나자 서방세력의 힘이 분산되어, 공산세력에게 인도차이나전쟁은 놓칠 수 없는 중요한 기회였다.

1950년 9월 이후 베트민의 공세는 북베트남의 중국 국경 부근에서 격렬하게 이루어졌다. 중국 공산군이 원조해 준 박격포 등의 무기가 처음으로 베트민의 손에 들어와 베트민의 공격력은 더욱 강화되었다. 10월 18일 북베트남의 중국 국경의 거점 랑손(Lang Son)이 베트민 수중으로 들어갔으며, 1950년이 저무는 시점에는 북베트남의 북부 일대가 베트민의 지배하에 놓였다.

1951년 3월 3일, 베트남 공산세력은 '혁명대표자회의'를 통해 인도차이나공산당의 명칭을 베트남노동당이라 바꾸었다. 미국이 프랑스군을 지원하자 전쟁은 더욱 치열해졌다. 이제 아군을 공산세력으로 제한하지 않고,

보다 광범위한 민중을 끌어들여 유리한 고지를 점해야 할 필요가 생겼다. 1951년 3월 초순 베트민과 자유크메르, 파테트라오는 인도차이나민족통일전선을 결성하고 프랑스를 향한 통일전쟁의 의지를 굳건히 다졌다.

한편, 베트민의 공세가 이어져, 1951년 전반에는 하노이(Hanoi)와 하이퐁(Haihpong)에 대한 공격이 전개되었다. 프랑스군의 맹반격으로 베트민의 전진을 일시적이나마 저지시켰으나, 당시 프랑스군 약 19만 명 중 10만 명은 도시 거점 방위에 묶여 있어서, 공격에 동원될 수 있는 프랑스군 3개 사단만으로는 6개 사단 규모의 베트민을 상대할 수 없었다.

1952년 10~11월에 베트민 3개 사단은 북베트남 북서부의 라오스 국경에 공격을 퍼부어 반격에 투입된 프랑스군 3만 명을 물리쳤다. 프랑스군은 1,200명의 전사자를 냈다. 또한 베트민은 1953년 4~5월에 라오스 국경을 넘어가 자르평원(Plain of Jars, 항아리평원)과 루앙프라방(Luang Prabang) 등 각지에서 프랑스군에게 큰 타격을 입혔다. 수파누봉이 이끄는 자유라오의 게릴라들이 베트남군의 안내 역할을 수행했다.[11]

베트민의 라오스 공격은 프랑스군에게 라오스 방위의 중요성을 새삼 확인시켜 주었다. 프랑스군은 북서베트남과 라오스를 잇는 지역을 공격하여, 1953년 11월 20일 베트남과 라오스 국경에서 10마일 떨어진 소수민족 태국족의 마을인 디엔비엔푸(Dien Bien Phu)를 점령했다. 프랑스군은 이 마을을 라오스 방위의 거점으로 삼았다.

1953년 7월 7일 한국전쟁은 휴전 상태로 들어갔다. 한국전쟁의 휴전은 스탈린이 죽은 후, 소련의 새로운 지도부가 국제 분쟁에서 일시적으로 손을 떼고 국내 안정화에 전력을 기울인다는 방침을 취하기로 한 데 따른 요인이 컸고, 이와 함께 전쟁이 교착 국면에 빠졌기 때문이다. 그러나 한국전쟁이 휴전에 들어가자, 중국에서 과잉 생산된 무기가 대량으로 베트남으로 흘러들어갔다. 무기는 디엔비엔푸에 주둔 중인 프랑스군을 공격하는 데 대부분 사용되었다. 1954년 1월 하순에는 대포 등 중화기를 가진 베트민 4개 사단 4만 명이 프랑스군을 완전히 포위했다. 프랑스군은 추가로 투입된 6개 대대를 포함하여 12개 대대 1만 수천 명이 전부였다. 1차 인도차이나전쟁을 종결지은 공방전은 1954년 3월 13일 저녁에 시작되어 5월 7일 프랑스군 1만 명이 항복하면서 끝났다.

시아누크의 투쟁

1950년 후반에 들어서면서 캄보디아에서는 해산된 의회의 여당인 민주당 등을 중심으로 총선거를 요구하는 목소리가 높아졌다. 1951년 2월 모니봉(Monivong) 내각이 총사퇴함으로써 총선거가 이루어졌는데, 이때 민주당은 78석 중 54석을 얻어 다시 여당이 되었다. 그러나 캄보디아 북부에서는 친태국파의 자유크메르가, 남부에서는 친베트민파의 투쟁이 격화되는 등 선거는 사실상 보이콧되었다.

하지만 민주당이 압승하자 시아누크 국왕은 경계심을 높였다. 시아누크는, 일본 점령하에서 캄보디아 독립정권의 수상이 된 뒤 프랑스군에 의해 추방되어 해외에 망명 중인 민족주의자이며 국민들에게 인기가 높은 손곡탄을 귀국시켰다. 손곡탄을 민주당에 대한 라이벌로 삼고 국왕의 정치 기반을 강화하는 데 협조를 얻을 생각이었다. 1951년 10월 29일 손곡탄 전 수상은 공항에서 프놈펜 시까지 마중 나온 수만 명의 민중들에게 열광적인 환영을 받았다.

그런데 시아누크 국왕의 계획과는 달리 손곡탄은 민주당에 접근했다. 게다가 놀랍게도 일본군이 인도차이나에서 프랑스 지배를 타도하는 쿠데타를 일으킨 지 7주년이 되는 1952년 3월 9일, 그는 비밀리에 프놈펜을 탈출했다. 그 후 북부 태국 국경의 자유크메르군에 참가하여 캄보디아의 진

시아누크 국왕
(UPI, SUN-TV, 마이니치신문 제공)

정한 독립을 얻기 위해 시아누크 정권과 대결했다.

1952년 5~6월 정치 중심지인 프놈펜과 콤퐁참(Kompong Cham), 북서부의 바탐방(Battambang) 등에서도 고교생과 청년들은 격렬하게 반프랑스, 반시아누크 시위를 벌였다. 이러한 움직임의 배경에는 손곡탄의 지지자와 민주당이 있었다고 추측된다.

1952년 6월 민주당은 당대회를 열어 손산(Son Sann)을 당수로 선출하고 약소 정당의 간부를 포섭하는 등 당세력을 확대하는 데 힘을 기울이자, 시아누크 국왕은 더욱더 민주당을 견제했다.

결국 시아누크 국왕은 민주당 정권을 무너뜨리기로 결심했다. 1952년 6월 15일 남베트남에서 파견된 프랑스군의 지원을 받은 시아누크 국왕은 돌연 후이 칸툴 보라(Huy Kanthoul Vora) 수상이 이끄는 민주당 내각을 해임하고 비민주당원으로 구성된 내각을 발족시켰다. 그리고 헌법상의 애매한 특권을 주장하면서 시아누크 자신이 수상에 취임했다. '시아누크의 쿠데타'에 의해 손산은 민주당 당수를 사임하고 후이 칸툴 보라 수상은 프랑스로 망명했다.

한편 시아누크의 쿠데타는, 1951년 3월 인도차이나공산당이 해체되면서 같은 해 9월에 크메르인민혁명당(KPRP, Kampuchean People's Revolutionary Party)으로 재결집한 캄보디아의 공산세력(당시 당원 약 1천 명, 병력 5천 명)으로부터 강한 반발에 직면했다. 또한 프랑스 유학 중에 프랑스 공산당원이 된 폴 포트는 이때 동료가 발행하는 기관지에 실은 논평에서 시아누크의 쿠데타를 비판하며, "민주주의는 오늘 전 세계의 사람들이 선택하고 있는 정치체제이며, 다이아몬드와 같이 귀중하다"라고 강조했다.

 그러나 시아누크의 쿠데타는 여기에서 그치지 않았다. 1953년 1월 11일 시아누크는 재개된 국회를 무력으로 해산시켜 전권을 장악했다. 이후 시아누크는 국내에서 독재권력을 기반으로 프랑스로부터 완전히 독립할 것을 요구하는 투쟁을 전개했다. 1953년 2~5월에 시아누크는 프랑스, 미국, 일본 등을 방문하여 캄보디아의 독립을 지원해 달라고 호소했다. 귀국 후 시아누크는 베트민과 공동으로 독립투쟁을 벌이기도 하고, 손곡탄의 자유크메르와의 공동투쟁 의사도 보이기도 하며 프랑스에 수많은 요구를 하는 등 프랑스를 혼란시켰다. 또한 전 국토의 방위를 위해 민병대를 결성하고, 1953년 8월에는 빈약하지만 무장한 13만 명의 남녀를 시아누크 지지집회에 참가시켜 프랑스에 압력을 가하기도 했다.[12]

 베트민과의 오랜 투쟁으로 골치를 썩던 프랑스는 캄보디아에서 새로운 전쟁이 발발할 것을 우려하여 결국 시아누크의 독립투쟁에 양보하기에 이른다. 이에 따라 1953년 10월 프랑스군, 경찰, 사법 등 치안과 관련된 대부분의 지휘권은 캄보디아 정부로 이관되었다. 프랑스가 캄보디아의 독립을 인정함에 따라 1953년 12월 9일 캄보디아는 완전 독립을 달성했다. 당연히 시아누크 국왕은 건국의 영웅이 되었으며 독립을 이룬 성과는 시아누크 생애에 걸쳐 커다란 업적이 되었다.

 독립을 이루었다고는 하지만 당시 캄보디아 전 국토의 1/6~1/3은 자유크메르와 베트민의 세력하에 놓여 있었기에, 통일은 시아누크 국왕에게 최대의 과제로 남아 있었다. 후에 일시적으로 가공할 만한 법을 만들어 캄보디아를 통일시킨 폴 포트 등 프랑스 유학파의 공산주의자들은 1953년 초, 민주당 정권이 붕괴하자 캄보디아로 귀국했다. 폴 포트는 잠시 베트민군에 참가하기도 했다고 전해진다.

註

1) 今川瑛一(1972),『東南アジア現代史』, 亜紀書房, p. 318.
2) Eduardo Lachica(1971),『The Huks: Philippin Agrarian Society in Revolt』, Praeger, p. 7.
3) Eduardo Lachica(1971),『The Huks: Philippin Agrarian Society in Revolt』, Praeger, p. 14.
4) タック チャル―ムチアロン(1989),『タイ―独裁的温情主義の政治』, 玉田芳史 訳, 勁草書房, p. 72.
5) 永井重信(1986),『インドネシア現代政治史』, 勁草書房, p. 153.
6) 永井重信(1986),『インドネシア現代政治史』, 勁草書房, p. 155.
7) スハルト(1998),『私の履歴書』, 日本經濟新聞.
8) 永井重信(1986),『インドネシア現代政治史』, 勁草書房, p. 179.
9) 今川瑛一(1971),『ネーウィン軍政下のビルマ』, アジア評論社, p. 38.
10) David, P. Chandler(1991),『The Tragedy of Cambodian History』, Yale University Press, p. 38.
11) Joseph Buttinger(1968),『Vietnam: A Political History』, Praeger Publisher, pp. 324~351.
12) David, P. Chandler(1991),『The Tragedy of Cambodian History』, Yale University Press, p. 64.

제 3 장

평화공존과 불황 속의 경제 건설

1 제네바회의, 평화공존 그리고 반둥회의

제네바협정

베트남에서 프랑스군이 계속 고전하자, 프랑스 여론과 정계에서는 대화를 통해 인도차이나전쟁을 하루 빨리 종결해야 한다고 목소리를 높였다. 소련과 중국의 공산주의 국가들도 1953년 7월 한국전쟁의 휴전에서 경험했듯이 미국이 이끄는 서방 국가들과 군사대결을 종결짓는 방향을 모색했다. 1953년 3월 5일 스탈린의 죽음으로 소련 지도자들이 국내 문제에 눈을 돌리게 된 것이 가장 큰 요인이었다. 중국 역시 사회주의 국가로서 가능한 한 빨리 불황을 탈피하기 위해 경제 건설에 매진해야 했다.

이러한 상황에서 1954년 1~2월에 걸쳐 베를린에서는 미·영·불과 소련이 참가한 4개국 외무부 장관회의가 개최되었으며, 4월 26일부터는 이들 4개국과 중국, 그리고 관련 국가들이 참석하여 한국의 통일문제와 인도차이나 문제를 해결하기 위해 회의를 소집했다. 바로 '제네바회담'이 개최된 것이다. 인도차이나 문제와 관련한 참가국은 의장국 영국과 소련과, 미국, 프랑스, 중국 및 베트남민주공화국(베트민), 베트남국(바오다이 정권), 캄보디아 왕국, 라오스 왕국 등 9개국이었다.

제네바회담은 1954년 4월 26일부터 6월 15일까지 개최되었으며, 우선 한국 문제의 항구적 해결책을 찾는 데 주력했지만 이렇다 할 성과는 없었다. 인도차이나 관련 교섭은 제네바회담이 열리고 있는 5월 8일부터 시작되었지만 그 전날 디엔비엔푸에서 프랑스군이 항복하여, 프랑스는 전쟁의 정치적 해결을 위해 어떠한 형태로든 결단을 내려야 하는 상황에 직면했다.

제네바회담은 당초 공산세력 측에서 캄보디아의 친(親)베트남민주공화국 정권 자유크메르와 라오스의 파테트라오도 회담에 참가할 수 있기를 요구했으나, 미국과 캄보디아 왕국 정부가 강력히 반대하여 처음부터 난관에 부딪쳤다. 그러나 중국 대표 저우언라이 총리가 베트남민주공화국과 미국이 라오스, 캄보디아에 군사기지를 설치하지 않는 조건으로 라오스, 캄보디아의 친프랑스 정권을 국제적으로 승인한다는 타협안을 제시함에 따라 문제를 해결할 수 있었다.[1]

결국 라오스, 캄보디아와 관한 제네바협정 내용은, ① 베트남민주공화국군이 캄보디아에서 90일 내에, 라오스에서 120일 내에 철수하고, ② 1955년말까지 양국에서 총선거를 실시하며, ③ 라오스에서는, 북부의 삼누아(Samneua)와 퐁살리(Phongsali) 두 주(州)를 파테트라오군의 집결지로 인정한다는 것이었다. 캄보디아의 자유크메르는 국내에서의 거점을 인정받지 못해 5천 명으로 추정되는 당원과 병사 중 1천 명은 북베트남으로 이동하고, 나머지는 합법정당인 '인민당'으로 들어가 국내에서 시아누크 정권과의 정치투쟁을 계속했다.

베트남에 대한 협정으로는, ① 친프랑스 정권과 베트남민주공화국과의 정전(停戰), ② 국토를 북위 17도선으로 분할하고 북쪽을 공산 정권, 남쪽을 친프랑스 정권이 지배하고, ③ 주민들의 남북으로의 자유이동을 허가하며, ④ 1956년 7월에 남북통일을 위한 선거를 실시할 것 등을 결정했다. 그러나 남북통일 선거에 관한 협정 내용은 미국과 베트남 친프랑스 정권이 서명을 거부함에 따라 무산되었다.

이처럼 인도차이나에 평화를 가져온 제네바협정은 1954년 7월 21일에 조인되었다. 그러나 인도차이나의 공산세력은 평화를 얻는 대신 그만큼 많은 것을 잃었다. 베트남 공산세력은 국토의 절반 정도를 손에 넣었는데, 실제 협정이 조인되기 직전에 그들이 지배한 지역과 인구는 더욱 많은 것으로 추정된다. 특히 남베트남의 공산군이 북으로 밀려남에 따라 무기를 빼앗긴 채 남쪽에 남겨진 농민들은 그 후 친프랑스, 친미 정권의 탄압을 받게 된다. 한편 북베트남에서 가톨릭교도를 중심으로 90만 명에 가까운 사람들이 남으로 이주하고, 그들 중 군 지도자가 된 사람들은 그 후 공산주의자들과 격렬히 대치했다.

또한 캄보디아의 경우, 자유크메르는 군사 거점을 인정받지 못하고 수많은 간부가 북베트남으로 이동하게 되자 정치적 영향력이 약해졌다. 이처럼 그들의 정치력이 약화되자, 폴 포트와 같이 민족주의적 성향이 강한 공산주의자들이 대두할 수 있는 좋은 기회가 찾아왔고, 결국 폴 포트 정권이 등장하는 비극을 초래한다.

그러나 인도차이나 공산세력의 불만은 국제적인 평화 실현에 우선순위를 둔 소련과 중국 등 공산주의 국가들에게 받아들여지지 않았다.

평화공존과 중립주의 대두

1953년 7월 27일 한국전쟁의 휴전협정이 성사되고 1954년 7월 21일 제네바협정이 조인된 것은, 제2차 세계대전 이래 처음으로 대규모 전쟁을 종결짓는다는 의미에서 전 세계적으로 평화의 분위기를 고조시켰다.

물론 미국은 여전히 소련과 중국 등 공산주의의 위협을 견제하면서 공산권 주변의 친미 국가들과 군사협력조약을 체결하고, 이를 토대로 설치된 미군기지망으로 포위했으며, 만일 소련이 침략할 경우 곧바로 핵무기를 사용한다는 '대량보복전략'을 정비하는 데 힘을 기울였다.

특히 아이젠하워 정권의 덜레스(John Dulles) 국무장관은 북대서양조약기구의 미군기지망에 터키, 이란 등 중동의 친미 국가의 군사력과 태국, 필리핀, 타이완, 한국, 일본 등 아시아의 친미 국가들의 군사력을 연계시키는 데 주력했다. 1954년 9월 8일 미국은 영국, 프랑스, 호주, 뉴질랜드와 필리핀, 태국, 파키스탄 등이 참가한 동남아시아조약기구를 발족하여 아시아 지역 내의 반공망을 더욱 강력하게 구축했다.

그러나 이러한 미국의 반공방위전략 추진에 대하여 아시아를 비롯한 많은 개발도상국은, 미소 대결에 관여하지 않는 중립적의 입장을 취하면서 자국의 정치, 경제 건설에 힘을 기울였다.

동남아시아에서는 인도네시아와 미얀마가, 서아시아에서는 인도와 스리랑카가 중립주의를 택했다. 이러한 중립주의는 한국전쟁과 인도차이나전쟁의 휴전으로 형성된 새로운 평화 공존 무드에서 당시 정세에 적합한 외교노선으로 받아들여졌다.

이러한 아시아 국가들의 중립주의 노선은 미국의 반공방위망 형성에 위기감을 느끼던 소련과 중국에게는 당연히 환영할 만했다. 특히 중국은 아시아의 중립주의 국가들에게 접근하여 미국의 반공정책이 힘을 못 쓰도록 총력을 기울였다.

1954년 4월 28일 스리랑카의 수도 콜롬보(Colombo)에서 스리랑카, 인도네시아, 미얀마, 인도, 파키스탄 등 5개국 정상은 제네바회담과 같은 시기에 정상회담을 개최하여, 인도차이나전쟁의 휴전, 중국의 유엔 가입을 주장하면서 동시에 아시아·아프리카 국가들에 의한 국제회의를 개최할 것을 제창했다.

　중국은 당연히 이러한 콜롬보회의 결과를 대대적으로 환영했으며, 중국의 저우언라이 총리는 곧바로 1954년 6월 25일 인도를 방문하여 네루(Pandit Jawaharlal Nehru) 총리와 회담을 갖고 '평화 5원칙'에 합의했다. 평화 5원칙의 핵심은 ① 영토주권의 존중, ② 상호 불가침, ③ 내정 불간섭, ④ 평등 호혜, ⑤ 평화 공존 등이었다.[2]

　이러한 상황에서 미얀마와 인도네시아가 미국의 권유를 거부하고 1954년 5월에 개최된 동남아시아조약기구에 참가하지 않은 것은 어쩌면 당연한 일이었다. 물론 아시아에서 중립주의의 대두는 소련에게도 반가운 일이었다. 소련 역시 서방 국가들과의 긴장 완화를 위해 서독과 일본에 접근하면서 개발도상국 지도자들을 초대하는 등 독자적인 외교 노력을 전개하고 있었기 때문이다.

　이러한 배경 속에서 1955년 4월 18일 인도네시아의 아름다운 지방도시 반둥(Bandung)에서는 역사적인 국제회의가 열리게 된다.

반둥회의

1954년 4월 18일 콜롬보에서 합의한 아시아·아프리카국가회의의 개최지가 인도네시아로 결정된 데에는 회의를 구상한 인도네시아의 알리 사스트로아미조요 수상의 역할이 컸다.[3]

　1953년 7월말 취임한 알리 수상은 반네덜란드, 반미 입장을 강하게 피력하면서 중립주의 노선을 견지할 것을 명백히 했다. 또한 알리 수상은 아시아·아프리카의 개발도상국들이 단결하는 것이 미소 냉전구도에 휘말리지 않고 세계의 긴장 완화에 공헌할 것이라고 강조했다. 물론 알리 수상은 식민지주의에 반대하는 개발도상국을 단결시킴으로써 네덜란드로부터 자국 서이리안의 해방을 앞당길 수 있으리라고 판단했을 것으로 추측할 수 있다.

한편 인도네시아가 제안한 아시아·아프리카회의를 구체화하기 위해 1954년 12월말 콜롬보에 다시 5개국 정상이 모였으며, 1955년 4월말에 제1회 아시아·아프리카회의를 인도네시아에서 개최할 것을 결정했다.

1955년 4월 18일 인도네시아 독립투쟁을 지도한 국민당을 창설한 곳, 자바섬 서부의 마을 반둥에서 개최된 아시아·아프리카회의에는 중국의 저우언라이 총리, 인도의 네루 총리, 인도네시아의 수카르노 대통령, 미얀마의 우누 수상 등 아시아 신흥 국가의 저명한 지도자와 이집트의 나세르(Nasser) 대통령 등 아프리카 국가 대표들까지 참석하여, 참가국은 총 29개국에 달했다. 오랜 시간에 걸쳐 구미의 식민지 지배에 고통을 받아온 수많은 아시아, 아프리카 국가들이 새롭게 건국의 의지를 불태우며 한 자리에 모인 대규모 회의였다.

반둥회의는 4월 24일까지 식민지 해방과 세계 평화를 위한 협력 등의 내용을 중심으로 다양한 논의가 이루어졌다. 참가국은 때로는 집단안전보장조약의 가입 문제를 둘러싸고 이에 반대하는 인도, 미얀마, 인도네시아, 중국 등과, 이에 찬성하는 파키스탄, 터키, 태국, 필리핀 등이 첨예하게 대립하기도 했지만, 최종적으로는 중국과 인도 간의 평화 5원칙을 기초로 타협이 이루어져 반둥회의의 10원칙이 마련되었다.

반둥회의 10원칙의 핵심 내용은, ① 기본적 인권 및 국제헌장 존중, ② 국가 주권과 영토 보전 존중, ③ 인종의 평등과 국가 평등 승인, ④ 내정 불간섭, ⑤ 국제헌장에 준하는 개별적, 집단적 자위권 승인, ⑥ 대국(大國)의 특수 이익을 위한 집단적 방위협정과 타국에 대한 압력 행사 방지, ⑦ 침략 행위와 위협, 그 외 실력 행사 억제, ⑧ 국제분쟁의 평화적 수단에 의한 해결, ⑨ 상호 이익과 협력 촉진, ⑩ 정의와 국제의무 존중 등이다.

반둥회의는 아시아, 아프리카의 참가국 간의 단결을 통해 미소에 대항하는 제3세계의 등장이라는 측면에서 세계 정치에 강한 인상을 심어 주었다. 이 회의에서 탄생한 이른바 '반둥정신'은 그 후 미소 냉전의 논리에 대항하는 평화의 논리로서 많은 국가들의 외교적 무기가 되었다.

어쨌든 반둥회의의 성공은 제2차 세계대전 이후 독립한 수많은 국가들과 중국, 이집트처럼 새로운 정치체제를 출범시킨 나라들에 있어서는 그 의지를 전 세계에 알리는 절호의 기회였다. 신흥 국가는 반둥회의 후 자국의 정치적 안정과 경제 건설에 다시 총력을 기울였다.

한편 당시 일본은 1952년에 독립국가의 지위를 회복했지만, 아직 유엔에 가입하지 않은 상태에서 반둥회의에 초대되었으며, 다카사키 다쓰노스케(高崎達之助) 경제기획청장관을 단장으로 하는 대표단을 파견하여 평화를 사랑하는 새로운 국가 건설에 대한 결의를 발표했다.

2 자립경제 건설을 위한 노력

1차 생산물의 불황

반둥회의에 참석한 개발도상국 지도자들이 크게 고양되어 귀국하였지만, 그들을 기다리고 있는 현실은 경제적, 정치적으로 암울했다.

1950년대 중반, 많은 개발도상국들은 식민지 경제체제에서 벗어나 자립경제를 건설하기 위한 노력을 경주했다. 광산물과 농림산물 등의 1차 생산물을 식민지 종주국인 선진공업국에 수출하고, 그 대금으로 선진국으로부터 공산품을 수입하는 '식민지형 경제체제'에서 벗어나, 필요한 공산품을 자급자족할 수 있기를 바랐다. 이른바 수입대체 공업화를 지향했던 것이다.

수입대체 공업화는 1930년대 일어난 세계 대공황 과정에서 브라질, 아르헨티나, 멕시코 등 중남미 국가에서 시작되었으며, 동남아시아에서도 태국과 필리핀이 실시했다. 그러나 제2차 세계대전의 영향권 밖에 있던 중남미와는 달리, 동남아시아는 전쟁 중 일본군이 점령하여 전란에 휩싸였을 뿐 아니라, 일본이 공산품은 자국으로부터 수입하게 하고 동남아시아 국가들은 1차 생산물 생산에 전념하게 했기 때문에 수입대체 공업화는 요원했다.

이러한 수입대체 공업화는, 제2차 세계대전 후 독립한 많은 구식민지형 경제체제 국가들에 있어서는 이상적인 새로운 경제 건설을 의미했다. 신흥 개발도상국들은 1차 생산물을 수출하여 획득한 외화로, 기존에 수입에 의존했던 공산품을 국내에서 생산하기 위한 공장 설비와 기계 부품 등을 도입하여 공업 기반을 구축하려고 노력했다. 몇몇 국가에서는 소련의 5개년 경제계획을 도입하여 계획적인 공업화 경제를 건설하기 위한 정책을 세우기도 했다.

이러한 공업화를 실현하기 위해서는 우선 재원을 조달해야 했으며, 이를 위해서는 1차 생산물의 수출이 중요했다. 한국전쟁이 일어났을 때에는 고무와 주석을 비롯한 설탕, 쌀 등 여러 종류의 1차 생산물 가격이 급등하여 개발도상국의 수익이 증가하였고 공업화를 위한 자금도 즉시 조달되었다. 하지만, 1950년대 중반 이후에는 1차 생산물 가격이 하락했다.

당시 1차 생산물 가격이 하락한 데에는 몇 가지 원인이 있다. 한국전쟁과 인도차이나전쟁이 종결되어 전쟁특수가 사라진 것이 주원인이었고, 구미와 그 동맹국들의 군비 확대 경쟁이 사라진 것도 원인 중 하나였다. 전쟁의 위기감이 약화되고 세계경기가 후퇴한 것이 개발도상국의 주력 수출품인 1차 생산물 가격을 떨어뜨렸다. 더욱이 제2차 세계대전 후 10년의 세월이 흐르면서, 전쟁의 피해를 입은 국가들과 식량 부족으로 고통받던 국가들이 식량 생산을 확대했으며, 미국과 캐나다 등 식량수출국의 생산 증가가 지속되어 가격이 하락한 점도 지적할 수 있다. 또한 선진국의 기술혁신으로 천연섬유를 대체하는 나일론 등의 화학섬유가 등장하여 1차 생산물의 가격 하락을 부채질했다.

보다 구체적으로 1차 생산물 가격 하락에 대한 당시 상황을 살펴보면 다음과 같은 특징을 발견할 수 있다.

1차 생산물 가격 하락

〈표 2〉를 통해 알 수 있듯이, 평화 무드가 고조되면서 전략 물자인 고무와 주석 가격은 하락세로 돌아섰다. 고무와 주석 모두 한국전쟁(1951~1952년)이 한창일 때의 가격에 비하여 한국전쟁이 휴전 상태에 들어선 1953년 이후에는 가격이 크게 하락했음을 알 수 있다.

특히 고무의 경우, 제2차 세계대전 때부터 합성고무의 생산이 증가하여 천연고무의 지위를 위협하면서 가격 하락을 부추겼다. 합성고무의 가격은 품목에 따라 다르지만 1952~1953년 이후 1950년대 말에 걸쳐 저가품은 약 23센트, 고가품은 약 41센트로 안정세를 보였다. 전 세계 고무 소비에서 차지하는 합성고무 사용률은 1957년에는 약 40%, 1959년에는 약 46%에 달했다. 전 세계 고무 생산에서 천연고무와 합성고무의 비율은 〈표 3〉과 같은 추이를 보였다.

고무와 주석의 가격 하락이 말레이시아, 인도네시아, 태국 등 주요 수출국에 막대한 경제적 타격을 주었음은 자명하다.

또한 선진국에서 생산하는 공업용 원재료로서 고무와 동일한 상황에 처한 것이 바로 면화였다. 1950년대 아시아의 최대 면화생산국은 중국이며, 인도와 파키스탄이 그 뒤를 이었다. 그러나 면화 가격도 1950년대 후반부터 정체를 보이기 시작하여 뉴욕시장 가격으로 파운드당 34~36센트를 유지했으나, 1960년 들어서는 33.16센트로 가격이 하락했다.

제2차 세계대전이 종결된 후 세계적으로 면화 생산이 크게 확대된 점을 들 수 있으나, 무엇보다도 나일론으로 대표되는 인조섬유의 생산 확대가 가장 큰 원인이었다. 〈표 4〉에서 알 수 있듯이 전 세계 섬유 생산에서

〈표 2〉 평화공존 시기의 천연고무와 주석 가격 추이

연도	천연고무		주석	
	생산량 (천 롱톤)	가격 (1등급 스모크트 시트) (센트/파운드)	생산량 (천 미터톤)	가격 (파운드/롱톤)
1951	1,812.7	59.28	170.2	1,077.3
1952	1,750.0	61.07	173.8	964.4
1953	1,698.1	23.37	179.7	731.7
1954	1,717.8	23.48	180.2	719.4
1955	1,804.8	39.16	183.9	740.1
1956	1,816.7	33.40	183.9	787.8
1957	1,858.6	30.51	182.7	754.8
1958	1,800.9	27.41	136.6	734.9

자료: 일본아시아경제연구소(1961), 『아시아 특산물의 국제수급』.

〈표 3〉 합성고무 생산의 증가 추이

연도	고무의 총생산 (천 롱톤)	천연고무 비율 (%)	합성고무 비율 (%)
1950	2,395	77.7	22.3
1953	2,663	64.9	35.1
1955	3,003	63.8	36.2
1957	3,166	60.1	39.9
1959	3,680	55.4	45.6

자료: 渡辺長雄 編(1962), 『동남아시아 제1차 산품의 가격안정시책』, 일본아시아경제연구소.

차지하는 인조섬유의 비율은 1950년대에 걸쳐 꾸준히 증가했다. 이 밖에 아시아 국가들의 주요 수출 작물인 황마(쌀 부대 등에 사용하는 작물), 코프라(야자유의 원료) 가격도 1950년대 중반에는 하락세가 지속되었다. 또한 인도, 필리핀, 중국 등의 주요 작물인 사탕수수의 가격도 1950년대 들어 계속 정체를 보였다. 사탕수수는 필리핀의 주요 수출품이다. 사탕수수 가격이 하락한 주원인은 제2차 세계대전 중 사탕수수가 부족했던 점을 고

〈표 4〉 천연섬유와 인조섬유의 생산 비율

연도	총생산량	천연섬유 면(%)	천연섬유 전체(%)	인조섬유 (%)
1950	20,650	71	82	18
1953	27,036	74	83	17
1955	29,378	71	81	19
1956	29,106	69	79	21
1957	29,243	68	78	22
1958	30,481	70	80	20
1959	30,644	69	79	21

자료 : 渡辺長雄 編(1962), 『동남아시아 제1차 산품의 가격안정시책』, 일본아시아경제연구소.

려하여, 유럽을 비롯한 세계 각국이 전쟁 이후 사탕수수의 생산을 크게 늘렸기 때문이다.

한편 미얀마, 태국, 베트남 등의 가장 중요한 수출품인 쌀도, 가격이 하락하여 수출에 큰 타격을 입었다. 쌀값이 하락한 이유 또한 제2차 세계대전 때 식량 부족을 겪었던 세계 여러 나라들이 쌀 생산을 확대했기 때문이다. 쌀 생산량은 세계대전 전인 1934~1938년에는 1억 5천만 톤이었지만 1958년에는 2억 5천만 톤으로 급증했다. 결국 쌀 생산량이 증가하자 수출가격이 하락하여 쌀 수출국들을 곤경에 빠뜨렸다. 일례로 미얀마 쌀의 1톤당 수출가격은 한창 높을 때(1952~1953년)에는 840짯(Kyat)이었으나 1954~1955년에는 518짯, 1956~1957년에는 446짯으로 계속 크게 하락했다.

이러한 1차 생산물 가격 하락 추세는 1950년대 중반 이후에도 계속되었다.

1차 생산물 불황의 영향

이처럼 평화 무드가 확산되면서 전 세계적으로 나타난 군비 확장에 따른 호황은 끝이 났다. 이는 곧바로 아시아 경제를 지탱하던 1차 생산물 가격의 하락을 가져왔고 아시아 국가들의 경제 건설 노력에 찬물을 끼얹었다.

그러나 당시 발생한 경제 불안은 동남아시아뿐만 아니라 중국, 인도와 같은 동남아시아 이외의 지역에서도 일어나고 있었다는 점에 주목해야 할 것이다. 왜냐하면 이 시기 아시아 대부분의 국가들은 정치체제를 불문하고, 경제 기반이 농림업과 광업에 집중되어 있어서 1차 생산물의 가격 하락은 거의 모든 국가에 경제적인 타격을 주었기 때문이다.

중국의 경우, 한국전쟁 참전 시에 내부적으로는 사회주의 체제를 강화하여 자본가와 지주세력을 약화시키는 데 성공했으며, 이를 바탕으로 1953년부터 중공업 건설을 우선시하는 제1차 5개년계획을 시작했다. 그러나 이러한 공업화를 위한 재원의 대부분은 농업 부문에서 조달해야 했다. 당시 1차 생산물 가격의 하락은 중국의 외화 수입에 적지 않은 마이너스 요인이 되었다. 부족한 부분을 농업 생산을 확대하여 극복할 수밖에 없었던 중국 지도부는, 결국 마오쩌둥 주석의 주장에 따라 농업의 집단화를 통해 농업 생산을 무리하게 향상시켜 공업화에 필요한 자금을 확보하려고 했다.

그러나 대약진이라는 명분하에 1957년부터 시작되어 향후 15년 동안 영국의 공업 생산을 따라잡겠다는 중국의 무리한 공업 건설 계획은, 농민에게 큰 부담으로 작용하여 결국 1959~1960년대 초반 중국 농업을 붕괴시켰다. 결국 이로 인해 2천만 명 이상의 아사자(餓死者)를 내는 비극을 초래했다.[4]

후술하는 바와 같이 동남아시아의 경우도 1차 생산물의 불황은 각국 경제를 혼란시켜 경제 건설에 걸림돌로 작용했다. 그 결과 여러 국가들이 다양한 형태의 정치적 불안에 휩싸였다.

이렇게 볼 때 1950년대 중반부터 후반에 걸쳐 1차 생산물의 불황은 아시아 전체에 커다란 경제 불안을 드리웠고, 정치에도 큰 영향을 미쳤다. 결과적으로 이러한 위기에 어떻게 대응했느냐가 이후 각국 경제 건설의 성패를 좌우하고, 정치의 행방도 결정했다고 할 수 있다. 이러한 의미에서 아시아의 경제와 정치는 체제와 국경에 상관없이 항상 일관되게 움직이고 있음을 알 수 있다.

3　불황 속에서의 경제 건설

공업화 선진국 필리핀의 위기

제2차 세계대전 이후 필리핀의 경제 발전은, 미국인에게 경제적 특권을 부여하는 대가로 미국으로부터 거액의 원조를 받아 이루어졌다. 1946년 미 의회는 필리핀부흥법을 제정하여 5억 2천만 달러의 원조를 제공한다.

그러나 이처럼 필리핀 경제가 미국의 원조에 의존하게 되자, 공업화를 위한 자재와 식량 등 소비물자 역시 막대한 양을 수입할 수밖에 없었다. 반면 설탕 등의 수출은 둔화되어 결과적으로 외화보유액이 급격히 감소했다. 필리핀의 외화보유액은 1945년 5억 8,700만 달러에서 1949년말 2억 6천만 달러로 크게 줄었다. 수입이 급증하게 된 배경에는 1949년 페소화가 전쟁 전 수준인 1달러당 2페소로 고정되어 고평가 상태가 유지됨에 따라 수출보다 수입에 유리한 시세를 나타내고 있었기 때문이다.

1950년 필리핀 정부는 '유로계획'으로 불리는 '필리핀농공업개발계획(1950~1954년)'을 마련하고 농업을 중시한 경제개발정책을 실시했다. 1950년 6월 한국전쟁이 발발하자 필리핀의 수출은 설탕, 코프라 등을 중심으로 순조롭게 증가했다. 한편 정부는 외화 절약을 위해 소비재 수입을 제한하고 생산재 수입에 외화 할당을 확대하는 정책을 추진했다. 즉 수입에 유리한 높은 페소 환율을 이용하여 미국으로부터 기계, 설비 등의 수입을 크게 늘리는 데 주력했다. 그리고 이를 통해 수입공산품의 국산화가 진행되면서 이른바 수입대체 공업화가 진전되는 결과를 가져왔다.

〈표 5〉와 같이 필리핀의 산업별 국내순생산 구성비율을 살펴보면, 1950년대에 필리핀의 공업화가 급속히 진전되었음을 알 수 있다. 이러한 수입대체 공업화의 진전은 정부의 외자도입정책과 환율정책은 물론 철강, 섬유 등 신규 산업에 대한 세금감면정책, 저리융자 등 다양한 정책적 지원을 통해 이루어졌다. 이 결과 수입대체 공업화는 섬유제품, 종이, 화학, 석유제품, 금속제품, 시멘트, 기계 등의 분야로 파급되어 확산되었다. 총취업자 수 중 제조업 취업자의 비율은 1939년 7%에서 1956년에는 12.3%로 증가했다. 1950년대 전반 필리핀의 경제 전체도 순조로운 성장을 보였으며, 국민총생산(GNP)은 1950~1955년에 연 11%의 높은 성장률을 나타냈다. 1950년대 전체로도 연평균 6.3%의 성장을 달성했다.[5]

그러나 필리핀의 공업화는 1957년 이후 정체기를 맞았다. 성장세 둔화

〈표 5〉 필리핀의 산업별 국내순생산 구성비 추이

(단위: %)

	1950년	1955년	1960년
농림수산업	38.8	37.3	34.4
광업	1.0	1.2	1.3
제조업	12.5	15.1	17.5
건설업	7.7	4.6	4.0
상업	23.5	24.0	24.3
서비스업	12.8	13.9	14.4
기타	3.7	4.0	4.1

자료: 井草那雄 編(1988), 『아세안의 경제계획』, 일본아시아경제연구소.

의 최대 원인은 수입 확대와 수출 부진에 의한 외화 부족이었다. 공업화에 수반되는 기계, 부품, 원재료의 수입이 확대된 반면, 1차 생산물의 불황으로 수출 부진이 계속되었다. 1959년 생산재 수입은 전체 수입의 86%에 달했다. 필리핀이 보유하고 있던 외화는 1950년 2억 9,600만 달러에서 1959년에는 9천만 달러까지 감소했다.

필리핀 정부는 이러한 사태를 극복하기 위해 1960년 수출 진흥을 목적으로 페소의 평가절하를 단행했으며, 이로 인해 환율은 1달러당 2페소에서 3.90페소로 절하되었다. 그러나 페소의 평가절하는 수입하는 공업용품의 가격 상승을 초래함에 따라 제조업은 큰 타격을 입었다. 결국 필리핀의 수입대체 공업화는 1950년대 말부터 정체되었으며 1960년대에 들어서도 정체 상황을 벗어나지 못했다. 1960~1965년에 걸쳐 제조업의 성장률은 연평균 3.7%에 그쳤다.

그러나 1960년대 당시 필리핀은 동남아시아에서 가장 선진화된 공업국이었으며 국내총생산(GDP)에서 제조업이 차지하는 비율도 20%에 달했다. 태국 13%, 싱가포르 12%, 말레이시아 9%, 인도네시아 8% 등에 비하면 현격한 차이를 보이고 있다. 그러나 필리핀은 이러한 비교우위의 경제 여건을 유지할 수 없었다. 보다 구체적인 이유에 대해서는 후술하기로 한다.

쌀 수출국의 명암

1950년대 중반부터 후반에 걸쳐 1차 생산물의 불황으로 인해 타격을 받은 두 나라가 있었다. 바로 쌀 수출국인 태국과 미얀마이다. 그러나 1950년대 후반부터 양국의 운명은 크게 달라진다. 그 원인에 대해서는 다음 장에서 자세하게 설명하게 될 양국의 정치적 상황에서 찾을 수 있으며,

동시에 양국 정부의 경제정책에 기인한다고 할 수 있다.

　태국에서는, 1940년대 후반부터 1950년대 초반에 걸친 권력투쟁과 쿠데타 등에도 불구하고 화교 상인들이 장악하고 있던 경제는 쌀 수출을 중심으로 착실하게 성장하고 있었다. 1953년 이후 쌀값의 하락에도 불구하고, 생산량 증가와 미국으로부터의 원조, 서방 국가의 외국인 투자 유치 등을 통해 어려움을 극복했으며, 이에 따라 1952~1957년의 경제성장률은 연평균 5%를 유지했다. 1인당 국민소득도 같은 기간에 평균 3%의 성장을 보였다.

　이러한 태국 경제를 위협한 것은 다름 아닌 1955년부터 1957년에 걸쳐 일어난 정치적 혼란이었다. 정치적 혼란의 중심에는, 노련한 정치가 피분 수상과 신흥세력 사릿 장군 간의 권력투쟁이 자리하고 있었는데, 결국 사릿 장군의 승리로 막을 내린다. 권력투쟁은 당연히 태국 경제에 혼란을 가져왔지만, 다행히 1957년 반피분 쿠데타로 권력을 잡은 사릿 장군이, 1930년대 이후 경제의 국가통제를 완화하고 외자 도입을 추진함으로써 태국 경제는 발전을 거듭했다. 사릿 정권은 국내 경제를 움직이는 화교와 외자를 제휴시켜 합작기업을 만들었으며 나아가 합작기업을 군이 보호하는 이른바 화교, 외자, 군의 삼위일체 체제를 구축하는 등 태국 경제를 안정적인 궤도에 올리는 데 성공했다. 삼위일체 체제는 곧바로 터진 베트남 전쟁 시기에, 태국으로 유입된 서방 국가의 원조와 투자가 확대되면서 더욱 활기를 띠었으며, 1960년대 태국 경제의 급속한 성장을 떠받치는 기반이 되었다.

　한편 미얀마의 경우, 앞에서 설명한 내전이 1950년대 초 정부군의 승리로 평정되면서 1950~1951년부터 경제개발계획 '피도타(Pyidawtha, 복지국가)계획'이 처음 실시되었다. 이것은 국영기업을 중심으로 공업화와 농업 재건을 꾀하고, 운송과 전력 등 공공인프라에 적극적으로 투자한다

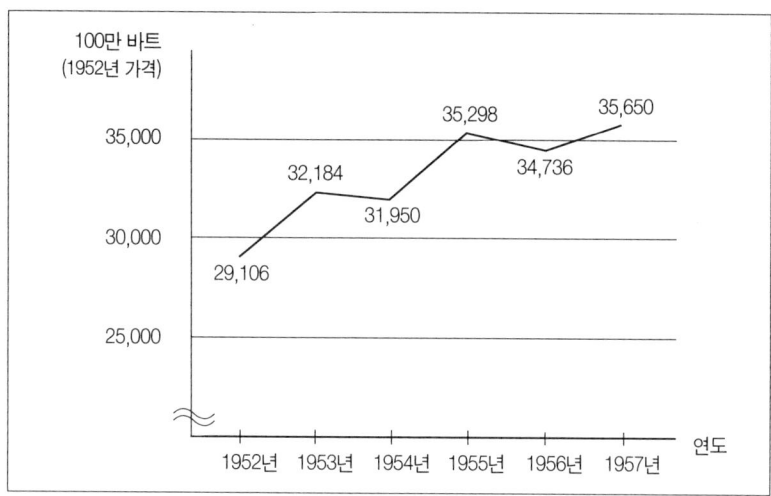

〈그림 2〉 태국의 국내총생산

자료 : 荒川·矢野(1967), 『アジア諸國の經濟發展と開發計劃』, 下券, 일본아시아경제연구소.

는 사회주의적 성격을 띤 8개년 개발계획이었다. 계획의 초기 단계에서는 한국전쟁의 영향으로 쌀 수출이 호조를 보이면서 순조롭게 진행되는 것처럼 보였다.

그러나 1954년 이후 쌀값은 급락세로 돌아섰고 경제는 불안해졌다. 수도 랑군을 비롯해 마을 곳곳은 치안이 허술한 지방에서 도망쳐 온 빈민들로 넘쳐났다. 우누 정권은 인도인과 중국인 등 외국자본이 지배하는 상공업에 대해서 국가의 개입을 강화하고, 토지개혁을 추진하여 미얀마를 이상적인 복지국가로 만들고자 했다. 그러나 경제 실권을 쥔 외국인은 정부의 개입을 거부했다. 정부는 국유기업을 세워 실업자를 구제하려고 했지만 그럴 만한 자금이 없었다.

경제적 어려움에 봉착한 우누 정부는 피도타 계획을 수정하고, 1956~1960년대를 대상으로 한 '제1차 4개년계획'을 실시했다. 농업 개발에 힘을 기울여 농산물 수출을 장려하고 경공업을 진흥하여 수입대체 공업화를 추진한다는 것이 중점 내용이었다. 재원은 외국으로부터 원조를 확대하여 조달하고자 했다. 그러나 쌀값이 하락세로 돌아서면서 1950년대 후반 미얀마의 경제는 제자리걸음을 했다.

쌀 중심의 수출 규모는 1955~1956년 11억 8,100만 짯에서 1958~1959년에는 9억 8천만 짯으로 감소했다. 제1차 4개년계획은 쌀 생산량을 비롯하여 땅콩, 티크, 면직물, 아연광석, 황마 등 주력 제품들이 모두 목표량을 달성하지 못했다. 목표량을 상회했던 것은 비(非)티크재, 주석, 텅스텐, 면실, 벽돌, 담배 등이었다.[6]

미얀마가 이러한 경제적 위기에 처하자, 야당은 우누의 반파쇼인민자유연맹(AFPFL, Anti-Fascist People's Freedom League)에 대해 공세를 강화했고, 이에 따라 여당은 분열했다. 1958년 9월 26일, 내전에서 승리하여 기세가 등등해진 국군 지도자 네윈 장군이 쿠데타를 통해 정권을 탈취하는 사태로까지 치달았다. 우누는 1960년 4월 총선에서 승리하여 정권에 복귀하지만 정치적인 불안은 지속되었고, 1962년 3월 2일 네윈 장군이 다시 쿠데타로 권력을 탈취하여 미얀마는 오랜 기간 군정시대로 들어가고 만다.

그러나 네윈 군정은 태국의 사릿 군정과 달리 신속히 외자를 일소하고 외국의 투자를 거부했다. 또한 국내 경제를 모두 국영화한다는 초사회주의 노선을 취함으로써, 미얀마 경제를 더욱 곤란에 빠뜨려 결국 미얀마 경제를 완전히 정체시켰다.

독립 말레이시아연방의 출발

1957년 8월 31일 영국령 말레이시아연방은 독립하여 말레이시아연방이 되었다. 독립운동을 추진한 주체는 말레이시아인 상류계급이 이끄는 정당 통일말레이시아국민조직과 이에 협력한 보수계 중국인 정당인 말레이시아중국인협회(MCA, Malaysian Chinese Association), 그리고 인도인 정당 말레이시아·인도인회의(MIC, Malaysian Indian Congress)이며, 이 세 정당은 연합하여 연립정당인 말레이시아연합당을 결성했다.

말레이시아연합당은 1955년 7월 27일에 치러진 말레이시아연방 국회인 연방입법평의회 선거에서 압승하고, 연방정부의 총리가 된 퉁쿠 압둘라만(Tunku Abdul Rahman) UMNO 총재의 지도하에 대영(對英) 독립협상을 추진했다. 결국 영국은 말레이시아연방의 독립을 승인했지만, 그 배경에는 말레이시아공산당의 저항이 진정되고 정세가 안정되었던 점과 식민지가 독립하는 세계적인 흐름에 영국도 동조하지 않을 수 없었던 점을 지적할 수 있다.[7]

독립은 했지만, 가난한 쌀농사에 종사하는 말레이시아인, 주력 산업인 고무와 주석 이외에 제조업과 상업을 쥐고 있던 화교, 대규모 농장과 상공업, 금융업을 좌우하는 인도인 등 세 민족으로 구성된 복잡한 말레이시아연방의 경제를 이끌어가는 것은 어려운 과제였다. 특히 인구의 과반수를 차지하는 말레이시아인은 중국인과 인도인에 비해 생활수준이 낮았고, 그들의 주요 거주지인 농촌의 경제 개발과 근대화는 정부가 해결해야 할 커다란 숙제였다.

제2차 세계대전 이후부터 1948년까지 고무와 주석 중심의 말레이시아 경제는 순조롭게 전쟁 전의 수준으로 회복되었다. 그러나 1948년에 발생한 공산당의 반란은 말레이시아 경제에 큰 타격을 주었다. 1948년부터 1952년에 걸쳐 정부예산의 40~45%가 군사비로 지출되었으나, 한국전쟁의 특수로 고무와 주석의 수출이 늘어나자 정부 수입이 증가되어 전쟁비용에 따른 부담은 어떻게든 충당할 수 있었다. 공산당의 내란이 진정된 1956년, 영국령하의 말레이시아연방 자치정부는 1956~1960년에 걸친 제1차 5개년계획을 세웠는데, 이 계획의 주요 목표는 우선 고무, 주석 등 수출품의 생산 증가였다. 이와 함께 고무와 주석에 대한 의존도를 낮추기 위해 농산물을 다양화하고, 어업과 임업, 축산업을 장려하며, 공업과 농공업을 개발하기 위한 인프라를 구축하고, 인구 증가에 대한 대책으로서 고용을 창출하는 것에도 힘을 기울였다.[8]

새로운 농지를 개발하기보다는 토지가 없는 농민에게 농지를 대여하고, 고무와 오일, 팜(palm)을 심어 새로운 수출품으로서 팜유의 증산을 도모한 것이 또 다른 성과였다. 관개용 수로를 건설하여 쌀 생산량을 증대하고, 이 밖에 전쟁으로 황폐해진 도로와 다리, 철도 등의 인프라 재건에도 총력을 기울였다.[9]

수입대체 공업화도 순조롭게 진행되어, 1958년 '창시(創始)산업법'에 의해 외국자본과 국내자본이 제조업에 동원되었으며, 1960년에는 '말레이시아산업개발금융회사'가 설립되었다. 이에 따라 정부는 산업금융을 동원하여 공업단지 건설을 빠르게 추진하였고, 경공업 제품의 일부는 수입대체 공업화가 이루어지기 시작했다.

그러나 독립 말레이시아의 경제 건설은 전통적인 고무와 주석 산업의 재건과 신규 수출용 농산물 개발, 농공업용 인프라 건설 등에 중점을 두면서 독립국가를 위한 견실한 기반 정비에 우선을 둔 것이다. 이런 의미에서 독립 말레이시아는 일단은 순조로운 출발을 한 것처럼 보였다. 그러나 국민의 과반수를 차지하는 가난한 말레이시아인의 경제적 지위 향상은, 쉽게 해결할 수 없는 난제였기 때문에 결국 말레이시아는 이 문제를 둘러싸고 큰 내홍을 겪게 된다.

한편 영국의 직할 식민지인 싱가포르는 1959년 영국과 협상을 통해 내정자치를 인정받아 리콴유 수상 체제로 공업국가 건설을 향해 출항한다.

인도네시아의 정치 위기

1950년대 후반, 세계적인 평화 공존 무드가 무르익은 시점에서 발생한 1차 생산물의 불황과 이에 따른 경제 위기의 충격으로 가장 큰 타격을 받은 것은, 공교롭게도 반둥회의에서 성공적으로 '제3세계의 리더'로 부상했던 인도네시아였다.

인도네시아는 1950년 8월 15일 통일국가가 되었다. 그러나 네덜란드를 상대로 한 4년여에 걸친 독립투쟁으로 국토는 황폐해졌으며, 급속히 증가하는 인구 때문에 국가의 재건은, 국정을 운영하는 수상들에게 매우 어려운 과제였다.

1950년대 전반, 낫시르 수상에서 알리 수상에 이르는 역대 내각은 인도네시아의 경제 재건을 위한 가장 현실적인 방법의 하나로서, 식민지 시대와 같이 1차 생산물의 수출체제를 부활시켜 지속적으로 발전시켜 나가는 것을 꾀했다. 그렇기에 당연히 경제 전반을 지배하는 네덜란드 자본에 대한 의존도는 심화되었다.

1951년 낫시르 정권의 스미트로 무역장관은 경제 재건을 위해 '경제긴급계획(스미트로 계획)'을 발표하고, 석유와 천연고무, 커피, 코프라의 생산 증대를 통한 외화 획득, 고용 확대, 생필품의 국산화 등을 주요 정책으로 삼았다. 그러나 당시 대농장의 90%, 무역의 60%, 광산, 은행, 조선, 기타 산업의 대부분을 네덜란드가 점유하고 있었기에, 스미트로 계획은 네덜란드계 자본에 의존할 수밖에 없었다.

1952년 4월 월로포 내각과 1953년 8월 알리 내각의 경제정책도 낫시르 내각과 비슷했다. 네덜란드 자본에 대한 의존도는 점차 심화되었으며, 국내 경제는 자유방임 상태로 방치되면서 공업화는 정체되었다.

물론 인도네시아 정부는 민족 기업을 육성하고 수입대체 공업화를 진행하여 이른바 식민지형 경제구조에서 벗어나려고 노력했다. 특정 기업을 선정하여 원재료와 영업권을 독점적으로 부여하고 재정 지원을 하여 공업을 부흥시키려는 방침으로 '펜텡 정책[Program Benteng, 1950~1956년에 인도네시아의 낫시르 정권이 프리부미(pribumi, '토착민' 또는 '순수 민족자본'을 의미) 기업에게 수입허가를 해 주고 신용을 공여함으로써, 외국 자본에 대항하고 인도네시아의 순수 민족자본 축적을 도모하고 민족기업을 육성하기 위해 추진한 정책이다. 말레이시아의 부미푸트라와 유사 : 역주]'이 도입되었지만, 결과적으로 특정 기업에 특혜를 주어 암거래를 성행하게 한 결과를 초래했다.

한편 인도네시아 정부는 1950년대 전반, 주도적으로 경제 활동에 참여하는 동시에 공공 부문을 중심으로 많은 국가 재정을 개발에 투입했다. 1950년에는 철도가 국유화되고, 전신전화, 전기, 탄광도 공영화되었다. 1950~1952년에는 자바은행이 국유화되었고, 인도네시아국가은행과 국가공업은행이 설립되었다. 시멘트와 섬유, 자동차 조립, 유리, 병 등의 생산과 관련된 국영기업도 이 시기에 설립되었다.

이처럼 정부의 경제 개입에도 불구하고, 인플레이션과 물자 부족은 1950년대 전반 이후 더욱 악화되었고, 국가재정도 회복되지 않았다. 1차 생산물의 불황은 수출 감소와 외화 부족으로 이어지고, 또한 수입 감소를 가져와 결과적으로 물자 부족을 심화시켜 다시 인플레이션에 직면하게 되었다.

설상가상으로 악화되는 경제 위기 속에서 두 가지 정치적 위기가 다가왔다. 하나는 서이리안을 둘러싸고 네덜란드와의 관계가 악화되어 1954년 8월 10일 인도네시아 정부가 네덜란드와의 연합을 폐기한다는 협정을 단행한 것이고, 또 하나는 1956년 2월 12일 네덜란드와 독립을 결정한 '헤이그협정(1949년에 네덜란드의 헤이그에서 국제연합의 중재로 네덜란드가 인도네시아의 독립을 인정한 협정)'을 폐기한 것이었다. 전자는, 네덜란드와의 국방, 외교상의 협력관계를 폐기하는 것이 주요 내용이며 이미 악화된 양국 관계를 고려할 때 예상했던 바였다. 그러나 헤이그협정의 폐기는 네덜란드와의 연합 폐기를 재확인하는 데 그치는 것이 아니라 네덜란드가 인도네시아 내에 가지고 있던 경제이권, 즉 경제와 무역상의 특권을 인정하지 않겠다는 것이었기에, 네덜란드는 인도네시아에서의 경제활동에 큰 제약을 받게 되었다. 더욱이 인도네시아는 1956년 8월 4일, 네덜란드에 대한 채무지불 이행을 전면 거부했다.

네덜란드에 대한 인도네시아의 강경조치는, 객관적으로 당면한 경제위기에서 벗어나기 위해 인도네시아 정부가 네덜란드를 희생양으로 하여 경제적 내셔널리즘을 발동시킨 것이라고 할 수 있다.

그 외에 또 다른 위기는 전술한 바와 같이, 정부의 재정 상태가 심각한 상황에서 국군의 운영체제를 어떻게 합리화해야 하는가 하는 문제였다.

윌로포 내각 당시인 1952년 10월 17일, 나수티온 육군참모장은 국회가 군의 합리화를 반대하자 군대와 민중을 동원하여 수카르노 대통령에게 국회의 해산을 요구했다. 그러나 이 사건은 나수티온이 물러나면서 일단락되었으며, 이로 인해 군의 합리화를 주장하는 세력과 반대세력 간의 대립도 일단 소강상태를 보였다. 그런데 1955년 5월 이후 본인의 희망으로 사임했던 의용군 출신의 밤방 수겡(Bambang Sugeng) 육군참모장의 후임인사를 둘러싸고 군 내부의 대립이 다시 불거졌으며, 그 여파로 1955년 7월 24일 알리 내각은 총사퇴의 위기에 내몰렸다. 같은 해 8월 알리의 뒤를 이은 마슈미당의 하라합(Burhanuddin Harahap) 내각은, 육군참모장에 10월 17일 사건 이후 휴직 중이던 나수티온 전(前) 육군참모장을 복귀시켜 사태를 수습했다.

한편 하라합 내각의 또 다른 과제는 1955년 9월 29일에 실시한 국회의원 선거였다. 이는 통일인도네시아가 수립된 후 처음 열리는 것이었다.

선거는 18세 이상의 유권자 4,310만여 명을 대상으로 하고 있었으며, 투표율은 87.7%에 달했다. 민선의원 257명과 투표가 불가능한 서이리안의 지명의원 3명, 소수 민족 대표 12명을 포함해 272명이 당선되었다. 정당별로는 국민당과 마슈미당이 모두 57석을 차지하여 여당이 되었고, 3위는 45석을 차지한 이슬람 정당 나흐타둘 우라마[Nahdlatul Ulama, NU, '이슬람 학자의 각성(覺醒)'이라는 뜻으로 인도네시아 최대의 이슬람교도의 조직], 4위는 22석이 늘어나 39석을 확보한 공산당이었다. 국회의원 선거에 이어 1955년 12월 15일에 제헌(制憲)의회 선거가 실시되어 514석 중 국민당이 119석을 차지하여 1위를 확보했으며, 이어서 마슈미당과 나흐타둘 우라마, 공산당의 순으로 의석을 차지했다.

한편 하라합 내각은 군의 인사 문제와 두 차례의 선거를 치르면서 임무를 다했으며, 1956년 3월 20일에는 알리 사스트로아미조요가 이끄는 2차 내각이 들어섰다. 알리의 2차 내각 시대에 인도네시아 정치는 대혼란에 빠진다. 그 이유는 북수마트라와 술라웨시 등에 거점을 둔 지방의 군간부들과 중앙정부와의 대립이 격화되었기 때문이다. 군 인사를 둘러싸고 나수티온 육군참모장과 지방군사령관 간의 대립도 원인 중 하나였다. 지방의 군간부들은 지방의 특산물을 밀수하여 사리사욕을 채웠다. 고무, 주석, 향료 등 지방 특산물이 공식적으로 수출될 경우, 자바섬 중앙정부의 수입(收入)으로 계상되는 데 대해 많은 불만을 가지고 있었다.

이러한 군 내부의 불만은 10월 17일 사건 이후, 반(反)나수티온 입장을 명확히 한 루비스(Lubis) 군참모차장의 수카르노 정권에 대한 쿠데타 미수사건(1956년 11월 16일), 그리고 수마트라, 술라웨시에서의 군 반란(1956년 11월) 등으로 표면화되었다. 이러한 반란 뒤에 네덜란드가 존재하고 있음을 알게 된 수카르노 대통령은 1957년, 스스로 인도네시아 정치 개혁을 위해 전면전을 펼치게 된다. 그러나 수카르노의 정치투쟁은 인도네시아 경제와 정치를 대혼란에 빠지게 했다. 이 문제에 대해서는 다음 장에서 언급하기로 한다.

인도차이나 국가들의 경제 재건

계속해서 제네바회담에서 1차 인도차이나전쟁을 종결지은 인도차이나 국가들의 경제 건설을 위한 움직임을 살펴보자.

우선 베트남 공산주의자에 의한 지배가 국제적으로 승인된 북베트남은 농촌에서 지주와 부농을 반동분자로 지목하고 그들의 토지를 빈농들에게 나누어 주는 토지개혁을 빠르게 시행했다. 그러나 프랑스와의 전쟁에 자식들을 베트민 병사로 내보냈던 지주와 중농 계층까지 토지개혁 과정에서 탄압을 받게 되자, 이들의 정부와 노동당에 대한 지지가 약화되었다. 결국 북베트남 정부는 과도한 토지개혁을 수정할 수밖에 없었다.

한편 남베트남에서는 미국의 지원을 받고 있던 응오딘지엠(Ngo Dinh Diem)이 1955년 10월 23일의 국민투표에서 베트남공화국의 대통령으로 당선됨에 따라, 마침내 국내에 잔류한 공산게릴라들을 탄압하기 시작했다. 특히 지주들은 정부군과 경찰의 보호하에 메콩삼각주 등 농촌으로 복귀하여, 전란이 일어났던 10여 년간 자신들의 토지를 차지하고 있던 농민들을 쫓아내고 밀린 소작료 지불을 요구했다. 이에 반발한 농민은 고향에 남아 있던 베트민 게릴라와 함께 지주와 정부군, 경찰에 저항하여 각지에 크고 작은 분쟁이 끊이지가 않았다. 응오딘지엠 정권은 농민들의 저항을 무력으로 탄압했다.

쌀 생산지인 메콩삼각주를 중심으로 한 농민과 정부군과의 전투는 마침내 베트남전쟁으로 알려진 대전란으로 발전했다. 북베트남 정부는 남베트남의 동지들과 친미 정권 간에 벌어진 전쟁을 방관하지 않았다. 북으로 이주한 남베트남 출신 게릴라들을 다시 남베트남으로 귀국시켜서 동지들의 투쟁을 지원했다. 한편 미국은 북베트남 정부의 이러한 움직임에 대해, 소련과 중국의 지원으로 공산세력이 남베트남을 침략하는 것으로 받아들여 남베트남에 대한 지원을 아끼지 않았다. 남북 베트남 간의 전면전이 시작된 것이다. 한편 남베트남의 반미세력이 결집한 조직인 '남베트남해방민족전선[VNLF, Vietnamese National Liberation Front, 일명 베트콩(Viet Cong)]'은 1960년 12월 20일에 결성되었다.

한편 제네바회담에서 국토의 2/5를 공산세력의 지배지로 인정한 라오스에서는, 공산세력의 파테트라오와 친미 우파세력, 그리고 중립 노선의 푸마가 이끄는 조직 사이에 세력 다툼이 지속되고 있었다. 군 통합과 연립정권 출범 등에 대해서 일부 합의가 이루어지기는 했으나 진통을 겪은 후 1957년 11월 2일, 세 단체에 의한 연합정권이 성립되었다. 그러나 1958년에 미국의 지원을 받은 우파 군대가 파테트라오를 공격했으며, 이어 정부 내의 좌파세력도 모두 소탕되었다.[10]

우파의 반공 공세는 1959년 이후에도 지속되었으며 1959년 5월에는 파테트라오의 지도자, 수파누봉 국왕이 일시 정부군에 연금되는 등 라오스는 다시 내전에 빠졌다.

라오스의 경제 건설은 전혀 진전될 기미가 보이지 않았으며, 수도 비엔티안(Vientiane)을 비롯한 주요 마을의 경제는 이웃국가 태국으로부터 들여오는 물자에 의존했다.

캄보디아의 경우, 제네바협정으로 인해 더 이상 국내 활동을 할 수 없게 되자 공산군 주력부대 수백 명은 북베트남으로 이동했으며, 북부의 친태국파 2천 명도 조직을 정비하지 못하고 우왕좌왕했다. 드디어 각지의 반정부세력과 반란군의 위협으로부터 자유로워진 시아누크 정권은 국가 건설에 적극적으로 나섰다. 1955년 3월, 그는 실권이 없는 국왕 자리를 아버지인 수라마리트(Nordom Suramarit)에 양위하고, 과도정부를 통솔하여 상쿰(Sangkum, 인민사회주의공동체)을 결성했다. 1955년 10월 총선거에서 83%의 득표율로 압승하여 시아누크 지배체제를 확립했다.

상쿰 정권하에서 시아누크는 미국, 프랑스 등 서방 국가들로부터 공항, 도로 건설 등의 경제원조와 군사원조를 받았으며 동시에 중국으로부터도 경제원조를 받는 등 이른바 중립외교를 전개했다. 또한 국내적으로도 불교사회주의 건설을 제창하여 교육, 보건 등의 개선에 힘을 쏟았다. 1955년부터 1960년에 이르는 시기는 시아누크 권력의 절정기였으며 정치도 안정적이었다. 국내에는 농사를 지을 수 있는 땅이 늘어났고 인구 5백만 명의 대부분을 차지하는 농민의 생활은 점차 안정을 되찾았으며, 쌀과 고무, 후추 등의 수출도 호조를 보였다. 또한 화교와 베트남인이 쥐고 있던 상공업이 활성화되고 외국 원조를 통해 인프라가 구축되는 등 도시에서의 고용 기회가 높아졌다.[11]

그러나 시아누크의 중립외교는 1950년대 말기부터 친미파 태국과 남베트남 간에 관계가 악화되고, 남베트남으로부터 공산세력이 침입하여 캄보디아 공산세력과의 공동투쟁을 본격화하면서 큰 시련에 직면했다. 베트남전쟁이 확산되자, 캄보디아의 경제와 정치는 급속히 전쟁의 소용돌이에 휩쓸리면서 결국 파국으로 치달았다.

註
●●

1) 木村哲三朗(1996), 『ベトナム―党黨官僚國家の新たな挑戰』, アジア經濟硏究所, p. 30.
2) 柳澤英二郎・加藤正男(1985), 『現代國際政治 '40~ '80』, 亞紀書房, p. 97.
3) 永井重信(1986), 『インドネシア現代政治史』, 勁草書房, p. 170.
4) 「朝日新聞」, 1996년 10월 2일자.
5) 福島光丘 編(1990), 『フィリピンの工業化・再建への模索』, アジア經濟硏究所, pp. 6~14.
6) 荒川矢野(1968), 『アジア諸國の經濟成長と開發計劃』(上卷), アジア經濟硏究所, pp. 40~44.
7) 萩原宣之(1996), 『ラーマンとマハチール』, 岩波書店, p. 66.
8) 荒川矢野(1968), 『アジア諸國の經濟成長と開發計劃』(上卷), アジア經濟硏究所, pp. 138~143.
9) 萩原宣之(1996), 『ラーマンとマハチール』, 岩波書店, p. 82.
10) Charles, A. Stevenson(1972), 『The End of Nowhere: American Policy Toward Laos since 1954』, Beacon Press, Boston, p. 70.
11) David, P. Chandler(1991), 『The Tragedy of Cambodian History』, Yale University Press, p. 89.

제 4 장

냉전의 부활과 신흥 정권들의 정치 위기

1 냉전의 부활과 세계정세

스탈린비판과 헝가리 사건

한국전쟁과 제네바회의를 통해 인도차이나 문제가 일단락되면서 확산되기 시작한 세계평화의 공존 무드는, 소련 공산권과 미국 주도의 서방 국가들 간의 치열한 패권 다툼의 상징인 냉전을 종결지을 것처럼 보였다. 그러나 평화가 정착되자 군수(軍需)경기가 침체 일로를 겪게 되고 1차 생산물의 불황이 격심해지자, 많은 개발도상국에서는 경제 부진과 정세 불안이 초래되었다. 이것은 세계적인 평화공존 분위기에 역행하는 요인이 되었다. 즉, 냉전 종결을 의미하는 평화무드 자체가 냉전의 재개를 가져오는 또 다른 요인이 된 셈이다.

1956년 2월 14일, 소련의 새로운 지도자 흐루쇼프(Nikita Sergeevich Khrushchyov) 공산당 서기장은 소련공산당 제20회 당대회에서 고(故) 스탈린 서기장의 독재 통치를 강하게 비난하는 연설을 하여 공산세계뿐만 아니라 서방세계에도 커다란 충격을 주었다. 이른바 '스탈린비판'이다.

스탈린비판은 스탈린 사후의 신(新)소비에트 지도부의 대내외 정책이 스탈린 시대와는 달리, 국내에서는 보다 민주적이며 대외적으로는 서방세계에 대해 화해 논리를 앞세울 것이라는 견해를 재차 강조했다.

그러나 스탈린비판은 스탈린의 잘못을 공표하는 것이었기에, 결과적으로 소련공산당의 권위에 부정적인 영향을 미쳤고, 그 결과 각국 공산당의 대립과 균열을 낳았다. 중국공산당은 히틀러와 일본 군국주의와의 싸움에 승리한 스탈린의 공적을 칭송하고 스탈린 비판에 동조하지 않았으며, 이후 여러 측면에서 소련과 깊이 대립하게 된다.

한편 제2차 세계대전 말기에 소련의 지배하에 있던 동유럽 국가들은 스탈린비판을 긍정적으로 받아들였다. 동유럽 국가에 대한 소련의 정책이 보다 유화적으로 바뀌면서 소련이 동유럽에서 서둘러 철수하지 않을까 하는 기대감을 고조시켰기 때문이다.

미소 양국 간에 평화공존 무드가 세계적으로 확산되고 스탈린비판으로 소련으로부터 벗어날 수 있다는 동유럽 국가들의 기대감이 높아지자, 반소(反蘇) 감정이 격화되어 있던 일부 국가들은 소련권으로부터 이탈하려는 움직임을 보였다. 1956년 4월 17일 소련이 냉전시대 국제공산주의 운동의 지도조직이었던 코민포름(Cominform)을 해산한다고 발표한 것도 이러한 탈소련 움직임을 가속화했다.

1956년 6월 28일 폴란드의 포즈난(Poznań, 포즈나뉴, 포젠)에서 생활개선과 민주화를 요구하는 반소 폭동이 일어났다. 폴란드 공산정권은 친소(親蘇)노선을 견지했지만 국민들의 요구를 무시할 수는 없었다. 폴란드의 반소 폭동은 헝가리로 번졌다. 1956년 10월 23일, 헝가리의 수도 부다페스트(Budapest)에서 학생과 노동자들은 민주화와 경제개혁을 요구하며 시위를 일으켰다. 이것이 폭동으로 확대되자 공산정권은 소련군의 개입을 요청하여 소련군과 민족주의자들 간의 전투가 전국으로 확산되었다. 결국 헝가리 국민들의 힘에 밀린 소련군은 10월말에서 철수했으며,

임레 너지(Nagy Imre) 총리가 이끌던 공산정권은 국민들에게 민주화를 양보해야만 했다.

국민들의 반소 감정이 고조되는 가운데 너지 정권은 급속히 소련으로부터 이탈했다. 1956년 10월말, 헝가리 군부가 반소련의 입장을 명확히 함에 따라, 너지 총리는 같은 해 11월 1일, 소련이 북대서양조약기구(NATO, North Atlantic Treaty Organization)에 대항하기 위해 1955년 5월 동유럽 국가들과 결성한 군사동맹인 바르샤바조약기구(Warsaw Treaty Organization)를 탈퇴할 것을 소련에 통고했다.

헝가리가 소련권으로부터 이탈하는 것을 막기 위해 1956년 11월 1일, 소련군은 대규모 부대를 동원하여 헝가리의 반소세력을 제압하고 너지 정권을 무너뜨렸다. 헝가리에는 국민들에게 얼마간 정치적, 경제적 양보를 하면서 친소노선을 분명히 견지하는 카다르 야노시(Kádár János) 정권이 새로 수립되었다.

이처럼 미소 평화공존 무드 가운데 일어난 스탈린비판은 소련의 권위를 실추시키고 폴란드와 헝가리에서 격렬한 반소운동을 불러일으켰다. 소련이 동유럽에 군사 개입을 하자 유고슬라비아의 티토(Josip Broz Tito) 대통령은 반소 입장을 분명히 하고 중립노선을 견지했다. 더욱이 소련군이 동유럽 국가들의 반소운동을 탄압하자, 서방 국가들은 소련에 대한 호의적인 태도를 버렸고, 미소 화해의 분위기는 급속히 냉각되었다.

한편 세계평화의 진전과 함께 시작된 1차 생산물의 불황은 동남아시아의 많은 개발도상국들에게 경제적으로 심대한 타격을 주었다. 이러한 개발도상국의 경제 위기는 중동, 중남미, 중국 등에 커다란 정치적 동란을 일으키는 요인이 되었다. 그 중 가장 중대한 사건은 중동의 '수에즈 위기'였다.

수에즈 위기

1956년 7월 26일, 이집트의 신흥 민족주의 정권을 이끌던 나세르 대통령은, 지중해와 인도양을 잇는 수에즈운하(Suez Canal) 관리회사인 영국 정부와 프랑스인 소유의 만국(萬國)수에즈운하회사(Compagnie Universelle du Canal Maritime de Suez)를 국유화했다. 친영세력인 이집트 왕실을 타도한 개혁파 이집트 장교들 중의 한 사람이었던 나세르는, 1952년 7월 군내 권력투쟁에 승리하여 1956년 6월 5일 대통령에 취임했다.

그러나 당시 이집트의 경제 상황은 매우 어려웠다. 주력 산업인 면화 수출이 부진하여 불황을 겪었으며, 이스라엘과도 군사적으로 대치하고 있었다. 더구나 경제 건설의 핵심으로 삼고 있던 아스완하이댐(Assuan High Dam) 건설을 위해 자금 확보가 절실한 상황이었다. 미국과 소련의 지원에 의존하는 것 또한 정치적 부담이 커서 섣불리 진행할 수도 없었다. 결국 나세르는 연간수입이 1억 달러에 달하는 수에즈운하회사를 국유화하여 아스완하이댐의 자금원으로 삼으려고 했다.[1]

그러자 영국과 프랑스의 지원을 받고 있던 이스라엘이 크게 반발했다. 영국과 프랑스 정부는 애초에 경제 제재와 외교 노력으로 위기를 타개하려고 했지만 결국 이집트에 군사적 수단을 동원할 수밖에 없었다. 1956년 10월 29일 이스라엘군은 이집트를 공격하고, 다음날에는 영불군이 수에즈를 침공했다.

그러나 이러한 수에즈 위기에 중재자 역할을 한 것은 기묘하게도 미국과 소련이었다. 미국은 중동에서 영·불의 식민지 지배에 대해 비판적이었고, 신흥 아랍민족주의를 지지하여 적극적으로 중동 진출을 꾀하고자 했기 때문에 수에즈 위기를 평화적으로 해결해야 한다고 주장했다. 한편, 소련은 아랍민족주의를 반제국주의 투쟁에 이용하기 위해 영불군의 철수를 요구하며 아랍 국가들에 적극적으로 접근했다. 1956년 11월 5일, 소련

정부는 영불에 휴전을 요구하고 이에 응하지 않으면 무력 행사를 불사하겠다고 경고한다.

이러한 소련의 경고와 미국의 냉담한 태도 앞에, 영국과 프랑스 양국은 결국 수에즈에서 철병할 수밖에 없었고, 결국 1956년 11월 6일에 휴전했다. 같은 해 12월 양국군은 이집트에서 철수하고 이스라엘군도 1957년 3월 7일에 철수함에 따라, 수에즈운하는 1957년 4월 마침내 이집트의 소유가 되었다.

수에즈 위기는 소련군의 헝가리 개입 사건과 함께 세계적인 평화무드를 더욱 얼어붙게 했다.

이라크혁명과 쿠바혁명

수에즈 위기를 극복한 나세르 대통령의 정치적 성과는 아랍 세계를 열광시키고, 나아가 아랍민족주의를 더욱 강고하게 만들었다. 1958년 2월 1일에는 아랍의 단결을 주장하는 이집트와 시리아 양국이 합병하여 아랍연합공화국을 결성했다. 1958년 7월 14일에는 그때까지 중동 내 미·영의 거점 국가였던 이라크의 하심(Hashim) 왕가가, 아랍민족주의의 기치 아래 이라크군 장교들이 일으킨 쿠데타로 무너지는 대사건이 일어났다.

이때 이라크의 신정권은 인접국인 쿠웨이트를 자국 영토로 간주한다고 주장했다. 이에 충격을 받은 미영 양국은 레바논과 요르단에 군대를 보내 30여 년 후의 걸프전쟁을 연상케 하는 이라크봉쇄를 시도했다. 그러나 다행히 이때 이라크가 쿠웨이트 공격을 단념했기 때문에 전쟁으로 이어지지는 않았다.

같은 시기 아프리카 각지에서는 프랑스의 식민지가 연이어 독립운동을 전개했다. 특히 알제리에서는 독립군의 반프랑스 무력투쟁이 격화되었고, '알제(Algiers)의 전투'로 주목을 받았다.

이처럼 동유럽과 중동에서 전란이 확대되고 있던 1950년대 중반, 카리브해(Caribbean Sea)의 사탕수수밭 대지주들이 지배하던 쿠바에서는, 가난한 농민과 노동자를 지주의 착취로부터 해방시키고자 한 공산주의자가 등장했다. 그가 바로 피델 카스트로(Fidel Castro)이다. 그는 외국에서 동지들을 규합하여 쿠바로 들어가 혁명을 일으킨다는 계획을 세웠다. 카스트로는 1956년 12월 2일, 쿠바에 상륙하여 친미 정권과의 무력투쟁에 돌입했다. 그로부터 불과 2년 후인 1959년 1월 1일 카스트로군은 친미 독재자 바티스타(Batista) 정권을 무너뜨리고, 수도 아바나(La Habana, 하바나)를 해방하여 쿠바혁명을 성공시켰다.

쿠바는 곧 소련과 긴밀한 군사협력을 하여 미국의 안전보장체제를 가장 가까운 거리에서 위협했다. 경제적 측면에서, 소련은 자신들의 애호품인 보드카의 원료가 되는 사탕을 저가로 쿠바로부터 확보하게 되었고, 쿠바는 사탕의 가격 하락에 따른 문제를 해소하는 동시에 안정된 고객을 확보한 셈이 된다.

그러나 쿠바혁명은 미소의 평화공존 무드를 얼어붙게 하는 결정적 역할을 했다.

중국에서 발생한 위기

이처럼 헝가리 동란, 수에즈 위기 등의 중대 사건이 이어지던 1956~1957년에 아시아의 중심에 위치한 중국에서도 중요한 사태가 일어났다.

1956년 2월 흐루쇼프의 스탈린비판은 중국에도 큰 충격을 주었다. 중국은 스탈린의 공적을 칭송하면서 스탈린비판에 동조하지 않았는데, 문제는 그것으로 끝나지 않았다. 동유럽 국가에서 일어났던 것처럼, 공산당에 의한 일당 지배하에 있던 중국에서도 스탈린비판을 계기로 정치의 민주화와 자유화를 요구하는 움직임이 고조되었다.

중국 정부는 공산주의 체제에 대한 비판을 자유롭게 허용하여 억압된 불만이 한꺼번에 폭발하는 사태를 피하고자 했다. 1957년 5월, '백화제방백가쟁명[百花齊放百家爭鳴, 온갖 꽃이 같이 피고 많은 사람들이 각기 주장을 편다, 누구든 자기 의견을 피력할 수 있다는 뜻으로 쓰인 중국의 정치구호. 중국공산당 선전부장 루딩이(陸定一, 육정일)가 연설 중에 쓴 말]' 운동이 바로 그것이다. 그러나 오히려 이 운동을 계기로 지식인을 중심으로 공산주의 체제에 대한 강력한 비판의 움직임이 높아졌다.

위기감을 느낀 중국 정부는 1957년 6월 8일, 비판세력을 무마하기 위해 '반우파투쟁(反右派鬪爭)'을 시작했다. 많은 지식인, 애국인사, 당간부, 청년학생, 교사들을 우파로 몰아 탄압했다. 중국공산당 지도부는 '사회주의 체제 건설 촉진'을 지향하는 차원에서 같은 해 8월 8일 사상개조운동인 '사회주의 교육운동'을 실행하라는 지령을 전국에 내렸다.

이처럼 정치적 긴장이 고조되는 가운데, 중국 정부는 1957년 10월, 사회주의 체제의 우월성을 국민들에게 납득시키고자 '대약진(大躍進)운동'을 전개하기로 결정했다. 이른바 중국 경제를 단기간에 중화학공업국가로 발전시킨다는 내용이었다. 대약진운동은 15년 내에 영국의 공업생산력을 따라잡는다는 것을 목표로 했다. 그러나 대약진운동은 집단노동과 농가(農家)의 집단화 등으로 농업에 큰 부담을 안겨주어 농업을 피폐하게 만들었고, 장시간 노동으로 혹사된 공업 부문 역시 생산성이 크게 저하되어 대약진운동은 참패했다.

대약진운동의 실패는 중국 경제에 큰 타격을 주었고 2천만 명 이상의 사상자를 내는 대규모 참사를 초래했다. 더욱이 이 시기 스탈린비판을 둘러싼 대립으로 중소 관계가 악화되어, 소련은 1959년 6월 '중소국방신기술협정'을 파기하고 중국에 대한 경제원조를 전면 중단했다. 소련의 원조가 중지되자 중국의 경제사정이 악화된 것은 명약관화하다. 중소 관계가 악화된 데에는 스탈린비판 문제 외에도, 중국이 요청한 원자폭탄 개발에 대한 지원을 소련이 거부한 것도 한 요인으로 작용했다. 물론 당시 소련은 중국의 요구에 응하는 대가로 중국 영토에 소련의 군사기지를 설치할 것을 조건으로 내걸었는데, 중국이 이를 거절한 것이 빌미가 되었다.

그러나 중국은 정치경제적으로 크게 혼란스러운 상황이었던 만큼, 국내 정세를 안정시키기 위해 의도적으로 대외 정책을 과격한 방향으로 일관하여 국민들의 관심을 국내에서 국외로 쏠리게 했던 점도 간과할 수는 없을 것이다.

1958년 7월 14일, 이라크혁명이 발발하여 미영군이 레바논과 요르단에 출병하자, 중국 정부는 미국의 중동 침략을 저지하기 위해 강력한 반미투쟁을 국내외에 호소했다. 이러한 반미투쟁의 일환으로 1958년 8월 23일, 중국군은 돌연 국민당군의 거점인 타이완해협의 작은 섬, 진먼섬(金門島, 금문도)과 마쭈섬[馬祖島, 마조도, 난간탕섬(南竿塘島)]에 대대적인 포격을 가했다. 8월 24일 중국군은 진먼섬 남쪽의 둥딩(東碇)섬에 상륙했다. 이날 미국도 서둘러 타이완해협에 제7함대를 파견하는 등 위기가 고조되는 것처럼 보였으나, 타이완해협의 위기는 미국과 중국 간 대화를 통해 10월에 진정되었다.

이와 같은 중국발 위기는 여기서 끝나지 않았다. 1959년 3월 10일 봉건 지주세력이 지배하고 있던 중국령 티베트에서는 보수세력이 중국공산당의 지배에 반대하여 봉기했다. 3월 12일 지주세력과 함께 중국공산당에 맞서 싸우던 티베트 불교의 지도자 달라이라마[Dalai-Lama XIV, 텐진 갸초(Tenzin Gyatso)]는 티베트 독립을 선언하기에 이르렀으나, 이로 인해 티베트의 위기가 시작되었다.

즉시 반격에 나선 중국인민해방군은 1959년 3월 17일 포탈라궁(Potala Palace)을 공격하여 티베트 봉기를 제압했다. 달라이라마는 티베트를 떠나 3월 31일 티베트와 인도 국경지대에서 인도로의 망명을 요청했다. 4월 3일 인도의 네루 수상은 달라이라마의 입국을 승인했다. 이 사건은 여태껏 제3세계의 지도국으로서 상호간에 우호를 유지해 온 중국과 인도의 관계를 긴장시키기에 충분했다.

달라이라마를 추격하여 인도 국경에 도착한 중국군은 인도군과 팽팽하게 대치했다. 1959년 8월 7일 경계선이 확실하지 않은 양국 국경에서 중국군과 인도군 간에 결국 교전이 발생했으며, 중국군이 우세한 가운데 8월말까지 전쟁은 계속되었다. 양국군의 군사 충돌은 9월부터 10월까지 이어져 이른바 '중인(中印)분쟁'이라고 불린 아시아 2대(大) 국가 간의 군사 대립은 그 후 장기간 지속된다.

타이완해협과 티베트에서 발생한 군사 분쟁은 아시아 전체를 긴장에 떨게 했고, 아시아에서의 미소 평화공존 분위기는 다시 경색되었다.

중국에서는 대약진운동의 실패 후 지도자 마오쩌둥에 대한 비판이 거세졌고, 1959년 4월 마오쩌둥은 결국 국가주석에서 물러나고, 후계자로 경제자유화를 외치던 류사오치(劉少奇, 유소기)가 취임했다.

이와 같이 동유럽, 중동, 중미(中美), 그리고 중국으로 확산된 전란과 국제적 긴장의 물결은 1950년대 중반 한창 무르익었던 미소 평화공존 무드를 완전히 소멸시켰고, 1950년대 후반에 들어서는 미소 냉전체제를 다시 부활시켰다.

그렇다면 냉전이 다시 부활한 1950년대 중반부터 말기까지 동남아시아의 정치는 어떠했을까? 동남아시아 정치는 태국, 미얀마, 인도차이나, 인도네시아를 중심으로 격렬한 전쟁의 소용돌이에 빠졌다.

2 대륙부 동남아시아의 위기

여기서는 1950년대 후반 동남아시아의 정치 상황을 인도차이나반도, 태국, 미얀마를 포함하는 대륙부 동남아시아와, 말레이시아반도, 인도네시아, 필리핀 등 바다로 둘러싸인 국가들, 즉 해양부 동남아시아로 나누어 살펴보고자 한다.

태국 : 사릿의 쿠데타
쌀 수출국인 태국에서는 한국전쟁의 휴전 후 쌀 수출이 크게 감소했다. 그러나 태국은 농산물의 다양화와 생산 증대, 미국 등 서방 국가들의 지원, 그리고 화교의 상권을 활용하여 쌀 수출 감소에 따른 영향을 최소화하는 데 주력했고, 피분 정권은 안정을 누렸다.

그러나 1950년대 중반 이후, 화려한 도시생활을 동경하던 청년들이 빈곤한 동북부 지역에서 탈출하여 수도 방콕으로 모여들었다. 친척이나 친구들과 방콕 곳곳의 슬럼으로 이주하여 판자촌을 형성하였고, 하수도 설비도 없는 곳에 정착하여 어떻게든 안정된 직장을 얻으려고 노력했다. 그 중에는 우편배달부나 기업의 경비와 청소부 등 비교적 안정된 직장을 얻은 운 좋은 사람도 있었지만 대부분 좌판에서 물건을 팔거나 구두닦이를 하는 등 하루 벌어 생계를 유지하기에 힘든 삶을 살았다.

이곳 사람들의 생활은 극도로 가난하고 불안정했다. 슬럼의 청년들 사이에서는 부유한 정치가에 대한 불만이 점차 고조되었다. 방콕 시내 중심부의 왕궁 앞 광장에는 주말이면 가난한 청년들이 모여들어 정치적 불만을 토로했다.

정치에 대한 서민들의 불만이 고조되는 가운데 학생들 사이에서도 피분 정권을 비판하는 목소리가 높아졌다. 중국에 망명한 쁘리디 전 수상과 좌익세력은, 베이징에서 태국 국민들에게 '미 제국주의와 꼭두각시 태국 정부에 저항하라'고 호소했다.

피분 수상은 1955년 4~6월 미국과 영국 등 반공 국가들을 시찰하여 미소의 화해무드를 직접 확인하고자 했다. 그리하여 같은 해 6월 22일 시찰의 성과를 '태국 정치의 민주적 개혁선언'이라는 내용으로 국민들에게 전달했다.

피분 수상은 태국에서 정당정치가 발전하기 위해서는 영국식 사회주

방콕의 슬럼

의 정당이 필요하다고 강조하여 정당 설립을 허가했다. 당시 태국 국회는 123명의 직선의원과 123명의 임명의원으로 구성되어 있었다. 피분 수상은 의회민주주의를 육성하기 위해 수상의 기자회견을 매주 정례화하고 매스컴에 대해서는 검열을 완화하여 보도의 자유를 확대했다.[2]

이와 같이 피분 수상의 민주화정책 중 가장 주목할 만한 것은 정치집회와 언론의 자유를 보장한 것이었다. 관청이 모여 있는 왕궁 앞의 대광장 싸남루앙(Sanam Luang)은, 정치 불만을 대중에게 고함으로써 불만을 해소하고 싶은 연설자와 그 연설을 듣고 욕구를 해소하려는 청중으로 넘쳐났다. 이 광장은 태국의 '하이드파크(Hyde Park)'라 불렸다.

그러나 국내 경제 사정이 악화된 시점에서 시행된 피분 수상의 갑작스러운 민주화정책은 부작용이 따랐다. 공개된 대중집회에서 불거진 정부 비판에 자극된 청년들은 광장 주변의 관공서에 모여들어 과격한 대규모 시위를 벌였다. 물론 집회를 통해 부정축재 등으로 비판받던 파오(Phao Sriyanond) 경찰장관과 사릿 장군, 피분 수상과 정부 간부들은 이와 같은 싸남루앙의 대중집회를 통제하기에 이르렀다.

1956년 2월 21일 피분 수상과 파오 경찰장관은 민주화운동을 일정 범위 내에서 허용한다고 발표하고, 태국식 하이드파크 운동을 규제했다. 민주화운동 과정에서 중국과 긴밀한 관계를 가져야 한다고 주장하며 중국을 방문했던 테프 초티누치트(Thep Chotinuchit) 등 12명의 국회의원과 국회의원 임명제에 반대한 사람들이 상당수 체포되었다.

이처럼 피분 수상은 국내의 민주화운동을 억압했지만, 대외적으로 반공친미 노선을 부분적으로 수정했다. 즉 반둥회의 이후 평화공존 분위기가 무르익는 가운데, 태국에서도 상권을 쥔 화교 사회를 중심으로 중국과의 무역을 허용해야 한다는 목소리가 높아졌던 것이다.

이에 따라 피분 정권은 1956년 6월 21일 중국과 북한에 비전략적 물자의 수출금지조치를 해제했으며, 같은 해 3월에 먼저 태국으로의 군사지원의 일부를 경제원조로 바꿔 달라고 미 정부에 요청했다.

피분 수상은 자신이 이룬 민주화 운동과 변화된 대외정책에 대한 성과를 묻기 위해 1957년 2월 26일, 스스로 방콕의 선거구에서 입후보하여 총선거를 실시했다. 천만 명이 투표하여 160명이 직접 선출되었고 123명의 의원이 임명되었다.

하지만 태국의 민주주의 성과를 평가하는 총선거는 피분 수상의 인기를 단번에 하락시켰다. 왜냐하면 피분의 여당 자유당이 85석을 획득하여 제1당이 되었고, 제2당이 된 쿠앙 아파이웡(Khuang Abhaiwongse, 수상을 세 번 역임한 태국의 핵심 정치가)이 이끄는 민주당의 28석과 큰 차이를 보였으나, 여당의 각종 부정과 폭력행위로 인해 총선거 결과를 인정할 수 없다는 언론과 민주당의 주장이 제기되었기 때문이다. 이에 분개한 청년 학생들은 항의집회를 열고 격렬한 가두시위를 벌였다.

부정선거를 성토하는 목소리가 높아지자 피분 수상은 무력으로 진압하고, 1957년 3월 3일에는 급기야 국가비상사태를 선언하고 전국에 계엄령을 선포했다. 육군 총사령관이자 여당의 부당수인 사릿이 국군최고사령관에 임명되어 치안을 책임졌다. 사릿은 그때까지 군대에서뿐만 아니라 국영 복권기구의 총재와 여러 개의 은행을 비롯한 유수의 기업에서 중

학생들에게 손을 흔드는 사릿 장군(중앙)과 타놈 대장(1957년 3월 2일).
(The New Propagating사 특집호)

역을 맡는 등 정재계(政財界)에서 실력을 쌓았다.

사릿은 국군최고사령관이라는 지위 때문에 자칫하면 자신도 피분과 함께 비판의 과녁이 될 수 있다고 우려하여 어떻게든 위기 상황을 모면하려고 애썼다. 그리하여 집회에 나가 학생들에게 직접 말을 건네어 여당의 부정선거를 인정하는 등 시위대로부터 신뢰를 얻기 위해 정치적 제스처를 취했다. 다행히 사태는 급속히 진정되어 열흘 후인 3월 13일에 계엄령이 해제되고, 국회는 3월 29일 피분 내각을 승인했다. 정치적 혼란을 원만하게 수습한 덕에 인기를 얻은 사릿이 국방장관으로 임명되자, 사릿은 자신의 측근인 타놈 키티카촌(Thanom Kittikachorn) 제1군관구 사령관을 국방차관에, 쁘라팟(Praphas Charusathian) 제1군관구 부사령관을 내무차관에 임명하여 자신의 영향력을 확대시키는 데 성공했다. 라이벌인 파오 경찰장관은 내무장관이 되었지만, 부정축재와 학생들의 시위 탄압으로 사릿과는 대조적으로 인기가 급락했다.[3]

그러나 한때 안정되는 것처럼 보였던 태국 정국은 1957년 4월 이후 급속히 불안해졌다.

그 원인 중 하나는 극빈 지역인 태국 동북부에서 사상 최악의 가뭄과 메뚜기의 피해가 발생한 것이다. 굶주림에 지친 수많은 농민들이 방콕으로 유입되어 사회불안을 일으키자, 아무런 대책을 마련하지 못한 피분 정권에 대해 비판의 소리가 다시 높아졌다. 이후 1957년 9월 2일 태국 국회는 동북부 딱(Tak)현(縣)에 대규모 수력발전소인 푸미폰댐(최대출력 56만 킬로와트)의 건설계획을 승인했다. 세계은행의 차관을 포함하여 1억 달러가 소요되는 댐 건설 과정에서 벌목과 목재의 이권을 둘러싸고 부정이 있었다는 소문이 퍼지자, 이 또한 피분 정권에 악재로 작용했다. 한편 미국이 주도하는 인도차이나 국가들의 종합경제개발계획의 일환으로 1957년 방콕에 유엔 메콩(Mekong)강개발위원회가 설치되었다.

부정선거 이후 실정(失政)을 거듭하는 피분 정권에 대해 야당의 공세가 높아지는 가운데 1957년 8월, 또 하나의 중대 사건이 일어난다. 대중적 인기를 받던 국군 최고 책임자인 사릿이 피분과 결별을 선언한 것이다. 1957년 8월 20일 사릿은 피분의 정치개혁이 한계에 도달했다고 판단하고 국방장관직을 사임했다.[4] 사릿의 측근인 타놈 국방차관과 쁘라팟 내무차관도 잇달아 사임했다. 태국군 총사령관 사릿의 정권 이탈은 급속히 태국 정계를 동요시켰다. 1957년 9월 10일 사릿을 비롯한 임명 국회의원인 고위급 장교 46명은 피분이 이끄는 여당을 탈당했다. 9월 13일 사릿은 군 장교 58명의 서명을 들고 피분의 퇴진과 파오 경찰장관의 사임을 요구했다.

그로부터 이틀 후인 1957년 9월 15일 사릿을 지지하는 청년학생들은 싸남루앙 광장에 모여 정권 타도를 외쳤다. 일부 시위대는 내무성에 침입하여 피분의 퇴진을 촉구했다.

사태가 긴박하게 돌아가던 1957년 9월 16일 아침, 마침내 사릿이 이끄는 태국군이 쿠데타를 일으켜 정권을 장악했다. 피분은 캄보디아를 거쳐 일본으로 도망쳤고, 제2차 세계대전 중 그의 인생에 커다란 영향을 준 나라 일본에서 1964년 사망했다. 파오 경찰장관도 스위스로 망명하여 1960년 11월 사망했다.

이처럼 정권을 장악한 사릿은 의회를 해산했다. 전 외무장관 출신으로 5년간 주미대사로 근무한 포트 사라신(Pote Sarasin)을 임시총리로 임명하고 1957년 12월 15일, 총선거(하원의원 선거)를 실시했다. 이 선거는 공정하게 실시되어 국민들도 그 결과를 받아들였다. 선거에서는 군을 지지하는 여당 싸하품당(Sahaphoom)이 44석으로 제1당이 되었고 피분 정권 때부터 야당이었던 민주당이 39석을 차지하여 제2당이 되었다. 야당을 견제하기 위해 사릿은 찻상콤(Chaat Sangkhom, 민족사회주의당)을 결성하고 의회에서 다수파가 되기 위한 공작을 폈다.

그러나 총선거가 끝난 1957년 12월 하순, 포트 사라신 총리는 사의를 표하고 후임으로 사릿의 측근인 타놈이 취임했다. 사릿은 쿠데타가 개인적인 권력욕 때문에 일어난 것이 아니라는 것을 보여주기 위해 직접 총리에 오르지 않았다. 때마침 그는 지병 때문에 미국에서 큰 수술을 받았다.

1958년 1월 9일에 출범한 타놈 정권은 심각한 경제 불황을 국민들로부터 세금을 걷어 해결하려고 했다. 국민들의 불만은 폭발하였고 타놈에 대한 지지율은 급격히 떨어졌다. 위기감을 느낀 사릿은 1958년 10월 19일 방문 중이던 영국에서 비밀리에 급히 귀국하여, 타놈 총리를 사임하고 정당을 해산한 뒤 혁명평의회를 결성하고 스스로 의장이 되었다. 강력한 독재권력을 토대로 신속하게 개혁을 이루었다. 공산세력 등 좌파 단체를 철저히 탄압했으나, 미 정부는 사릿 정권을 높이 평가했다.

우선 국민들의 불만을 불식시키기 위해 전기와 철도요금, 전화요금, 설탕, 목탄, 커피 등의 가격을 인하하고, 저가 상품을 제공하기 위해 지대(地代)가 필요 없는 국유지에 휴일에만 열리는 특별시장을 증설하여 태국인만 취업할 수 있는 직업을 증가시키는 등 국민의 신뢰를 얻기 위한 정책을 적극적으로 펼쳐나갔다. 또한 치안 유지를 위해 범죄 감시체제도 강화했다.

더욱이 방콕의 교통 정체의 주원인인 삼륜택시 '툭툭(Tuk Tuk)'의 운행을 금지하고, 운전사들을 고향인 농촌으로 돌려보내 농업에 복귀하도록 유도했다. 그러나 수도에서 쫓겨난 운전사들은 농사를 짓지 않고 지방도시에서 다시 시클로(cyclo, 인력거 택시)를 운행하여, 이 정책이 성공적이었다고 평가하기는 어렵다. 청년들의 유흥가 출입과 매춘을 통제하여 사회를 정화하기 위해 노력했다.[5]

이러한 사릿 정권의 정책은 많은 국민으로부터 지지를 받아 1959년 2월 9일, 새롭게 출범한 국회에서 사릿은 정식으로 총리로 지명되었다.

1930년대 후반 이후 태국 경제의 국가 통제와 반화교 정책을 완화하고, 민간기업의 경제활동을 활성화시켰으며 외국자본 도입에 적극적으로 나서 수입대체 공업화를 촉진시킨 점을 사릿 정권의 경제적 업적으로 꼽을 만하다. 특히 군과 화교, 외국자본이 함께 어우러져 경제 발전을 추진하는 삼위일체형 경제 시스템의 형성은 사릿 정권으로부터 비롯되었다고 평가할 수 있다.

　사릿 정권의 경제적 업적은 구체적으로 다음과 같다. 1958년 12월 혁명평의회는 민간과 경쟁하는 국영기업의 신설을 금지하고, 민간기업의 비국유화, 해외송금의 보증, 외자의 세제상의 우대 등을 포함한 신산업정책을 발표했다. 1959년에는 태국의 경제 개발을 지휘하는 국가경제개발청(NEDB, National Economic and Social Development Board), 외국인 투자를 촉진하기 위한 투자위원회(BOI, Thailand Board of Investment) 등을 설립했다.[6]

　이후 태국 경제는 베트남전쟁 특수로 1960년대에 급속히 발전했다. 한편 사릿 정권은 1963년 12월 사릿의 죽음으로 막을 내린다.

분열하는 미얀마

이웃나라 태국에서 피분과 사릿이 격렬한 권력투쟁을 전개하던 1950년대 후반, 미얀마의 정국도 파란만장했다.

　1955년 4월 반둥회의에서 의기양양하게 귀국한 우누 총리를 기다리고 있었던 것은 1차 생산물의 불황 속에 정부의 경제 실정(失政)을 공격하는 야당의 정치공세였다.

　독립투쟁을 지도해 온 우누의 여당 반파쇼인민자유연맹의 인기는 급격히 하락했으며, 1956년 4월의 총선거에서 반파쇼인민자유연맹의 득표율은 47.7%로 반을 넘지 못했다. 한편 야당연합은 선전하여 30.4%를 득표했다.

선거 후 반파쇼인민자유연맹의 지도부는 경제정책의 방향을 둘러싸고 내부적으로 대립했다. 노동조합의 지도자들로 구성된 파벌은 공업 중심의 경제 건설을 주장했고, 우누 측근의 개인 당원과 농민운동 지도자로 구성된 파벌은 농업 중심의 경제 건설을 주장했다. 1958년 4월, 두 파벌은 분열하기에 이르렀으며 우누 총리가 속한 파벌은 반파쇼인민자유연맹의 청렴파로, 상대 파벌은 반파쇼인민자유연맹의 안정파로 일컬어졌다.

우누는 이러한 대립에 겉으로는 의연하게 대처하며 정권 유지에 총력을 기울였다. 그는 우선 야당인 좌파 그룹에 접근하여 그들이 주장하는, 이른바 투항한 옛 공산군의 정계 복귀 요구를 인정했다. 또한 소수 민족 출신 의원들을 끌어들이기 위해 소수 민족의 자치권을 확대하고, 몽(Mon)족과 라킨(Rakhine)족 등에게 자치주 설립을 약속했다.

더욱이 우누는 1953년 샨고원에 위치한 국민당군에 대해 미국이 지원하자 이에 강력하게 반발하여, 미국으로 하여금 미얀마에 대한 원조를 재개시키는 등 어려운 경제상황을 극복하려고 노력했다. 미국은 미얀마에 1958년 5월에는 경제원조 재개를, 7월 11일에는 군사원조 재개를 발표했다. 미국에 있어서 우누 정권의 대미 접근은 중국 포위망을 강력하게 구축한다는 의미에서 크게 환영받을 만했다.

그러나 이러한 우누 총리의 권력 유지를 위한 기회주의적 자세는 많은 사람들에게 불안감을 주었다. 특히 좌파 그룹의 복귀와 소수 민족의 자치권 강화 등의 정치적 양보는 좌익세력과 투쟁하면서 국가 통합을 위해 싸워 온 네윈 장군과 미얀마 국군에게 커다란 위기감을 안겨 주었다.

1958년 9월 26일 수도 랑군 등 주요 도시에 미얀마군이 출동했다. 군이 쿠데타를 일으킨 것이다. 이날 우누 총리는 네윈 장군과 긴급회담을 갖고, 자발적으로 정권을 네윈에게 이양한다고 발표했다. 그러나 우누는 체면상 자신이 군사 쿠데타로 추방된 것이 아니라는 것을 국민들에게 알리기 위해, 회담을 통해 네윈 장군과 다음과 같이 합의했음을 강조했다. 즉, 1959년 4월 총선거를 실시할 때까지 네윈 정권은 과도정부로서의 역할을 한다는 것이다.

　1958년 10월 29일 출범한 네윈 정권은 7만 명의 미얀마군을 직접 통솔하였기에, 누가 보아도 과도정부라고는 할 수 없을 정도로 막강한 권력을 행사했다. 우누가 약속했던 옛 좌익 게릴라의 정계 복귀는 취소되었고, 좌익 계열의 야당 정치가와 언론인 등 2백여 명이 체포되었다. 이에 충격을 받은 우누와 좌파 야당 그룹은 네윈 정권과 합의한 대로 1959년 4월, 총선거를 실시하여 네윈 정권이 조속히 퇴진하기만을 바랐다. 그러나 의회 내 반(反)우누파와 반공세력들은 우누의 복귀를 저지하기 위해 단결했다. 그들은 1959년 2월, 네윈 정권을 1959년 4월 이후에도 유지한다는 법안을 가결시켰다.

　군사정권은 1959년 3월 2일, '국민징병법'을 국회에서 가결시키는 한편, 3월과 4월 좌익 지도자들과 노동조합 지도자들을 연이어 체포했다. 위기감을 느낀 우누는 1959년 4월 미국을 방문하여 미얀마 민주주의를 위해 군정과 싸워야 하는 필요성을 강조하면서 지원을 요청했다. 귀국 후 우누는 좌익 그룹과 공동으로 네윈 정권 타도를 위해 투쟁하지만 군정은 우누파 간부를 체포하는 것으로 반격을 가했다.

　또한 네윈 정권은 우누가 소수 민족의 자치권을 강화한 것에 반발하여 샨족, 카야(Kayah)족, 친(Chin)족 등 소수 민족의 지도자, 즉 일종의 봉건 영주로서 자치지역의 군사, 행정, 사법, 재정을 자율적으로 행사하던 권한을 박탈하기로 결정했다. 어쩔 수 없이 수많은 소수 민족의 지도자들은 불과 얼마 안 되는 보상금을 받고 지금까지 누려왔던 특권을 정부에 넘겨야 했다.

 그러나 일부에서는 선조 대대로 이어져 온 자신들만의 특권을 단호히 지키려고 했다. 몇몇 샨족은 부하와 함께 1959년 4월 미얀마 정부군에 무력으로 저항했다. 샨족의 반란은 시기를 같이하여 독립투쟁을 시작했던 북방의 카친족과 함께 미얀마의 정치적 분열을 한층 심화시켰고, 정부군의 부담을 가중시켰다.

 1959년 중반 이후 미얀마의 군사적인 상황은 상당히 복잡했다. 북방의 카친족, 북서의 친족, 북동 중국 국경 방면에는 옛 국민당군과 이와 함께 하던 카렌족, 샨주(州)에는 새로 생긴 샨족독립군, 중남부의 페구(Pegu) 산과 이라와디 삼각주에는 미얀마 공산군과 이들과 함께하던 카렌족 좌파, 동부의 태국 국경 방면에는 카렌족, 몽족, 카야족, 서쪽에는 라킨족과 같은 반정부 무장세력이 전국에 할거하고 있었다. 네윈이 이끄는 미얀마 국군은 각양각색의 반정부세력과 하루도 빠짐없이 대치하느라 정신없었다. 더욱이 재정난에 시달리던 정부와는 달리 수많은 소수 민족군은 샨고원 등에 만발한 양귀비에서 얻은 마약을 밀매하여, 그 대금으로 근대적 무기를 사들여 강력한 군사력을 갖췄다.

 미얀마의 불안정한 정세 속에서 1959년 5월말, 달라이라마의 티베트 반란사건 이후, 중국의 서쪽 국경 방면에 증강된 중국군의 일부 부대가 미얀마 국경을 침범하는 사건이 발생하여 중국과 미얀마의 관계는 긴장되었다. 그러나 이 문제는 1960년 1월 네윈 총리가 중국을 방문하여 양국이 '우호상호불가침조약'을 맺는 것으로 해결되었다.

 미얀마의 내전이 확산되는 것과 별개로 1959년 중반, 네윈 정권이 좌파 세력과 노동조합을 가혹하게 탄압하자 국민들은 매우 불안해했다. 국민들은 다시 우누를 동정하고 그를 지지했다. 민심이 돌아설 것을 두려워한 네윈은 1960년 2월, 계획보다 1년 가까이 늦게 총선거를 실시했다. 총선거에서는 국민들의 동정을 받은 우누의 반파쇼인민자유연맹의 청렴파가 207석 중 163석을 차지하는 압승을 거두었다. 반파쇼인민자유연맹 내 반우누파는 24석을 확보하는 데 그쳤다. 1960년 4월 우누가 드디어 다시 총리에 복귀했다. 군대의 반발을 누르기 위해 네윈을 군참모장에 임명했다. 네윈 역시 일단 군참모장의 지위에 만족하면서 다음 기회를 엿보았다.[7]

그러나 새롭게 출범한 우누 정권은 1960년 후반부터 1961년 사이에 내정과 외교 모두 심각한 문제에 직면하고 크게 동요하게 된다. 결국 1962년 3월 2일, 다시 봉기한 네윈의 군사 쿠데타로 우누 정권은 무너진다.

인도차이나 위기의 심화

① 베트남 : 반(反)응오딘지엠 투쟁의 고조
제네바협정으로 친불, 친미 정권이 들어선 남베트남에서는, 반공세력인 응오딘지엠 대통령의 지배하에서 정부군의 지원을 받던 지주들이 가난한 농민들을 계속 탄압했다. 이에 맞서 농민들과 옛 베트민 게릴라는 지주와 정부를 상대로 끈질기게 저항했다. 쌀 생산지인 메콩삼각주는 경작지의 절반이 전체 지주의 2.5%를 차지하는 대지주의 소유였고, 농지의 80%는 소작인에 의해 경작되었다.[8]

북베트남 공산정권은 토지개혁이 실패한 후, 소련의 지원을 받아 공업 발전에 총력을 기울였지만 남쪽 동료들의 싸움을 묵과할 수 없었다. 북으로 이주해 온 옛 베트민 게릴라들이 차례로 남쪽의 고향으로 돌아가 반정부투쟁에 가담했다.

응오딘지엠 정권은 농촌의 불안 해소를 위해 대지주의 토지와 유휴지를 소작인에게 매각하는 토지개혁을 단행했지만, 대부분의 빈농들은 6년

할부로 농지를 구입할 여력이 없었다. 1961년 전반까지 11만 명의 농민이 농지를 소유했지만, 나머지 백만 명이 넘는 소작인은 그때까지 토지가 없었다. 농지를 구입하지 못한 농민의 불만은 높아만 졌다.[9]

지주들의 탄압에 대해 농민들의 불만은 커졌고, 수도 사이공(현 호찌민) 등 도시에서는 응오딘지엠과 그 일족에 의한 권력의 독점, 비리에 대해 강도 높은 비판이 이루어졌다.

특히 응오딘지엠의 동생 응오진누(Ngo Dinh Nhu)는 공식적으로 아무런 지위를 가지고 있지 않았지만, 대통령인 형의 개인적 고문이 되어 비밀경찰과 스파이 조직을 거느리고, 강력한 권력을 행사하여 사람들에게는 두려운 존재였다. 더욱이 응오진누의 부인 마담 누(Madame Nhu, 쩐레수언)도 정부의 정책 운영에 깊이 관여하고 있었다.

이러한 응오딘지엠 일족의 독재에 대한 불만은 공산주의자들은 물론, 반공 정치가와 종교단체, 지식인들 사이에서 빠르게 확산되었다. 그러나 이들의 반정부 행동은 응오딘지엠 정권에 의해 엄격하게 탄압되었다.

이렇게 농촌과 도시를 막론하고 고조되는 반응오딘지엠 투쟁을 목격한 북베트남 공산정권은, 1960년 9월 마침내 남베트남의 해방투쟁을 정식으로 지원할 것을 결정했다. 이때 남베트남 출신의 레주언(Le Duan)을 새로운 제1서기장으로 선출한 베트남노동당은 제3회 당대회를 열어, 남베트남의 반정부투쟁을 통일된 지도체제하에서 실시할 것과, 응오딘지엠을 반대하는 모든 사람들을 결집한 연합체를 결성하기로 한다. 1960년 12월 20일, 남베트남에서 열린 대회에서, 이 연합단체 '남베트남해방민족전선'이 결성되었다. 이 대회에서는 10개 이상의 정당과 종교단체를 대표하는 약 백만 명의 대표들이 모였다고 한다.

이리하여 베트남은 1960년대 이후 베트남전쟁 시대에 돌입했다.

② 라오스 : 콩레 대위의 쿠데타

한편, 남베트남에서 친미 정권 타도의 움직임이 고조된 1950년대 후반, 인도차이나의 라오스에서도 위기가 진행되고 있었다.

라오스는 제네바회의에서 친미 정권과 공산세력 파테트라오가 국토를 분할한 뒤, 중립파도 가담해서 3개 그룹간의 권력투쟁이 벌어졌다. 1957년 11월에는 중립파의 푸마를 총리로 하는 세 그룹의 연립정권이 수립되었다. 그러나 1958년 5월 4일 열린 국회의 보궐선거에서 치열한 경합 결과 21석 가운데 13석을 파테트라오와 그의 지지자들이 차지하면서 우파와 그들을 지원하던 미국이 충격에 휩싸였다.

커다란 위기감을 느낀 미국은 1958년 6월 30일, 라오스에 대한 모든 원조를 중지하고 푸마 정권을 압박했다. 결국 푸마 정권은 1958년 7월 곧바로 붕괴하고, 1958년 8월 18일 우파의 푸이 사나니콘(Phoui Sananikone) 정권이 들어섰다.

푸이 정권은 출범하자마자 그동안 전개된 라오스의 중립 노선을 폐지하고, 반공세력인 태국 정권에 접근하여 사이공의 응오딘지엠 정권과 대사급 외교관계를 수립하고, 나아가 타이완의 국민당 정권과 정식 외교관계를 맺는 등 반공외교를 강화했다.

푸이의 반공정권기에, 라오스군 내에서 반공투사로서 두각을 나타내고 미국의 강력한 지지를 받던 군인이 있었다. 그가 바로 푸미 노사반(Phoumi Nosavan, 포우미 노사반) 대령이었으며, 그는 태국 군부의 실력자 사릿과 이복형제 사이였다.

사릿은 군인의 아들로 방콕에서 태어났지만 주로 라오계 태국족이 사는 동북 태국에서 자랐으며 메콩강 주변에 많은 친척들이 있었다. 푸미 노사반은 1959년 1월, 푸이 정권의 국방장관에 발탁되지만, 그 후 푸이와 푸미 노사반 간에 권력투쟁이 시작된다. 푸이 집권기에 정부와 우파 군부는 파테트라오에 대한 탄압을 강화했다. 정부 내에서 좌익세력은 차례로 추방되었다.

1959년 초반, 파테트라오와 우파군의 대립이 깊어지자, 제네바협정에서 결정된 파테트라오군과 정부군의 통합도 결렬되었다. 푸이 정권은 1959년 5월 11일, 수도 비엔티안에서 파테트라오의 지도자 수파누봉을 자택연금하여 정국이 경색되었다. 푸이는 1959년 5월 25일, 파테트라오가 반란을 일으켰다고 선언하자, 1959년 7월 중순 파테트라오 역시 푸이 정권에 대한 전면공세에 돌입하여 라오스는 내전에 빠졌다. 미국 정부는 1959년 7월 23일, 다시 내전이 일어난 라오스에 미 군사고문단을 파견하여, 라오스 정부군 전투부대의 훈련을 담당하는 내용을 포함하여 군사적 지원을 강화하는 협정을 푸이 정권과 맺는다.

파테트라오의 공격을 두려워한 푸이 정권은 1959년 9월 4일, 유엔에서 파테트라오의 공격은 북베트남군이 지원한 것이라고 주장하면서, 북베트남의 침략을 막기 위한 군부대의 긴급파견을 요청했다. 이에 따라 유엔조사단이 파견되었지만 북베트남이 침략했다는 증거는 찾지 못했다.

유엔의 지원을 받는 데 실패한 뒤에 푸이 총리와 우파 군부의 대립은 고조되었다. 1959년 12월 30일, 군부의 강한 압력 속에 푸이 총리는 결국 사퇴할 것을 요구받는다. 푸이가 사임한 저녁, 라오스 정부군은 수도의 주요 거점을 점거하여, 그들이 사실상 쿠데타에 성공했음을 국민들에게 알렸다.

군사 쿠데타 이후, 라오스 정부는 푸미 노사반 장군에 의해 사실상 지배되었다. 총리에는 노련한 민간정치가를 내세웠으며 1960년 1월에는 코우 아바이(Kou Abhay) 정권이 출범했다. 1960년 5월에 열린 총선거에서도 푸미 노사반 장군을 지지하는 여당 파하쌍콤이 59석의 2/3를 차지하여 압승을 거뒀고, 총리에는 푸미 노사반과 친한 티아오 솜사니트(Tiao

Samsanith)가 선출되었다.

총선거 후 라오스는 잠시 동안 평화를 맞는다. 연금되었던 수파누봉은 1960년 5월 정부의 감시병을 매수하여 탈출에 성공하고, 파테트라오의 공세도 진정되었다. 1,500명의 병력을 지닌 파테트라오는 북라오스를 중심으로 농촌을 지배했으며 2만 9천 명의 정부군과 대등하게 맞섰다. 정부와 군 간부가 수많은 군 예산을 착복했기 때문에 임금체불이 지속되자 정부군의 사기는 크게 떨어졌다.

일시적인 라오스의 평화는 1960년 8월 5일, 부패한 라오스 정부를 타도하고 라오스에 진정한 평화를 되찾자고 주장하는 26세의 공수부대 지휘관 콩레(Kong Le) 대위의 쿠데타로 인해 무너졌다. 라오스는 크게 동요하기 시작했다.

쿠데타가 일어난 날 아침, 제2라오 공수부대 병사들은 비엔티안에 출동하여, 관청과 통신시설, 공항 등을 점거했다. 콩레 대위는 라디오를 통해 내전의 종결, 공직 부패 척결, 중립외교 노선으로의 복귀 등을 국민들에게 호소하고 미국의 내정 개입을 비난했다.

세계를 놀라게 한 콩레 대위의 쿠데타는 8월 17일, 중립파인 전 총리 수반나 푸마가 총리직에 복귀하는 것으로 일단 수습되었다. 그러나 군을 대부분 장악하고 있던 푸미 노사반 장군은 이러한 사태를 도저히 받아들일 수가 없었다. 푸미 노사반 장군은 자신의 근거지인 남라오스의 사반나케트(Savannakhet)로 돌아와, 미국의 지원과 이복형제인 사릿이 있는 태국 정부의 협력을 얻어, 수도 비엔티안의 중립파 정권을 타도하기 위해 나섰다. 태국 정부는 메콩강의 교통을 봉쇄하여 식량과 연료가 태국에서 비엔티안으로 들어가는 것을 막았다.

사태가 이렇게 되자 푸마 총리는 푸미 노사반 장군과의 정면 대결을 피하려고 했다. 1960년 8월 31일 발족한 내각에 푸미 노사반 장군을 부총리

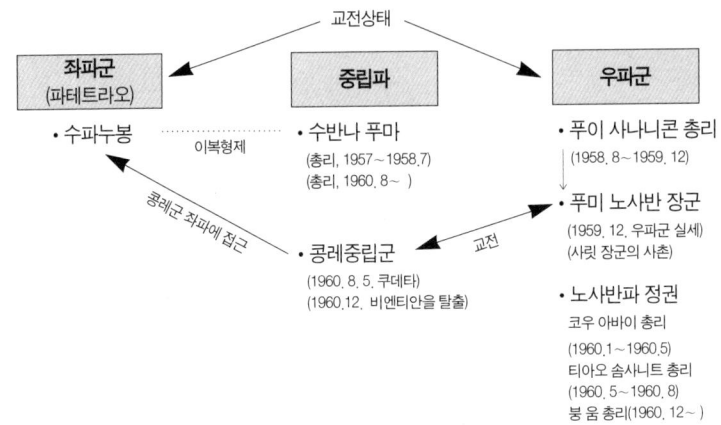

〈그림 3〉 라오스의 정치세력 구도(1960년 당시)

겸 내무장관으로 임명하여 그를 회유하는 데 성공했다. 물론 파테트라오는 내각에 들어가지 못했다.

그러나 중립 지향의 푸마 총리와 그를 지지하는 콩레군, 그리고 친미파인 푸미 노사반 장군과의 협력관계는 오래가지 못했다. 1960년 9월 중순부터 하순 사이에 콩레군과 태국군의 지원을 받은 푸미 노사반군은 비엔티안 근처에서 격렬한 교전을 벌였다. 이에 대해 푸마 총리는 1960년 10월, 소련과 외교 관계를 수립하고 파테트라오와의 화해를 시도했다.

푸미 노사반군은 1960년 11월 하순, 남부 거점에서 비엔티안으로 북상하여 12월 8일에는 비엔티안에 진입했다. 곧 푸마 총리는 비엔티안을 탈출하여 캄보디아의 프놈펜으로 도망쳐 망명정권을 수립했다. 같은 해 12월 중순, 푸미 노사반군이 다시 비엔티안을 공격하자, 콩레군은 3일간의 전투 끝에 사상자 500명을 내고 북쪽으로 도망쳤다. 푸미 노사반 장군은 12월 12일, 국회를 소집하여 푸마 총리의 불신임을 가결시킴과 동시에 왕족인 붕 움(Boun Oum)을 총리로 임명했다.

이리하여 라오스는 다시 파테트라오, 우파군, 콩레가 이끄는 중립군이 대결하는 3자 내전의 1960년대를 맞게 된다.

③ 캄보디아 : 시아누크 지배의 정착

남베트남, 라오스 등 이웃나라들이 혼란 속에서 헤어나지 못할 때, 1950년대 후반의 캄보디아는 독재권력을 장악한 시아누크의 통치하에서 정치, 경제적으로 안정되어 있었다.

북부 태국 국경 부근의 손곡탄 세력은 힘을 잃고, 주요 공산주의자들은 하노이로 이동했으며, 베트남에서 벗어나 독자적인 캄보디아 공산주의를 만들려고 했던 폴 포트 등 프랑스 유학파의 젊은 공산주의자들도 자신들의 힘이 역부족임을 절감했다.

이 시기에 프랑스에서 돌아온 많은 공산주의자들은 프놈펜의 고등학교에서 교사로 근무했다. 폴 포트는 사립고등학교인 참라온 비치아(Chamraon Vichea)에서 1956년부터 1963년까지 지리, 역사, 불문학을 가르쳤다. 폴 포트의 부인인 키우 포나리(Khieu Ponnary)는 리세 시소와쓰(Lycée Sisowath)에서, 그녀의 자매이자 이엥 사리의 부인 키우 티리스(Khieu Thirith)도 같은 고등학교에서 교편을 잡았다. 후에 폴 포트 군을 이끄는 손센은 에콜 노르말 쉬페리외르 파리고등사범학교(École normale supérieure de Paris)의 연구부장이었다.[10]

그러나 1960년, 베트남에서 반(反)응오딘지엠 투쟁이 고조됨에 따라, 캄보디아의 공산세력 안에서도 재결집의 움직임이 활발해졌고 같은 해 9월 30일 프놈펜역 구내에서 비밀리에 결집한 21명의 공산주의자들은 크메르노동자당(KWP)이라 불리는 새로운 공산당 조직을 결성했다. 지도부에는 누온 체아(Nuon Chea), 폴 포트, 이엥 사리가 선출되었다.

남베트남에서 응오딘지엠 반대투쟁이 격화되자 베트남 공산세력과 캄보디아 공산세력의 연대 또한 강화되었다. 이에 따라 캄보디아 공산세력에 대한 시아누크 정권의 감시와 탄압도 심해졌다. 1960년 8월에는 좌익 신문「롭세르바퇴르(L'Observateur)」편집장으로, 프랑스에서 돌아온 지식인 키우 삼판(Khieu Samphan)이 체포되어 투옥되었다.

한편, 1960년 4월, 수라마리트 국왕이 서거하자 시아누크의 국왕 복귀 문제가 거론되었다. 그러나 국왕의 번잡한 의전 업무를 좋아하지 않았던 시아누크는 1960년 6월, 국민투표를 통해 국가원수에 취임하고 독재자로서의 지배력을 유지했다.

그러나 1960년대에 들어 캄보디아에는 정부관료들의 부패가 심해지고, 인구 증가로 농촌의 잠재적 실업자가 증가하여 생활고가 가중되었다. 또한 전란이 퍼지던 베트남으로 쌀을 몰래 수출하여 캄보디아 국내 쌀값이 상승하자 시아누크의 안정적인 지배체제도 점차 흔들리기 시작했다. 미군이 베트남 개입을 확대하자 시아누크는 이에 반발하여 대미 관계가 악화되었다. 이것도 캄보디아의 안정을 위협했다. 이에 대해서는 다음 장에서 자세히 살펴보기로 한다.

3 해양부 동남아시아의 격동

필리핀 : 막사이사이의 죽음

대륙부 동남아시아의 위기와 비교해 보면, 필리핀은 1950년대 후반 비교적 안정되었으나, 이때에도 극적인 몇몇 사건이 일어났다.

1953년 11월 시행된 대통령선거에서 키리노 정권의 국방장관인 라몬 막사이사이(Ramon Magsaysay)가 국민당·시민연합 소속으로 출마하여, 69%라는 경이적인 득표율로 대통령에 당선되었다. 막사이사이는 1907년에 태어나 필리핀대학을 졸업하고 제2차 세계대전 기간에는 항일게릴라의 지방지휘관으로 활약했다. 또한 1946~1950년 하원의원을 거쳐 국방장관에 임명되었고 공산게릴라 진압으로 유명해졌다. 명확하지는 않지만, 그는 빈농의 아들로 태어나 고학으로 대학을 졸업했다는 이미지를 대중에게 심어주는 데 성공하여, 국민들의 열렬한 지지를 받았다. '아메리칸 보이'라는 별명에서도 알 수 있듯이, 반공전쟁의 유능한 지도자로서 미국 정부의 강력한 지지를 얻고 있었다.

막사이사이는 대통령 취임 후 대중적 인기를 유지하기 위해 "인민을 위한 대통령"이라는 슬로건을 내걸고 서민들을 대통령 관저로 초대하기도 했다. 가난한 농민과 투항한 공산게릴라, 그리고 그들의 가족들에게 농지를 배분하는 농지개혁에도 착수했다. 대중을 위한 막사이사이의 정책과 개혁은 필리핀 경제를 지배하는 대재벌들로부터 반감을 샀지만 그는 젊은 개혁파를 모아 이에 대항했다. 이러한 정치적 성과를 기반으로 그는 반공, 친미 노선을 걸었다.[11]

막사이사이의 진압 작전으로 공산군은, 1950년 1만 2,800명에서 1952년에는 4천 명으로 감소했고 1956년에는 660명, 그리고 1950년대 말에는 거의 0에 가까운 상태로 전력이 크게 감소되어 붕괴되었다. 공산군의 급격한 붕괴에는 미국의 전폭적인 지원이 크게 작용했다. 미국의 필리핀에 대한 원조는 1951~1956년 5억 달러에 달했으며, 그 중 경제원조가 3억 8,300만 달러, 군사원조가 1억 1,700만 달러였다. 이 밖에도 1946~1950년 미국은 필리핀의 전후 재건을 위해 7억 달러를 지원했다. 또한 1951~1954년 미국은 군사원조 명목으로 6,700만 달러를 제공했는데, 이 액수는 당시 필리핀 정부의 국방과 치안 관련 예산의 1/5 수준에 달하는 규모였다.[12]

이렇게 미국의 막강한 지원에 힘입어 막사이사이의 반공작전은 큰 성과를 거두었다. 대표적인 사건으로 1954년 5월 17일, 옛 공산군 사령관인 루이스 타루크가 정부군에 투항했다.

막사이사이가 이룬 친미 외교의 최고의 업적은, 마닐라에서 1954년 9월 8일, 이른바 '마닐라조약'으로 알려진 동남아시아 지역 집단방위조약에 호주, 프랑스, 뉴질랜드, 파키스탄, 태국, 영국, 미국 등과 함께 조인한 것이다. 이것은 동남아시아에 공산주의의 침투를 방지하기 위한 집단방위조약으로, 이 조약의 목표 달성을 위해 결성된 조직이 바로 동남아시아조약기구이다. 필리핀이 마닐라조약에 조인함에 따라 태국과 나란히 동남아시아의 가장 강력한 반공 거점이 되었다.

막사이사이 정권의 또 하나의 업적은, 1946년 7월 4일 로하스 대통령과 트루먼 대통령이 합의한 라우렐-랭글리협정(Laurel-Langley Agreement)을 체결한 일이다. 이 협정은 1955년 9월 승인되었으며, 미국인에게 필리핀인과 같은 천연자원 개발과 토지 소유, 발전소를 직접 운영할 수 있는 권리를 제공한다는 미·필리핀통상협정을 연장하는 내용을 담고 있었다. 필리핀 입장에서는 미국의 지속적인 지원이 절실했던 만큼 신속하게 승인했다. 따라서 라우렐-랭글리협정을 통해 미국인은 필리핀 경제의 모든 분야에서 필리핀인과 동등한 권리를 부여받았을 뿐 아니라 각종 사업에 참여할 수 있게 되었다.

또한 미국과 필리핀 간의 관계 강화는, 1954년 미국의 농업수출진흥 및 원조법(Agricultural Trade Development and Assistance Act), 즉 공법480호(PL480)에 의거하여, 막사이사이 정권이 미국의 초과 생산된 농산물을 구입하도록 인정한 것에서도 나타났다. 공법480호를 통해 필리핀은 자국 통화인 페소(peso)화로 미 농산물을 구입하고, 미국은 그 페소화를 필리핀 국내에 비축해 두면서 경제개발 프로젝트에 사용하였다. 이를 계기로 필리핀에서 미국의 영향력은 더욱 강화되었다.

막사이사이 정권은 동아시아의 반공동맹에 일본의 참가를 주장하는 미국의 조언을 받아들여 1956년 일본과 배상(賠償)협정을 체결하면서 국교를 회복하고, 그동안 유보해 왔던 샌프란시스코강화조약을 비준하기에 이른다.

이처럼 국민과 미국의 전폭적 지지를 받은 막사이사이 대통령이 꾸준히 국내외적으로 괄목할 만한 성과를 올리던 1957년 3월 17일, 그는 비행기 사고로 돌연 사망했다. 이날 막사이사이를 태운 대통령 전용기는 세부(Cebu)에서 마닐라로 향하던 중 세부 근처의 산중턱에 충돌하여 신문기자 1명을 제외하고 27명의 승무원, 승객 모두가 사망했다.

후임 대통령에는 가르시아(Carlos P. Garcia) 부통령이 취임했으며, 그는 막사이사이의 정책을 계승하여 반공노선을 강화했다. 가르시아는 1957년 대통령에 재선된 후 1962년까지 대통령의 자리를 유지하지만 부정부패 등의 비판이 끊이지 않았다. 결국 1961년에 시행된 대통령선거에서 당시 부통령이었던 마카파갈(Diosdado Macapagal)에게 패배하여 정권을 넘겨주고 만다. 마카파갈 정권은 우선 1947년 3월 미국과 조인한 "99년간 미국에 대해 군사기지를 제공한다"는 내용의 협정이 국민들의 반감을 사고 있음을 고려하여, 대여기간을 25년으로 단축하는 교섭을 전개했으며, 결국은 미국의 합의를 이끌어냈다.

그러나 1950년대 후반의 필리핀은 막사이사이의 개혁노선이 좌절되어 대재벌 지배의 정치구조가 유지되었다. 후에 필리핀 역사상 최고의 독재자로 일컬어지는 마르코스는, 당시 하원 자유당 원내총무를 지내고 있었으며, 그 후 1959년 11월에 열린 중간선거에서 상원의원에 당선되는 등 점차 권력의 정점을 향해 오르기 시작했다.

말레이시아연방 : 말레이시아인 우월주의 국가의 출범

1957년 8월 31일 독립한 말레이시아연방은 경제적으로 순조롭게 출발했으나 정치적으로는 복잡한 문제를 안고 있었다. 인구의 과반수를 차지하는 말레이시아인들은 독립투쟁을 지도하고 중국계 공산당의 반란 진압을 위해 군사력을 강화하는 등 군의 대부분을 장악하면서 정치적 주도권을 잡았다. 말레이시아인과 경제를 장악하고 있던 중국인, 인도인과의 대립은 내정을 불안하게 하는 원인이었다.

독립 말레이시아연방이 말레이시아인을 우대한 것은 명백한 사실이었다. 말레이시아연방은 9명의 술탄이 주(州)의 지도자를 맡고 있었으며, 국왕은 5년마다 술탄이 서로 지명하여 선출되었다. 시민권 부여에 있어서도 말레이시아인의 우위가 인정되었으며, 10년 후에는 말레이시아어가 공용어로 채택되었다. 정치적으로는 연방하원의 다수당이 정권을 잡게 되어 있었는데, 이는 말레이시아인의 다수파 정당 통일말레이국민조직의 지도자가 총리가 되는 것을 보증한 것이다. 다른 종교도 인정되었지만 국교는 이슬람교였다.

이와 같이 말레이시아연방에서 말레이시아어를 구사하고, 이슬람교를 믿으며, 말레이시아인의 관습을 지키는 말레이시아인은 자동적으로 시민권을 부여받았다. 그러나 말레이시아인이 아닌 사람은 말레이시아에 10년 이상 살고, 말레이시아어 또는 영어를 구사해야 하며, 좋은 성격을 갖고 있는 자에 한해 말레이시아 시민권을 인정받았다. 그리고 공무원은 말레이시아인 4명에 비말레이시아인 1명을 채용하며, 교육의 기회와 자격증의 제공 또한 말레이시아인에게 우선적으로 부여한다는 조항을 헌법에 정했다.

말레이시아연방 출범 당시, 말레이시아 귀족 출신으로 영국 유학파인 툰쿠 압둘 라만(Abdul Rahman) 총리와 나지브 라자크(Najib Tun Razak) 부총리가 중심이 되어 정부를 꾸렸다.

여당인 말레이시아연합의 라만 정권은, 1958년 8월 시행된 하원선거에서 104석 중 74석을 차지하여 국민들로부터 신임을 받았다. 야당은 범말레이시아·이슬람당이 13석, 좌파의 사회주의전선이 8석을 얻었다.[13]

라만 정권은 영국연방에 참가하면서 아시아 국가들과도 적극적으로 우호관계를 유지했다. 그러나 중국은 이러한 라만 정권을 승인하지 않았으며, 동남아시아조약기구에도 가입하지 않았다.

공산당의 반란 때문에 1948년 6월 선포되었던 '비상사태'를, 라만 정권은 1960년 8월 1일 전면 해제했다. 비상사태 기간 중 공산세력 사상자는 6,710명, 정부군 사상자는 군대 519명, 경찰 1,346명으로 집계되었다.

이처럼 라만 총리가 이끄는 말레이시아연방은 1957년에 독립된 이후 정치, 경제적으로 안정된 것처럼 보였다. 그러나 다음과 같이 인도네시아 동란의 영향이 자국으로 파급되는 상황에서, 북보르네오의 영국령 식민지와 싱가포르를 포함시켜 말레이시아연방국을 결성하려고 움직이기 시작한 이 지역에 중대한 외교적, 정치적 시련이 다가오고 있었다.

싱가포르는 영국과 독립 협상을 추진한 결과, 1959년 6월 3일 자치령이 되었다. 물론 외교와 국방은 여전히 영국의 영향력 아래 놓여 있었지만, 싱가포르는 내정에서 자치권을 부여받았다.

1959년 5월 30일 총선거에서 리콴유가 이끄는 인민행동당(PAP, People's Action Party)이, 51석 중 43석을 차지하는 압승을 거두어 6월 5일, 신정권이 출범한다. 리콴유 총리의 신정권은 공업화의 추진과 이를 위한 말레이시아연방과의 협력, 민간 기업의 장려, 외국 투자유치 촉진 등을 기본 정책으로 삼았다.[14]

그러나 싱가포르 자치령의 정치와 외교도, 1960년대에 들어서면서 말레이시아연방 결성을 둘러싼 거센 파도 앞에서 크게 동요한다.

인도네시아 : 수카르노의 도전과 수마트라 반란
한편 인도네시아에서도 서이리안(서부 뉴기니)을 둘러싼 네덜란드와의 격렬한 주권 쟁탈전이 전개되었다. 또한 경제 불안이 장기화되는 가운데 1950년대 중반 이후에는 군의 합리적인 운영체제를 둘러싼 중앙군과 지역군 간부 간의 대립이 심화되어 정치, 경제적으로 크게 혼란스러웠다.

1956년 2월, 인도네시아가 네덜란드와의 헤이그협정을 폐기하면서 네덜란드인이 인도네시아에서 누리던 경제적 특권을 빼앗은 것은 네덜란드인에게 커다란 위협이 되었다. 한편, 군 합리화 문제를 둘러싸고 1955년 7월 알리 사스트로아미조요 내각이 총사퇴했으며, 그 뒤를 이은 하라합 내각은 육군참모장 나수티온을 내세워 군 합리화의 강력한 추진을 위해 중앙군으로 하여금 지역군에 대한 통제를 더욱 강화했다. 나수티온 육군참모장은 지방군의 밀수에 대해 강력히 단속했으며 한곳에 오래 근무한 지방군 간부는 인사이동 조치를 했다.[15]

그러나 이러한 나수티온의 군 통제 강화는 선임 군인과 지방군 간부들로부터 불만을 샀다. 그들은 오히려 중앙정부의 비리와 부정부패를 비판하고 나섰다. 코프라, 고무 등을 수출하여 벌어들인 수익의 70%가 중앙정부에 들어가고, 극히 적은 양이 지방에 배분되기 때문에 밀수가 이루어진다고 반박했다.

이렇게 군 내부의 대립이 고조되는 가운데 1956년 11월 16일, 지방으로의 전임 발령에 반발한 루비스 육군참모차장을 비롯한 군내 불만세력은 쿠데타를 통해 군사정권을 수립하려는 대사건이 일어났다. 이러한 루비스파의 쿠데타 계획은 곧바로 나수티온파에 알려져 실패하고 루비스 대령은 바로 해임되었다.

그러나 루비스의 쿠데타 미수사건은 시작에 불과했다. 지방군을 중심으로 군 내부의 불만세력이 군 중앙과 정부에 대해 차례로 반란을 일으켰다. 반란은 고무, 주석, 석유, 팜유 등 인도네시아의 수출품이 집중해 있는 수마트라섬에서 시작되었으며, 그 배후에는 지방의 자원을 장악한 네덜란드 세력의 그림자가 드리워져 있었다.

1956년 12월 20일, 중부 수마트라의 중심도시 파당(Padang)에서 나수티온의 구조조정에 반발한 지방주둔군이 반란을 일으켜 지방행정기관을 점거했다. 이틀 후인 12월 22일에는 북부 수마트라에 주둔해 있던 제1군구 사령관 심볼론(Makmur Simbolon) 대령이 반란을 일으켜 북부 수마트라의 행정권을 장악했다. 이러한 반란은 남수마트라로 확산되어 1957년 1월 15일, 석유 생산지인 팔렘방에 주둔하던 육군 제2군구 사령관 바리안 중령이 반란을 일으켰다. 그는 지방정권을 수립하고 지방의 재정수입이 중앙에 납부되는 것을 거부했다.

중앙정부는 수마트라 각지에서 일어난 반란을 진압하기 위해 부심했으나, 악화일로를 걷는 지방의 불만을 잠재우는 데는 역부족이었다. 오히려 1957년 3월 초 술라웨시(셀레베스), 말루쿠(Maluku), 서이리안 등 동인도네시아를 관할하던 육군 제7군구 사령관 수무알(Ventje Sumual) 중령이 반란을 일으켜, 지방자치를 확대하고 지방수입의 70%를 지방재원으로 해 줄 것을 요구했다. 더욱이 1957년 3월 중순에는 칼리만탄(보르네오)의 반자르마신에서도 지방군이 반란을 일으켜 행정권을 장악하는 등 인도네시아는 사실상 국가 분열 상태에 놓였다. 하라합 내각의 뒤를 이어 1956년 3월 출범한 알리 사스트로아미조요 2차 내각은 반란을 해결할 수 있는 실마리를 찾지 못하고 그다음 해 3월 총사퇴한다. 결국 수카르노 대통령은 전국에 비상사태를 선포하기에 이른다.[16]

이와 같이 네덜란드와의 대립, 경제 불안, 그리고 군 내부에서의 대립 심화 등으로 총체적인 위기에 빠진 인도네시아가 크게 혼란스러운 가운데, 각 정당은 근본적인 해결책을 제시하지 못하고 정당정치에 대한 국민들의 불신은 높아져만 갔다.

이에 대해 수카르노 대통령은 정당정치를 중심으로 하는 서구형 민주정치에 대한 불만과 비판의 수위를 높였다. 수카르노 대통령은 1956년 10월 28일, 어느 집회에서 "국가 통일을 위해 정당을 없애는 것이 바람직하다"고 주장하여 사람들에게 충격을 주었다. 수카르노의 '정당해체론'은 1956년 11월 10일 반둥에서 열린 제헌의회 개회식에서 재차 강조되었다.

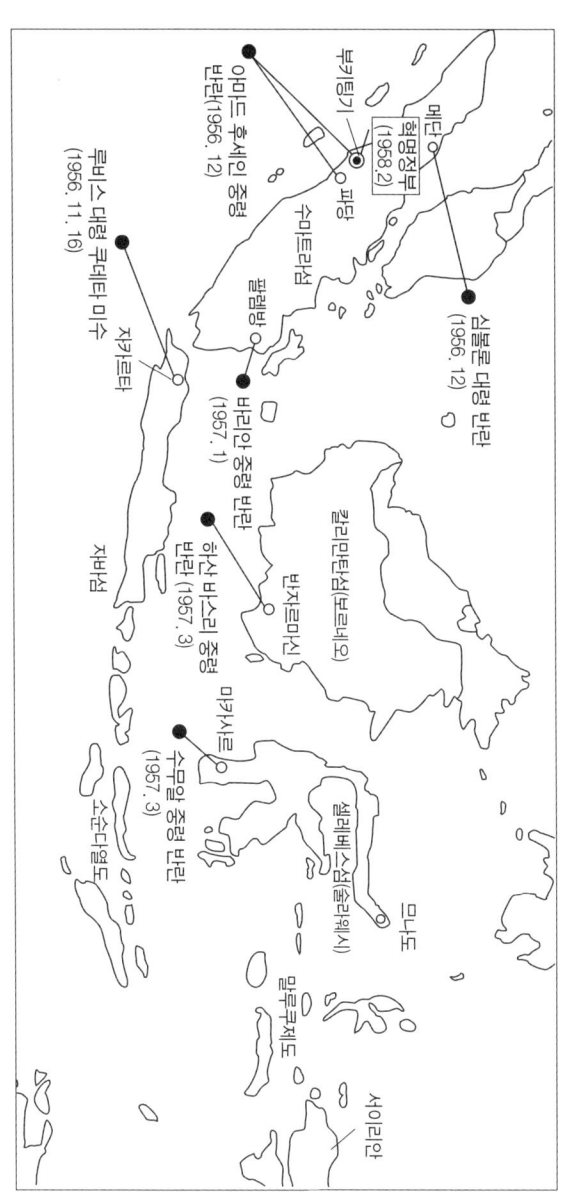

〈그림 4〉 수마트라 반란 현황(1956~1958년)

제4장 냉전의 부활과 신흥 정권들의 정치 위기 133

수카르노는 그 자리에서 인도네시아 국민 모두가 원하는 '민주주의'를 도입해야 한다고 역설했다. 수카르노가 주장한 '민주주의'에 대한 내용은 1957년 2월 21일 발표한 국정개혁안에 상세하게 담겨졌다. 그 내용은 ① 인도네시아 사회의 전통적인 상호부조(相互扶助) 체제를 의미하는 고통 로용(Gotong Royong) 내각의 이름하에 전 정당이 참여하는 거국내각을 출범시키고, ② 대통령을 의장으로 하고 노동자, 농민, 민족기업가, 부인, 청년, 지방, 군 등 직능인 단체대표로 구성된 내각의 고문기관으로서 국민협의회를 결성하는 것 등을 골자로 했다.

수카르노는 1957년 4월 9일, 자신을 보좌하여 실무를 맡아 줄 주안다(Raden Djuanda Kartawidjaja) 내각을 구성하여 국민협의회를 발족했으며, 이를 통해 지방 반란과 경제 위기 타개책을 모색하기에 이른다.

그러나 수카르노 대통령이 기존의 의회민주주의에서 탈피하여 통합된 민주주의를 표방한 '강권정치'를 실시했지만, 지방에서의 반란은 멈추지 않았다.

1957년 4월, 수마트라의 반란세력은 동인도네시아의 지방군과 같이 자치권을 확대하고 수출액의 배분을 변경하여 이익의 70%를 지방에 반환해 줄 것을 주장했다.

장기간에 걸친 지방의 반란은 자연스레 인도네시아, 특히 수카르노 정권이 기반으로 삼고 있던 자바의 경제를 악화시켰다. 네덜란드와의 서이리안 분쟁을 해결하기 위한 협상이 유엔에서도 해결의 조짐이 보이지 않았던 것, 지방군 반란이 네덜란드의 배후 조종에 의해 일어나고 있다는 소문이 확대되면서, 1957년 중반 이후 반네덜란드 감정은 급격히 악화되었다.

1957년 11월 29일, 유엔 본회의에서 인도네시아와 네덜란드 간의 서이리안 분쟁 해결 권고결의안이 부결되었다. 그리고 이튿날인 11월 30일,

수카르노 대통령이 자신의 아이의 학교를 공식방문한 자리에서 암살 미수사건이 일어났다. 이 두 사건은 인도네시아인의 반네덜란드 감정을 크게 자극하기에 충분했다.

1957년 12월 2일, 네덜란드계 기업에서 인도네시아인 노동자의 총파업이 시작되었고 노동자들은 해운회사, 호텔, 은행 등을 차례로 점거했다. 총파업으로 점거된 기업은 정부와 군의 관리하에 두었다.

마엔코프 법무장관이 1957년 12월 5일, 인도네시아에 체류 중인 4만 8천 명의 네덜란드인을 3단계로 나눠 추방한다고 선언하자, 공포에 질린 네덜란드인 3만 명이 연이어 인도네시아를 탈출하는 소란이 벌어졌다.[17]

더욱이 1957년 12월 10일, 인도네시아 정부는 각료회의에서 네덜란드인의 국외 추방과 입국 금지, 네덜란드어 신문 등의 배부 금지를 결정했다. 1957년 12월 9일에는 네덜란드인이 경영하는 농장에 대해 접수명령을 내렸다. 500개의 네덜란드인 농장이 정부군의 관리하에 들어갔다.

그러나 인도네시아의 반(反)네덜란드 투쟁은 섬나라 인도네시아의 해운을 지배해 온 네덜란드계 선박의 해상운송 정지 등을 초래하여, 인도네시아 경제에 커다란 충격을 주었다. 각 지방은 싱가포르와 물물교환을 통해 물자를 획득하려고 했지만, 이로 인해 외화 수입이 감소될 것을 우려한 중앙정부는 물물교환을 금지시켰다. 당연히 이러한 정부의 정책은 지방의 불만을 고조시켰다. 나아가 인도네시아 정부는 1958년 1월 21일, 네덜란드인의 은행 자산을 동결했다.

이러한 반네덜란드 투쟁으로 고조되는 혼란 속에서, 1958년 2월 15일 중부 수마트라를 중심으로 한 반란세력은 '인도네시아공화국 혁명정권'을 수립하고, 수카르노 정권에 정면 도전했다. 신정권의 수도는 (현재는 고원의 리조트 도시로 유명한) 부키팅기(Bukit Tinggi)에 세워졌으며 총리에는 샤푸루딘 프라위라네가라(Sjafruddin Prawiranegara) 전 행정장관이 임명되었으며, 외교장관에는 심볼론 대령이, 국방장관에는 하라합 전 총리가 취임했다.

　사태를 해결하기 위해 수카르노 정권은 반란군과의 협상을 포기하고 군대를 출동시켰다. 1958년 5월 5일 정부군은 반란군의 수도 부키팅기를 점령하고, 6월 26일에는 반란군의 제2의 거점인 술라웨시의 므나도(Menado)를 공략했다. 그러나 반란군은 이슬람교군과 공동으로 반격에 나섰으며 1962년까지 게릴라전으로 항전을 계속했다. 1959년 초반 반란군의 총병력은 12만 5천 명으로, 전 국토의 1/6을 점령했다.

　1958년 2월 이후, 반란군과 정부군의 무력 대결이 계속되는 가운데서도 인도네시아의 민족주의는 더욱 고조되었다. 인도네시아 민족주의의 표적에는 네덜란드뿐만 아니라 인도네시아의 유통경제를 지배하는 화교도 포함되어 있었다.

　1958년 10월 16일, 정부는 당시 우호적이었던 대중관계를 배려하여 우선 국민당계 화교 상인의 영업을 금지했다. 네덜란드인에 대해서는 1958년 11월 3일, 정부가 네덜란드계 기업국유화법을 의회에 제출하여 같은 해 12월 31일 공포했다. 국유화 대상 기업은 전액 또는 반액 이상의 주식을 네덜란드인이 보유하고 있었는데, 농장 77사, 광산회사 92사, 무역회사 32사, 은행·보험사 31사 등 253개 기업이 해당되었으며, 1957년 12월 3일로 소급하여 시행되었다.

　이처럼 인도네시아는 네덜란드와 서이리안을 둘러싸고 대립했으며 지방군부의 반란 진압 과정에서 고조된 민족주의 감정을 이용하여, 네덜란드인을 추방하고 네덜란드 자본의 국유화를 달성하여 경제적 독립에 성공했다. 그러나 이러한 경제적 독립은 결코 인도네시아의 경제적 번영을 보장하지 못했다. 정부와 군에 접수된 네덜란드계 농장과 기업은 정상적으로 가동될 때까지 오랜 세월이 걸렸다. 더구나 생산은 감소했고 해운의 혼란과 네덜란드로의 무역이 중지되자 수출도 크게 감소했다. 물자가 부족하여 인플레이션은 한층 악화되었다.

이때 위기를 가중시킨 사건이 일어났다. 1959년 5월 14일, 정부는 연말까지 외국인의 지방 도시와 농촌에서의 소매업을 금지시키는 법을 발표했다. 이것은 인도네시아 국내 유통이 대부분 중국 국적을 그대로 유지하고 있는 화교 상인에 의해 움직이고 있는 상황을 간과한 조치였다. 인도네시아 경제가 대혼란에 빠질 것이라는 것은 불을 보듯 뻔했다. 1959년 12월 12일에는 외국인 소매자산에 대한 접수명령이 공포되어 1960년 1월 1일부터 시행되었는데, 이로 인해 네덜란드인에 이어 수많은 화교가 인도네시아를 떠나게 되었다.

이러한 인도네시아의 경제적 민족주의 정책은 국내 생산 감소와 유통 혼란을 초래하면서 급격한 인플레이션을 발생시켰다. 1953년을 100으로 했을 때, 인도네시아의 소비자물가지수가 1955년 141, 1957년 150, 1958년 241, 1959년 381로 급격히 상승한 것이 정책의 참담한 결과를 말해 준다.[18]

결국 계속되는 지방의 반란과 경제적 대혼란에 휩싸인 인도네시아를 통합하는 유일한 방법은, 결국 수카르노가 주장하는 '민주주의'를 도입하는 것이었다. 1959년 2월 19일 주안다 내각은 대통령에게 총리의 임면권을 부여하는 등 강력한 권한을 갖는 '1945년 헌법'으로 회귀할 것을 결정하고, 이를 제헌의회에 제안했다. 1945년 헌법은 1945년 8월 17일 수카르노가 인도네시아의 독립을 선언할 때 제정한 헌법으로, 5년마다 열리는 중앙국민위원회가 대통령을 선출하고 대통령이 총리와 각료를 임명하는 대통령 독재체제를 인정하고 있었다. 독립 선언 당시, 수카르노는 대통령 겸 총리를 맡고 있었다. 제헌의회의 심의는 1959년 4월 22일에 시작되었으며, 수카르노 대통령은 이날 '1945년 헌법'으로 돌아가, 자유민주주의와 자유주의 경제를 폐지하고 통합형 민주주의와 통합형 경제로 이행하는 것에 대해 승인해 줄 것을 요청했다.

그러나 제헌의회에서 1945년 헌법으로 복귀한다는 정부의 제안에 국민당과 공산당이 찬성한 반면, 마슈미당과 나흐타둘 우라마 등의 이슬람 정당이 반대함에 따라 필요조건인 2/3의 다수를 차지하지 못하고 부결되었다.

예상치 못한 사태에 직면한 수카르노 대통령은 군의 전폭적인 지지를 기반으로 강경책을 펼쳤다. 1959년 7월 5일 계엄령을 선포하고 제헌의회를 해산시켰으며, 계엄령하 최고사령관의 권한으로 '1950년 헌법'을 폐지하고 '1945년 헌법'으로의 복귀를 선언했다. 그리고 스스로 총리에 취임하여 독재권력을 행사했다.

이렇게 수카르노가 추진한 통합 민주주의 체제는 반란군에 대항하기 위해 힘을 키운 국군과, 반네덜란드 투쟁과 경제투쟁으로 국민 사이에서 세력을 확대한 공산당으로부터 많은 지지를 받았다. 대통령은 형식적이나마 국민협의회에서 선출하는 것이어서 어쨌든 국민협의회가 법적인 모든 책임을 졌다. 그러나 국민협의회는 대통령령으로 조직되었으며, 600여 명의 의원 전원은 모두 대통령이 임명했다. 말 그대로 수카르노 독재 체제가 시작된 것이다. 1959년 7월 5일의 계엄령 선포는 수카르노의 쿠데타였다.

수카르노는 1961년 이후, 강력한 독재권력을 바탕으로 네덜란드와 서이리안 협상을 벌였고, 말레이시아와는 대립 정책을 펼쳤다. 이때 인도네시아는 필요한 자금을 마련하기 위해 일본과 국교를 정상화하고 4억 달러의 배상금을 받아 냈다.

註

1) 柳沢英一郎(1985), 『戰後國際政治史 I 1994~1958』, 拓植書房, p. 225.
2) タック・チャルームチアロン(1989), 『タイ―独裁的温情主義の政治』, 玉田芳史 訳, 勁草書房, p. 130.
3) タック・チャルームチアロン(1989), 『タイ―独裁的温情主義の政治』, 玉田芳史 訳, 勁草書房, p. 135.
4) タック・チャルームチアロン(1989), 『タイ―独裁的温情主義の政治』, 玉田芳史 訳, 勁草書房, p. 142.
5) タック・チャルームチアロン(1989), 『タイ―独裁的温情主義の政治』, 玉田芳史 訳, 勁草書房, pp. 233~234.
6) 末広昭・安田靖編(1987), 『タイの工業化―NAICへの挑戦』, アジア經濟研究所, pp. 312~313.
7) 今川瑛一(1971), 『ネーウィン軍政下のビルマ』, アジア評論社 참고.
8) Joseph Buttinger(1968), 『Vietnam: A Political History』, Praeger Publisher, p. 432.
9) Joseph Buttinger(1968), 『Vietnam: A Political History』, Praeger Publisher, pp. 435~436.
10) David, P. Chandler(1991), 『The Tragedy of Cambodian History』, Yale University Press, pp. 109~110.
11) Jose, S., & Arcilla, S. S.(1971), 『An Introduction to Philippine History』, Ateneo De Manila University Press, p. 132.
12) Benedict, J. Kerkvliet(1979), 『The Huk Rebellion』, New Day Publishers, Quezon City, p. 244.
13) 萩原宣之(1996), 『ラーマンとマハチール』, 岩波書店, pp. 78~79.
14) 竹下秀邦(1995), 『シンガポール―リー・クアンユーの時代』, アジア經濟研究所, p. 133.
15) 永井重信(1986), 『インドネシア現代政治史』, 勁草書房, pp. 212~213.
16) 永井重信(1986), 『インドネシア現代政治史』, 勁草書房, pp. 216~217.
17) マイケル・リーファー(1985), 『インドネシア外交』, 首藤とも子 交, 勁草書房, p. 67.
18) 岸幸一(1967), 『スカルノ体制制の基本構造』, アジア經濟研究所, p. 66.

제 5 장

베트남전쟁 전야

1950년대 후반, 세계는 헝가리 사건, 수에즈운하 위기, 이라크·쿠바 혁명, 중국을 둘러싼 분쟁, 그리고 태국, 미얀마, 라오스, 인도네시아 등 동남아시아 국가의 정국 혼란 등으로 크게 동요하고 있었으며, 전 세계로 확산되었던 미소 평화공존 무드는 형체도 없이 사라진 것처럼 보였다. 미소 양국은 다시 패권 다툼에 들어가기 위한 준비를 했다. 미소 양국은 핵무기와 이를 운반할 대륙간 탄도미사일, 원자력 잠수함 등을 개발하는 데 총력을 기울이면서 상호 위협했다. 또한 미소 양국은 혼란에 빠진 개발도상국에 앞 다투어 개입하여 자국 진영으로 끌어들이기 위해 군사 및 경제 원조를 아끼지 않았다. 이렇게 냉전은 완전히 부활했다.

1959년 4월, 미국의 '냉전외교의 기수'인 덜레스 국방장관이 지병으로 사임하고, 결국 5월 24일 세상을 떠났다. 덜레스 국방장관의 사임과 사망은 일시적이나마 미소 양국 간에 긴장을 완화시키고 화해의 분위기를 조성했다.

1959년 7월 23일~8월 2일, 아이젠하워 정권의 부통령 닉슨(Richard Milhous Nixon)이 소련을 방문했으며, 같은 해 9월에는 흐루쇼프 소련 총리가 미국을 방문했다. 소련 총리와 미국 대통령은 9월 25일부터 4일간 캠프데이비드(Camp David, 워싱턴 교외의 대통령 별장)에서 회담을 갖고, 세계 분쟁에서 무력 사용을 금지하고 1960년 봄에 동서 정상회담을 개최하기로 합의했다. 세계평화를 위한 '캠프데이비드 정신'이 널리 알려지게 되었고, 1960년 5월 16일에 동서 정상회담을 파리에서 개최하기로 결정했다.

그러나 세계의 기대와는 달리 1960년은 평화의 해가 되지 못했고, 아시아를 비롯한 세계 각지에서 분쟁이 계속되는 등 미소 냉전이 새롭게 강화되었다.

1. 1960년 동아시아의 투쟁

한국, 이승만 정권의 붕괴

1959년 12월, 아이젠하워 대통령은 티베트 동란 후 중국과 교전상태에 있는 인도를 지원하기 위해 인도를 방문했다. 이에 대항하여 흐루쇼프 소련 총리는 1960년 2월, 인도와 미얀마, 인도네시아를 방문하여 아시아의 중립국가를 소련 측으로 끌어들이려고 했다. 이와 같이 미소 양국 정상이 남아시아와 동남아시아에서 바쁘게 외교활동을 하는 가운데, 동아시아에서는 중대한 움직임이 나타났다.

첫 번째 사건은 한국전쟁 이후 미국의 동아시아 지역 반공 제1선인 한국에서 일어났다. 한국 정부는 이승만 대통령이 통치하고 있었다. 이승만 대통령의 독재체제가 심화되자 국민들의 생활은 어려워졌고, 지식인과 학생들은 독재에 항거했다.

국민들의 불만은 1960년 4월 11일, 마산에서 반(反)이승만 시위로 폭발했다. 이 시위는 곧바로 서울로 확산되어 4월 21일 서울에서 50만 명이 운집한 가운데 대규모 시위로 발전했다. 결국 이승만 대통령은 4월 27일 사퇴했으며, 5월 21일 미국으로 망명했다. 미국이 가장 신뢰하던 친미반공 독재정권이 무너져 아시아의 반공포위망 제1선에 구멍이 뚫린 것이다.

미일안보 반대투쟁

한국에서 친미반공 정권이 붕괴된 시기와 같이하여, 미국의 동아시아 반공 거점인 일본에서도 이른바 미일안전보장조약 반대투쟁이 일어났다.

1951년 9월 8일, 샌프란시스코 대일강화회의에서 샌프란시스코평화조약(대일평화조약)과 함께 조인된 미일안전보장조약은 1952년 4월 28일 일본의 독립 회복과 동시에 발효되어, 미국은 일본이 관할하는 지역에 군사기지를 보유할 수 있게 되었다.

미일안보체제와 주일 미군기지는 당시, 일본 국민의 대다수가 패전의 대가로서 어쩔 수 없이 받아들였다. 그러나 1950년대 중반 이후 미소 간에 평화공존 분위기가 확산되자 일본 국민들은 점차 비판의 눈으로 이를 바라보게 되었다.

특히 1955년부터 1956년에 걸쳐, 평화공존 분위기를 틈타 소련과 중국이 일본과의 관계 개선을 위해 적극적으로 접근했으며, 이와 동시에 일본 각지에서는 미군기지의 존재와 기지의 확충에 반대하는 좌익 학생들의 반미군기지 투쟁이 활발히 일어났다.

하토야마 이치로(鳩山一郎) 총리가 이끄는 일본 정부도 소련, 중국과의 국교정상화에 적극적인 자세를 취했다. 1955년 5월 중일 양국은 상호간에 통상대표부를 설치한다는 협정을 체결하고, 1956년 10월 19일에는 소일 양국이 국교를 회복하기로 합의했다. 이처럼 일본과 공산권 국가 간에 교류가 이루어지자 주일 미군기지의 필요성이 다시 도마 위로 올랐다. 1950년대 후반, 제2차 세계대전으로 인한 전란의 상처가 아물게 되면서 일본 내에 외국군 기지 보유에 대한 회의와 함께 민족주의적 반감이 높아진 것도 일본의 반미군기지 투쟁을 격화시킨 요인 중 하나였다.

전쟁은 끝났지만 여전히 가난하고 경제 발전이 더딘 일본 사회에서 취업난에 괴로워하던 학생들이, 불만의 돌파구를 미군기지와 미일안보체제로 돌린 것도 사실이었다.

이러한 반미 감정의 고조에 큰 위기감을 느낀 미일 양국 정부는 1960년 1월 19일, 미일안보조약을 손질하여 신(新)안보조약으로 연장하기로 했다. 신안보조약은 하토야마 총리의 뒤를 이은 이시바시 단잔(石橋湛山) 총리가 지병으로 조기에 퇴진한 후, 1957년 2월에 총리가 된 기시 노부스케(岸信介) 총리에 의해 워싱턴에서 조인되었다. 새 조약의 기한은 10년이며 그 후에는 1년마다 자동 연장되었다.

그러나 신안보조약을 조인한 후, 이를 계기로 일본 내 좌파 정당과 노동조합, 그리고 학생조직을 중심으로 미일안보조약 반대운동이 새롭게 전개되었다.

일본의 반(反)안보투쟁은 1960년 5월 20일, 자민당이 단독으로 새 조약을 중의원에서 가결한 뒤, 동아시아의 위기를 진정시키지 못하고 아이젠하워 대통령이 스스로 6월에 일본 방문을 계획한 것들로 인해 한꺼번에 폭발했다.

1960년 6월 초순, 도쿄의 국회의사당 주변은 미일안보조약에 반대하고 새 조약에 조인한 기시 정부를 타도하며 아이젠하워의 방일 저지를 주장하는 10만 명의 시위대가 연일 운집했다.

결국 위협을 느낀 기시 내각은 1960년 6월 16일, 미 대통령의 방일 계획을 연기해 달라고 미 정부에 요청했으며, 아이젠하워 대통령은 결국 방일 계획을 취소할 수밖에 없었다. 아이젠하워 대통령은 6월 14일에는 필리핀을, 16일에는 타이완, 20일에는 한국을 방문했으며, 일본에는 6월 14

일 급유를 위해 요코타(橫田) 미군기지에 잠시 들르기로만 했다.

미일안보조약은 다수당인 자민당에 의해 국회에서 통과되기는 했으나, 기시 총리는 인기가 급격히 떨어져 곧바로 사퇴했다.

한국과 일본은 미국이 제일 중요하게 여겼던 반공 거점이었던 만큼, 양국에서 연이어 일어난 정치적 사건은, 미 정부의 아시아 정책에 커다란 충격을 주었다.

1950년대 후반, 아시아에서는 반미 국가인 중국이 타이완의 제1선 군사기지인 진먼섬과 마쭈섬을 포격하고 인도와도 교전하는 등 대외적으로 강경 정책을 취했다. 인도차이나 역시 혼란스럽기는 마찬가지였다. 남베트남에서 반미투쟁이 고조되었고, 라오스에서는 내전이 다시 발발했다. 태국, 미얀마의 정국도 어지러웠으며, 인도네시아에서는 수카르노 정권이 소련의 군사지원을 등에 업고 친네덜란드 세력과 무력대결을 벌였다.

이러한 상황 속에서 한일 양국이 친미 진영에서 이탈하는 사태가 발생하면 미국은 아시아에서 엄청난 타격을 받게 될 것이고, 중국과 소련의 아시아 진출은 불을 보듯 확실했다.

이와 같은 아시아 정세에, 나세르가 이끄는 아랍민족주의가 대두되는 중동, 카스트로가 성공시킨 쿠바혁명, 독립투쟁이 격화되는 아프리카 정세 등을 같이 연계시키면, 미국의 반공 전략은 전 세계적으로 후퇴할 수밖에 없는 상황이었다. 1950년대 미국이 거액의 비용을 지불하면서 소련권 주변에 구축한 반공방위망은 각지에서 갈기갈기 찢겨나가는 듯했다.[1]

미 정부에 있어서 1950년대의 반공방위망 유지를 위한 주요 수단은, 소련의 한국전쟁 개입과 같은 침략에 대해 핵무기를 탑재한 B-52 폭격기(미국의 전략폭격기로 현재까지 운용되는 폭격기 중 가장 큰 규모)로 소련을 공격하는 이른바 '대량보복전략'이었다. 그러나 대량보복전략은 친미 국가들에서 발생한 반정부투쟁과 시위, 농민병사의 게릴라전쟁 등에 따른 정치변혁을 억제하기에는 역부족이었다.

물론 미 정부는 동맹국에 대해 과감한 원조를 제공해 왔지만 이러한 동맹국들이 내부의 적에 의해 붕괴되는 상황에 직면할 때, 미국의 군사력은 효과적인 지원책이 되지 못했다. 핵을 탑재한 대형 폭격기, 대륙간 탄도 미사일은 동맹국 내부의 게릴라전과 반정부투쟁을 막지 못했다. 이렇게 1950년대 후반 들어 대량보복전략의 한계가 서서히 표면화되었다.

이러한 대량보복전략의 한계를 극복하기 위해 새롭게 등장한 것이 '유연반응전략(strategy of flexible response)'이었으며, 이 전략이 미 정부에 의해 현실화되었을 때 베트남전쟁의 비극이 시작되었다.

2 유연반응전략의 실험장, 인도차이나

1950년 후반 미국에서는, 대량보복전략의 결함을 해결하는 대응책으로, 개발도상국의 정치분쟁에 개입하는 것을 전제로 하여 미 군사력의 일부를 국지분쟁 개입용 형태의 기동전력으로 변화시켜야 한다는 주장이 제기되었다.

예를 들어, 헨리 키신저(Henry Alfred Kissinger) 박사는 1957년의 저서 『핵무기와 외교정책(Nuclear Weapons and Foreign Policy)』에서, 미국은 핵무기에 의한 전면적인 공격에 보복할 수 있는 체제를 유지함과 동시에, 제한된 공격에 대해서도 제한된 형태로 반격할 준비를 갖추어야 한다고 주장했다.[2]

그리고 미 군부에서는 1955년부터 1959년에 걸쳐, 육군참모장을 지낸 맥스웰 테일러(Maxwell Davenport Taylor) 장군이 1959년에 발표한 저서 『불확실한 트럼펫(The Uncertain Trumpet)』 중에서 대량보복전략을 비판하고, 핵전쟁의 대응전력에 더해 게릴라전 대책용의 군사력도 정비하여, 전면적 핵전쟁에서 라오스 등에서의 분쟁에 이르기까지 이른바 도전

에 대항할 수 있는 전략, 즉 '유연반응전략'을 제창하여 주목받았다.[3)]

그러나 미군 내에서는 국지분쟁 중시론이 강해진 한편, 핵무기와 미사일 등 최첨단 무기 개발의 중요성도 결코 약화되지 않았다.

1960년 5월 1일, 소련 상공에서 첩보비행 중이던 미군 U-2정찰기가 소련군에 의해 격추되었다. U-2기 격추사건으로 미소 관계가 다시 경색되었으며, 같은 해 5월 중순에 열린 동서 정상회담이 결렬되고, 캠프데이비드 정신도 무력화되었다. 더욱이 높은 상공을 비행하는 U-2정찰기를 격추시킨 소련 미사일의 질적 향상에 대해 미 군부는 경계심을 높였다.

소련 붕괴 후에 발표된 자료에 의하면, 이때 U-2정찰기는 미사일이 아니라 상공에서 대기하고 있던 소련전투기에 의해 격추된 것으로 확인되어, 미국은 소련의 미사일 기술을 과대평가한 것으로 나타났다.

그러나 U-2정찰기 격추사건으로 인해 미국은 국지적인 분쟁을 위한 군비의 재편성과 첨단무기 개발을 동시에 추진해야 하는, 즉 비용이 많이 드는 정책을 선택할 수밖에 없게 된다. 이러한 막대한 비용을 드는 정책을 실행에 옮겨야 할 사람은 1960년 11월 대통령선거에서 닉슨 부통령을 누르고 승리한 존 F. 케네디(John Fitzgerald Kennedy, 1961~1963년 재임)였다.

케네디와 라오스의 위기

1961년 1월 20일, 미 대통령에 취임한 케네디는 상원의원 때부터 국지전을 위한 육군병력을 강화해야 하는 데 찬성했으며, 취임 직후부터 제3세계의 분쟁에 적극적으로 개입한다는 자세를 명확히 했다. 게릴라 전용 특수부대를 확충하는 등 국지적 분쟁 개입용 병력을 증강하기 시작했다.

물론 소련의 핵미사일에 대한 대책에도 케네디 정권은 소홀하지 않았다. 말 그대로 모든 사태에 유연히 대응할 수 있는 전투력을 갖추고자 하는 '유연반응전략'이, 케네디 정권의 기본 전략이었다. 새로운 전략의 주창자인 테일러 대장은 케네디 대통령의 군사고문으로 취임했다.

이처럼 모든 사태에 유연히 대응할 수 있는 전투력 정비에 힘쓰고 있던 케네디 정권에게 첫 시련은 바로 '라오스 위기'였다.

케네디 정권이 출범하기 1개월 전인 1960년 12월 중순, 라오스에서 비엔티안을 둘러싼 콩레군과 푸미 노사반군과의 격전이 일어났다. 콩레군은 패하면서 북쪽의 왕도(王都) 루앙프라방 방면으로 도망쳤다.

그러나 콩레군은 완전히 물러난 것이 아니었다. 푸마 총리의 중립정권이 1960년 10월, 소련과 국교를 수립할 때 시작된 소련의 군사원조가, 공수(空輸)의 형태로 콩레군 잔존부대에 계속 제공되었다. 또한 공산세력 파테트라오군이 북베트남군의 지원을 받으면서 콩레군을 역시 도왔다.[4]

〈그림 5〉 태국·인도차이나 지도

주 : 1960년대 당시 지도.

1960년 12월말 콩레군과 파테트라오군이 힘을 합쳐 정부군에 반격했다. 12월 31일에는 라오스 동북부의 전략적 요충지 자르평원의 시엥쿠앙(Xieng Khouang)이 파테트라오군에 공략되었다. 콩레군과 파테트라오군은 1961년 1~2월, 자르평원의 거점을 확보하는 한편, 북상해 온 푸미 노사반 장군의 정부군을 각지에서 격파했다.

라오스에서 중립군과 공산군의 공세에 직면한 신생 케네디 정권은, 미군을 파견하여 전세를 뒤집어야 하는지 아니면 소련을 끌어들여 외교적으로 해결해야 하는지 망설이고 있었다. 그러나 케네디 정권에 있어서 라오스를 공산세력에게 빼앗기는 것은 도저히 생각할 수 없는 일이었다. 케네디 대통령은 전임자인 아이젠하워 대통령으로부터 임기 마지막 날인 1961년 1월 19일에 라오스에 대한 조언을 들었기 때문이다. 아이젠하워는 "현재 라오스가 동남아시아 전역의 열쇠를 쥐고 있으며", "만약 라오스가 공산세력에게 넘어가면 태국과 캄보디아, 남베트남에도 상상할 수 없을 만큼의 거대한 압력에 직면할 것이다"라는 말을 케네디에게 건넸다고 한다.[5]

그러나 라오스의 중립군과 공산군은 케네디 정권의 의도와는 상관없이, 1961년 3월 9일 비엔티안에서 루앙프라방을 향해 북상하는 도로의 교차점을 방위 중인 푸미 노사반군을 무찌르고 다음 목적지인 루앙프라방과 비엔티안으로 향했다.

이러한 긴급 사태를 들은 케네디 대통령은 곧바로 미군을 라오스에 출동시켰다. 동남아시아 지역을 염두에 두고 특별히 훈련시킨 일본 오키나와 주둔 기동부대가 전투대기 상태에 들어갔으며 주일 해병대도 준비 태세에 돌입했다. 제7함대는 시암만(Gulf of Siam)에 급파되었다. 비엔티안에서 가까운 태국의 우돈(Udon) 공항에 헬리콥터 부대용 기지가 설치되었다.[6]

이리하여 라오스 개입을 위해 만반의 준비를 갖춘 케네디 대통령은 1961년 3월 23일, 기자회견을 열고 소련과 북베트남의 지원을 받고 있는 라오스 공산군의 대공세를 거론하면서, 미국은 라오스의 중립을 지키기 위해 어떠한 형태로든 대응하겠다고 밝혔다. 이것은 명백한 군사 개입을 의미했다.

케네디 정권의 강경한 라오스 개입 의지는 소련과 중국을 놀라게 했다. 쿠바와 그 외 문제로 미국과 대립하고 있던 소련은 라오스에서 또다시 미국과 충돌하는 것에 몸을 사렸고, 중국 역시 대약진운동의 실패로 혼란을 겪고 있었기에 라오스 문제에 적극 개입할 수 있는 형편이 아니었다. 소련은 1961년 4월 4일, 모스크바방송을 통해 라오스 문제를 대화로 해결하자는 뜻을 내비쳤다.

라오스 각파의 지도자와 소련, 서방 국가들의 협의가 이어지는 가운데, 1961년 5월 3일, 라오스 내전은 정전(停戰)하는 것으로 합의되었다. 같은 해 5월 16일, 라오스 문제를 안건으로 14개국이 모인 가운데 제2차 제네바회의가 개최되었다. 미국, 영국, 프랑스, 소련, 중국, 인도, 태국, 캄보디아, 미얀마, 남북 베트남, 캐나다, 폴란드, 그리고 라오스가 참가했다.

제네바회의가 한창 진행되고 있을 때, 케네디 대통령은 1961년 6월 3~4일 빈에서 흐루쇼프 총리와 회담을 가졌다. 베를린에서 미국 등 서방 국가들의 군 철수를 바라는 소련의 요구에 대해 협의했는데, 이때 라오스 문제에 관해 양국은 "라오스인이 선택한 정부하에서 중립 형태로 독립한 라오스"를 지원하는 것에 합의했다.

제네바회의에서 1961년 6월 23일, 중립노선의 푸마 총리가 이끄는 3파 연립정부가 출범하는 것에 의견이 일치되어 라오스의 위기는 일단은 진정되었다. 그러나 라오스의 내전은 단 한 번의 제네바회의로 수습될 성격의 것이 아니었다.

3파 연립정부의 출범이 결정되었지만, 공산·중립파와 친미 우파가 국방장관, 내무장관 등 중요 각료자리를 두고 의견이 엇갈렸고, 이에 대한 결정이 연기되면서 라오스의 혼란은 계속되었다.

1962년 1월 말, 라오스 북서부에서 친미파가 점령하고 있던 남타(Namtha) 주변에 공산군이 증강되어, 친미 우파군 5천 명이 포위되는 사건이 발생했다. 공산군에는 북베트남군과 중국군도 포함되어 있었다. 남타는 중국 국경으로부터 약 15마일 떨어진 작은 마을이었지만 공항이 있었기 때문에 전략적 근거지였다.[7]

1962년 2월 이후, 남타 주변에서는 우파군과 공산군의 작은 충돌이 계속되었다. 5월 2일 공산군은 1년 전에 맺은 정전협정을 파기하고 남타를 총공격했다. 수비대는 5월 6일 메콩강을 지나 태국으로 도망쳤다.

남타의 공방전은 케네디 정권에 충격을 주었다. 미군이 라오스에 전면 개입해야 한다는 주장도 있었지만 미국은 적당한 선에서 군사행동을 취하고 라오스의 중립을 지키기로 결정했다. 그 후 미국은 공산 측과 대화를 통해 정치적으로 해결한다는 타협 방침을 내세웠다.[8]

1962년 5월 11일, 케네디 대통령은 제7함대의 시암만 파견을 명령하고, 5월 15일에는 해병대 1,800명을 태국에 파견한다고 발표했다. 또한 케네디는 동남아시아조약기구 가입국에게 태국으로 군사를 파병하도록 요청했다. 이러한 미국의 군사적 행동에 위협을 느낀 공산세력은 대화를 통해 해결하자는 미국 측 방침에 동의했다. 라오스 각 정파가 협의한 결과, 1962년 6월 23일 푸마를 총리로, 파테트라오의 수파누봉을 부총리 겸 경제기획장관, 푸미 노사반 장군을 부총리 겸 재정부장관으로 하는 중립 3파 연립정부가 출범했다. 이러한 라오스의 중립은 1962년 7월 23일, 제네바회의 참가국에 의해 승인되었다.

이리하여 라오스의 위기는 겨우 수습되는 것처럼 보였지만 평화는 그로부터 몇 개월을 지속하지 못했다. 1963년 들어 라오스 정국은 또 다시 크게 동요했고 베트남의 전란 확대와 함께 본격적인 내전으로 번졌다.

미국 정부의 베트남 개입

라오스 사태가 케네디 정권을 괴롭히고 있는 가운데, 남베트남까지 악화 일로에 있어서 케네디 대통령은 어떻게든 조치를 취해야만 했다. 남베트남에서는 1960년 12월 20일, 북베트남의 지원을 받아 응오딘지엠 정권에 반대하는 많은 세력이 결집하여 '남베트남 해방민족전선'이 결성되었다. 반미투쟁은 더욱 격화되어 갔고, 미 정부는 응오딘지엠 정권의 대응능력에 대해 크게 우려했다.

1961년 3월 28일, 남베트남의 미대사관이 작성하여 케네디 대통령에게 제출한 보고서의 핵심은 다음과 같다. "과거 6개월간 남베트남 국내의 치안은 악화되어 지금은 아주 위급한 정도에 도달해 있다.…… 베트콩은 사이공을 포위하고 있으며 최근 사이공시(市)를 더욱 압박해 오고 있다."[9]

이러한 보고에 위기감을 느낀 케네디 대통령은 1961년 5월 11일, 비밀리에 남베트남 지원을 위한 중대한 결정을 내렸다. 미 특수부대 400명과 군사고문 100명을 남베트남에 파견한다는 내용이었다. 또한 미 중앙정보국(CIA)과 특수부대원을 중심으로 한 남베트남 병력을 북베트남에 투입하여 소규모 공작활동을 벌이도록 했다. 마침내 케네디 정권이 베트남에 개입하기 시작한 것이다.

그러나 응오딘지엠 정권은 이러한 정도로는 만족스럽지 않았다. 1961년 6월 9일, 응오딘지엠 대통령은 케네디 대통령에게 남베트남 육군을 17만 명에서 27만 명으로 증강해 주고, 미군 정예부대를 곧바로 파병해 줄 것을 요청했다.

미군 내에서도 남베트남에 정예부대를 파병해야 한다는 주장도 있었지만, 쉽게 판단할 문제가 아니었다. 1961년 4월 17일 쿠바에서 발생한 '코치노스만(피그스만) 사건' 때문이다. 쿠바에서 미국으로 망명한 반공 쿠바인을 무장시켜 다시 쿠바에 상륙시키는 작전이었는데, 결국 실패로 돌아갔다. 1960년대 들어 소련과 급속히 가까워진 미국은, 소련의 군사지원을 받은 쿠바의 카스트로 정권을 타도하기 위해 벌였던 코치노스만 작전이 실패하자 그에 대한 부담감이 컸던 것이다.

1961년 4월 17일, 미 중앙정보국의 지원을 받은 천 명의 쿠바 망명자는 총병력 20만 명의 카스트로군이 기다리고 있던 쿠바섬 코치노스만에 상륙작전을 개시했다. 그러나 망명자군은 반격해 온 쿠바 공군에 패하면서 작전은 실패로 끝나고, 케네디 대통령은 언론으로부터 신랄한 비판을 받았다.

이와 같이 쿠바 상륙작전에 실패하고, 라오스 위기에 적절한 대응책을 마련하지 못한 케네디 대통령은, 남베트남에 미 정규군을 파병하는 데 신중을 기할 수밖에 없었다. 라오스 문제로 제네바회의가 열리고 있던 것과 때를 같이하여 1961년 5월 한국에서도 중대한 사태가 일어났다.

1960년 5월 이승만 정권이 붕괴한 뒤, 한국에서는 민주화를 요구하는 다양한 목소리가 터져나왔다. 1960년 7월 시행된 총선거를 통해 장면 정권이 들어서면서 민주화와 통일을 요구하는 목소리는 더욱 높아졌다. 반공정책을 기조로 삼았던 한국의 군대에게는 위협으로 다가왔다.

1961년 5월 16일 라오스 문제로 제네바회의가 열리던 날, 한국에서는 군사 쿠데타가 일어나 장면 정권이 무너졌다. 장도영 육군참모총장을 국가재건최고회의 의장으로 추대하고 군정이 실시되었다. 군대 내 권력투쟁으로 1961년 7월 3일, 박정희가 국가재건최고회의 의장이 되었고, 박정희는 같은 해 11월 미국을 방문하여 케네디 정권으로부터 지지를 얻었다.

케네디 정권은 급격하게 요동치는 한국 정세에 눈을 뗄 수가 없었으며, 더욱이 베를린을 둘러싼 소련과의 대립에도 소홀할 수 없었다.

같은 시기, 동서로 분단된 독일에서는 서독이 경제력을 강화하면서 동독 지역 내의 베를린시 서쪽 반(서베를린)을 미국과 영국군에게 관할하도록 했다. 이것은 동독 국민에게 서독 경제의 우월함을 과시하는 효과와 함께 동독 국민 수만 명에게 고용기회를 제공했다.

소련은 서베를린의 존재가 동독 국민에게 악영향을 미칠 것이라고 판단하고 서베를린에서 미군이 철수할 것을 요구했다. 더불어 서베를린에서 동베를린 시민의 취업도 제한했다. 이렇게 베를린 문제가 미소 대립의 초점으로 부상하자 1961년 8월 13일, 동독 정부는 동서 베를린 경계에 이른바 '베를린장벽(Berlin Wall)'을 세웠다. 베를린장벽으로 인해 미소 관계는 단숨에 긴박해졌으며 냉전 분위기는 더욱 고조되었다.

이처럼 쿠바, 라오스, 한국, 그리고 베를린에 이르기까지 같은 시기에 중대한 국제 문제를 떠안고 있던 케네디 정권은, 응오딘지엠 대통령의 요청에 쉽게 응할 수 없었다. 결국 케네디 대통령은 1961년 8월과 6월 9일 두 차례에 걸친 응오딘지엠 정권의 미군 파병 요청을 거부했다. 또한 17만 명에서 27만 명으로 남베트남군을 증원해 달라는 요청에도 3만 명의 증강만을 인정하는 선에서 일단락지었다.

그러나 1961년 9월 이후, 남베트남의 정세는 케네디 정권의 예상을 훨씬 뛰어넘는 규모와 속도로 악화되어 갔다. 베트남 문제는 점차 미 외교의 중심 과제로 부상했다.

1961년 9월 이후 총병력 1만 7천 명에 이르는 남베트남해방민족전선, 이른바 베트콩의 투쟁은 더욱 격렬해졌고, 9월 한 달 동안에만 450여 차례의 공격을 퍼부었다. 그 중 미국에 충격을 준 것은 9월 30일, 베트콩 2개 대대가 사이공에서 88km 떨어진 지점의 성도(省都) 푸옥탄(Phuoc

Tan)을 공격하여 시장을 살해한 사건이다.

이렇게 베트콩의 위협이 고조되자 케네디 대통령은 1961년 10월, 테일러 대장을 남베트남에 파견하여 응오딘지엠 대통령을 만나도록 했다. 귀국한 테일러 대장은 11월 1일, 케네디 대통령에게 미 전투부대 8천 명을 베트남에 즉시 파병할 것을 권고했다.[10]

케네디 대통령은 미 전투부대의 베트남 투입 준비를 각 기관에 지시하는 동시에, 베트남 전투지원부대로서 그린베레모를 쓴 600명의 게릴라전 특수부대와 전투기, 헬리콥터 부대 및 군사고문 등을 증원, 파병했다. 베트남의 미군 병력은 1961년 말 2천 명에 이르렀다.[11]

미 정부가 이처럼 어쩔 수 없이 남베트남에 군사 개입을 한 배경에는 '도미노이론(domino theory)'이 자리하고 있었다. 소련을 중심으로 한 공산주의의 위협을 라오스에서 저지하지 않으면 또는 베트남에서 막지 못하면 아시아 전체가 공산화된다는 '도미노이론'을 케네디 정부의 각료와 군 고관들이 굳게 신봉하고 있었기 때문이다.

남베트남을 방문한 존슨 부통령은 1961년 5월 23일, 케네디에게 보낸 보고서를 통해 "인도차이나반도에 자유국가들이 유지되어야만 아시아에서 공산주의를 봉쇄할 수 있다. 이러한 억압적이고 강력한 영향력을 행사하지 않으면 필리핀, 일본, 타이완과 같은 전초기지에 안전은 보장되지 않을 것이며, 광대한 태평양은 '붉은 바다'가 될 것이다"라고 강조했다. 또한 케네디 정권의 러스크(Dean Rusk) 국무장관과 맥나마라(Robert McNamara) 국방장관은 1961년 11월 11일, 테일러 대장의 베트남 파병계획을 지지하며 케네디 대통령에게 보낸 보고서에 "남베트남이 공산주의의 손에 떨어진다면 자유세계에서 공산권으로 인구 2천만 명의 나라가 이동하게 된다. 남베트남을 잃는다면 자유세계에 있어 동남아시아의 중요성을 논하는 것은 더 이상 의미가 없다. 동남아시아의 다른 국가들과 인도네시아가 공산권에 편입되지 않는다 하더라도, 공산주의에 완전히 순응하는 상태에 직면할 수밖에 없을 것이라고 확실히 믿는다"라는 내용을 담았다.

이와 같은 도미노 논리로 무장된 케네디 정권은, 1962년 이후에도 베트남 정세가 악화되자 미군의 개입을 더욱더 확대했다.

1962년 2월 8일, 미 국방부는 그린베레모를 쓴 특수부대와 수백 명의 헬리콥터 부대로 구성된 남베트남 지원군사령부를 설치했다. 물론 남베트남의 미 고문부대 4천 명도 포함되어 있었다. 전투가 격렬해지자 부상당한 미군도 증가하여 1961년에는 14명의 사상자를, 1962년에는 109명의 전사자가 생겼다.

미군은 1962년 3월 18일, 태국의 기지와 제7함대 항공모함에서 발진시킨 항공기로 베트남을 정찰했고, 또한 정글 내 베트콩의 움직임을 쉽게 파악하기 위해 미군기를 통한 '고엽제 살포작전'도 개시했다.[12]

이처럼 미군의 베트남 개입의 골은 점점 더 깊어져 갔다. 1962년 5~6월, 라오스 내전이 재발하여 케네디 정권의 관심이 한층 더 인도차이나반도에 집중되었다. 설상가상으로 1962년 후반 케네디 정권은, 미소 냉전시대의 최대 위기에 직면했다. 바로 쿠바의 미사일 위기였다.

1962년 6월 소련은 미국의 플로리다반도 부근의 쿠바섬에 중거리 미사일 기지를 건설할 계획을 세웠다. 만약 소련이 쿠바에 미사일 기지를 건설하면 소련은 미국과의 군사대결에서 결정적 우위를 갖게 된다.

미국은 1962년 10월 14일, U-2정찰기의 정찰사진을 분석한 결과 이 사실을 알게 되었다. 이에 위협을 느낀 케네디 정권은 10월 22일, 쿠바에 소련의 미사일 기지 건설을 용납하지 않고, 미사일 자재를 수송하던 소련 국적의 배를 쿠바 주변의 해상에서 저지할 것을 선언했다. 10월 24일, 미군은 쿠바 주변의 해상봉쇄를 시작했으나, 소련 국적의 배는 계속 쿠바로 접근했다.

　미국과 소련 간에 사상 초유의 핵전쟁이 일어나리라는 공포가 전 세계를 떨게 하던 1962년 10월 28일, 흐루쇼프 소련 총리는 미사일 자재를 수송하던 배를 소련으로 복귀시키고, 쿠바 내 소련 미사일 기지 건설계획을 중단했다. 케네디의 단호한 대응이 소련을 한발 물러서게 했던 것이다.

　케네디는 미소 대결에서 역사적인 승리를 거두었지만, 이것이 동남아시아를 비롯한 개발도상국에서의 승리를 의미하는 것은 아니었다. 1963년, 인도차이나를 비롯한 동남아시아 국가들은 계속되는 혼란 속에 빠져들었고, 그 중 많은 개발도상국의 지도자와 민중과 함께 케네디 역시 비극적인 최후를 맞는다.

3 인도차이나, 1963년의 비극

반(反)응오딘지엠 쿠데타

1963년 연초부터 인도차이나의 정세는 미국에게 불안감을 안겨주었다. 베트남전쟁이 악화되어 응오딘지엠 정권이 위기에 빠진 가운데, 라오스에서 또 다시 분쟁이 재발했다.

이번 분쟁은 공산세력인 파테트라오와 중립파 군과의 충돌에서 일어났다. 공산세력이 중립파에 공작을 벌여 콩레 대위의 핵심 측근을 암살하고, 다른 측근들은 공산세력으로 회유했기 때문이다.

이에 대한 보복으로 콩레파는 1963년 4월 1일, 무늬만 중립파였던 외무장관 퀴님 폴세나(Quinim Pholsena)를 암살했다. 파테트라오군도 가만히 있지 않고 4월 20일경 중립파를 공격하여 자르평원에서 모두 몰아냈다. 중립파의 주력군은 비엔티안으로 옮겨갔으며 친미군의 보호 아래 중립파·친미연합을 결성했다.[13]

새로운 라오스 분쟁에 대해 케네디 정권은 이전과 같이 제7함대를 동남아시아에 파견하여 적극 개입했지만, 공산세력은 자르평원에서 꼼짝하지 않았고 사태는 그대로 진정되어 갔다. 그 후 라오스에서는 공산군과 중립·친미우파군이 대치하는 불안정한 상황이 지속되었다. 라오스 분쟁이 수습되기 시작할 무렵, 남베트남의 정세는 더욱 심각해졌다.

1963년 초반까지 농촌에 거점을 둔 베트콩 세력은 나날이 성장했다. 베트콩은 스스로 행정부를 조직하고 세금을 거두어 청년들을 징병하고 교육과 의료 시설을 만들었으며, 각 지역에 군사 거점을 세웠다. 베트콩의 사기는 날로 높아졌다. 1963년 1월초 일어난 아프 바크(Ap Bac) 전투에서는 폭격기와 헬리콥터를 지원받은 2,500명의 정부 기동대가 200명의 베트콩에게 큰 타격을 입기도 했다.

정부군은 베트콩에 동조하는 것처럼 보이는 마을 사람들을 가혹하게 탄압했지만, 이는 주민들의 반발만 샀을 뿐이다. 영국령 말레이시아가 실시하여 효과를 보았던 공산반란 대응책 '신촌계획' 전략을 참고하여 남베트남 정부가 마련한 '전략마을' 구상은, 역효과만 내고 실패하고 말았다. 전략마을 구상은 마을을 지키는 병사와 농민들이 전혀 제 역할을 하지 못했을 뿐 아니라, 마을 내부에 베트콩 간첩이 활동하여 베트콩 게릴라의 공격을 막지 못하면서 1963년 중순까지 완전한 실패로 끝났다.

이렇게 농촌에까지 베트콩의 세력이 확대되는 가운데, 1963년 전반에는 농촌과 도시에 걸쳐 응오딘지엠 정권에 반대하는 저항세력에 힘을 실어주는 사건이 발생했다. 바로 종교 문제였다.

당시 남베트남 인구 중 90%는 불교도였다. 그러나 민중을 탄압하는 응오딘지엠 정권의 고관과 군 간부의 대부분은 가톨릭교도였다. 그들 사이에는 제네바협정을 이행하는 과정에서 북베트남에서 이주한 사람들이 상당수 존재하고 있었는데, 남베트남 사람들과 충분히 융화되지 못한 상태였다. 인구의 10%밖에 안 되는 가톨릭교도가 지배하는 응오딘지엠 정권에 대해 남베트남 불교도의 불만이 갈등을 증폭시키는 불씨로 부상했다.

응오딘지엠 정권과 불교도 간의 긴장이 높아지는 가운데 1963년 5월, 베트남 불교도의 종교적 수도인 중부베트남의 후에(Hue)에서 사건이 발생했다.

같은 해 5월 석가탄신 2,587주년 기념일이 임박했을 무렵, 응오딘지엠 정권은 불교도에 대해 돌연 종교기를 게양하는 행사를 금지하도록 했다. 정부는 불교도들이 그 위세를 과시하는 것이 보기 싫었던 것이다. 그러나 이러한 정부의 도발에 대해 1963년 5월 8일, 불교도는 대규모 항의시위로 맞섰다. 정부군이 시위군중을 향해 발포하여 여성 3명과 어린이 2명을 포함, 시민 9명이 사망했다.

후에뿐만 아니라 사이공 등 각지에서 항의의 목소리가 커졌다. 그러나 응오딘지엠은 후에에서 죽은 사람들은 베트콩이 설치한 플라스틱 폭탄에 의한 것이라고 주장하고 책임을 회피했다.

불교도들의 분노가 극에 달한 1963년 6월 11일, 사이공 중심가에서 한 노승이 항의의 의미로 분신자살을 하여 전 세계를 전율시켰다. 분신자살은 그 후에도 이어졌다. 이에 대해 응오딘지엠의 동생, 응오진누의 부인 마담 누는, "승려의 바비큐 같은 것은 보기 싫다"고 말하고, 누 자신은 "불교도가 더 많은 바비큐를 원한다면 마음껏 가솔린을 주겠다"고 말해, 전 세계를 아연실색케 했다. 응오딘지엠 정권의 도덕성은 일거에 땅에 떨어졌다.[14]

이 사태에 충격을 받은 케네디 정권은, 응오딘지엠 대통령에게 불교도와의 화해를 요구했다. 그러나 1963년 8월 21일, 응오딘지엠과 동생 누는 특수부대와 비밀경찰을 동원하여 사이공과 후에 등 각지의 불교사원을 습격했다. 이 습격으로 수천 명의 승려가 체포되고 다수가 살해되었으며 결국 불교도와의 화해는 무산되었다.

응오딘지엠이 대부분의 남베트남 민중들로부터 더 이상 지지를 받지 못하고 있음이 현실로 나타나자, 미국과 남베트남군 장군들 사이에서는 응오딘지엠 정권을 타도하고 새 정권을 세워 반공투쟁을 전개해야 한다는 의견이 제기되었다. 이른바 쿠데타 계획이었다.

1963년 11월 1일 오후 1시가 지나면서, 미 중앙정보국과 미 군부가 깊이 개입된 것으로 추정되는 쿠데타가 수도 사이공에서 일어났다. 응오딘지엠에 반대하는 정부군의 공격으로 대통령 수비대가 무너졌고, 다음날 아침 응오딘지엠과 동생 누가 쿠데타군에 체포되어 대통령 관저에서 군 참모본부로 후송되는 도중 사살되었다. 마담 누는 다행히 유럽 여행 중이어서 목숨을 구했다.

응오딘지엠 정권이 타도된 후 남베트남 정부는 인기를 모았던 즈엉반민(Duong Van Minh) 장군이 이끄는 군 간부들이 장악했다. 그러나 여전히 정부군에 비해 베트콩의 전력이 우세했고, 정치의 민주화는 진전되지 않았으며, 부정부패의 소문만 무성한 가운데 새로운 정부에 대한 국민의 기대는 급속히 시들어져 갔다. 군부 내 권력투쟁 또한 너무 빨리 시작되었다.

1964년 1월 30일, 군부 내 권력투쟁으로 즈엉반민 장군은 자신이 신뢰하던 동료의 쿠데타에 의해 무너지고, 응우옌칸(Nguyen Khan) 장군이 정권을 장악했다. 그러나 이러한 정치적 변혁은 서막에 불과했으며, 그 후에도 남베트남 정국은 혼란의 수렁 속으로 치달았다. 반면 베트콩의 힘은 날로 강력해졌다.

응오딘지엠 정권 타도를 위한 쿠데타는, 남베트남의 안정과 반공전쟁의 승리를 가져오지 않았으며 오히려 의문점만 남겼다. 그것은 성공적이라고 할 수 없는 쿠데타에 케네디 대통령이 어떻게 관여했는지에 대한 문제였다. 케네디가 쿠데타 계획을 사전에 알고 있었던 것은 사실이다. 그러나 응오딘지엠 형제의 살해에도 관여했는지는 불분명하다.

베트남전쟁에 대한 케네디의 관여에 대한 의문점은, 응오딘지엠의 죽음으로부터 불과 3주 후인 1963년 11월 22일, 케네디 대통령 자신이 텍사스주 댈러스에서 암살됨으로써 영원한 의문점으로 남게 되었다.

다만 응오딘지엠 타도 쿠데타에 미 정부가 깊이 관여한 것은 틀림없는 사실이었고, 이 때문에 이후 미국이 베트남에 더욱 깊숙이 개입할 뿐 아니라 직접적인 관계를 갖게 되는 빌미를 제공하게 되었다.

캄보디아 : 서서히 다가오는 위기

인접한 라오스와 베트남에서 고조되는 전쟁의 불씨와 정세 불안의 영향은, 1963년 정국의 안정을 자랑하던 시아누크의 캄보디아에서도 서서히 나타났다.

시아누크 통치하의 캄보디아는 정국이 안정된 가운데 1950년대부터 1960년대에 걸쳐 인구가 급속히 증가했다. 급속한 인구 증가는 농촌에서 잠재적 실업자를 증가시켜 사회의 안정을 위협했다.

한편 베트남전쟁으로 베트남에 쌀이 부족하게 되자 캄보디아의 쌀이 남베트남으로 대량 밀수출되었다. 밀수출되는 쌀이 증가하자, 이로부터 얻어지는 정부의 중요한 세원이 급속히 감소하여 재정난을 초래했다. 더욱이 정부 관리와 군인들이 밀수출로 부를 축적하자 국민의 반감은 고조되었다.

1963년 2월, 앙코르와트(Angkor Wat) 근처의 중요 도시 씨엠립(Siem Reap)에서 정부와 경찰의 부정에 항거하는 고등학생 시위대와 경찰이 충돌하는 사고가 일어났다. 천 명이 넘는 학생과 동조하는 교사가 경찰본부를 습격하자, 경찰은 학생들을 상대로 발포했으며 여러 학생이 그 자리에서 사망했다. 공공기관에 걸린 시아누크의 초상화가 찢겨나가고 시아누크의 여당인 상쿰을 강력히 비방하는 플래카드가 걸렸다. 경찰의 힘으로 사태가 수습되지 않자 군대가 출동했다. 바탐방과 프놈펜에서도 학생들에 동조하는 폭동이 일어났다. 이 사건의 배후에는 친태국파인 손곡탄 세력과 공산세력이 가담한 것으로 추정했다.

한편 이 사건 이후 캄보디아의 공산세력인 크메르노동자당 내에서는 폴 포트 등 프랑스에서 돌아온 과격파의 힘이 강해졌고, 이때 열린 당 간부회의에서는 폴 포트가 서기장에 선출되었다. 당 서열 3위에는 이엥 사리, 제11위에는 손센이 올랐다.

그러나 반정부투쟁이 과열되자 시아누크도 침묵하지만은 않았다. 시아누크는 크메르노동자당 지도자회의가 끝나자마자 정권을 위협하는 '34명의 파괴분자 리스트'를 발표했는데, 그중에 폴 포트, 이엥 사리, 손센 등이 포함되어 있었다.

위협을 느낀 폴 포트와 이엥 사리는 1963년 5월, 프놈펜을 탈출하여 콤퐁참의 숲 속으로 몸을 숨겼고, 그 지역 베트콩의 보호를 받으면서 1970년경까지 그곳에 머물렀다. 손센도 곧바로 폴 포트에 합류했다.

이처럼 캄보디아에서 시아누크 체제가 크게 동요하기 시작하자, 시아누크는 지배체제를 공고히 하기 위해 이번에는 미국과의 대결에 나섰다.

시아누크가 미국과 대결하게 된 배경에는 1963년 11월 1일, 남베트남에서 일어난 응오딘지엠 쿠데타가 큰 영향을 미쳤다. 자국의 이해에 따라 각국 지도자의 선출 과정에 개입하는 미국 정부를 시아누크는 크게 불신했던 것이다. 게다가 미국은 시아누크의 중립외교를 이용하여 캄보디아에서도 영향력을 확대하려 했다.

미국의 식량원조 대금은 캄보디아 내에서 현지통화로 지불되었으며, 캄보디아 경제부흥에 필요한 다양한 지원용 자금으로 사용되어, 미국이 캄보디아에서 영향력을 행사하는 데 기여했다. 미국의 원조금은 연간

1,500만 달러 이상 소요되는 캄보디아 정부군의 급여로 사용되었다. 1960년부터 1962년에 걸쳐 전개된 미국의 원조는 캄보디아 정부예산의 14%에 이르렀다. 프놈펜의 부유층은 원조금을 통한 특별수입회계를 운용하여 사치품을 수입하고 호화로운 생활을 즐겼다.

이처럼 캄보디아 내에서 미국의 영향력이 커지는 가운데, 남베트남의 응오딘지엠을 타도하는 쿠데타까지 발생하자 시아누크는 미국을 더욱 경계했다.

1963년 11월, 시아누크는 미국에 대한 반격을 개시했다. 우선 수출입의 국가 독점, 민간은행 및 제조공장의 국유화, 사치품의 수입 제한, 미국으로부터의 원조 중지를 시행에 옮겼다. 또한 미국에 보관 중이던 외화준비금을 프랑스의 은행으로 바꿨다. 당시 프랑스는 반미 성향이 강한 드골 장군이 이끌고 있었다.

그러나 이러한 시아누크의 반미 정책은 오히려 캄보디아 경제에 커다란 타격을 주었다. 미국이 원조를 중단하자 수많은 상품과 식량 지원이 중지되었고, 무역국유화로 인해 수출입은 혼란에 빠졌다. 시아누크의 친인척이 경영하는 국유화 은행은 곧바로 기능을 상실했다. 1963년 12월 중순, 캄보디아의 최대 은행인 '프놈펜은행'이 도산했는데, 최고경영자인 중국계 태국인은 400만 달러의 자금을 가지고 사이공으로 망명했다.

탈미국 정책으로 인해 캄보디아 경제가 더욱 혼란에 빠지자, 시아누크는 베트남의 공산세력 및 중국과의 관계 개선에 적극 나섰다.

그 중 주목할 만한 것은 1964년 초반, 시아누크가 베트남 공산세력과 맺은 비밀협정 내용이다. 베트남 공산세력이 시아누크빌(Sihanoukville, 시아누크 실각 후 콤퐁솜으로 개칭) 항구를 지나 베트남으로 운반되는 중국제 무기와 탄약의 10%를 중개료로 캄보디아에 지급하기로 한 것이다. 캄보디아 군용 트럭과 민간 차량으로 식량을 베트남에 운송할 경우에도 추가수수료를 받기로 합의했다. 이 비밀협정 덕분에 론 놀(Lon Nol) 장군 등 군 간부들은 커다란 이익을 챙겼다.

베트남과의 거래로 이익을 얻은 것은 군인뿐만이 아니다. 쌀, 가축, 기타 생필품을 베트남 공산게릴라에 매각하는 형태로 캄보디아의 중국계 상인과 농민들 또한 큰 이익을 보았다.

미국이 베트남에 군사 개입을 강화하던 1964년부터 1965년에 걸쳐, 시아누크의 반미노선은 한층 강도가 높아졌고 공산권 국가에 대한 접근도 가속도가 붙었다. 결국 시아누크는 1965년 4월, 미국과 국교를 단절했다.

시아누크가 베트남 공산세력과 중국 등 공산권과의 관계 개선을 위해 접근을 시도하고 있을 때, 폴 포트 서기장이 이끄는 크메르노동자당은 베트남 공산군의 반정부, 반미 투쟁을 지원하는 임무를 맡게 되었는데, 시기를 같이하여 베트남 공산세력이 '우호적인' 시아누크 정권과 무력투쟁을 하지 않도록 요구하자 폴 포트는 딜레마에 빠지게 된다.[15]

註

1) 今川瑛一(1991), 『アメリカ大統領のアジア政策』, アジア經濟研究所, p. 30.
2) Henry Kissinger(1957), 『Nuclear Weapons and Foreign Policy』, Harper & Row, New York.
3) Maxwell, D. Taylor(1959), 『The Uncertain Trumpet』, Harper & Brothers, New York.
4) Charles, A. Stevenson(1972), 『The End of Nowhere: American Policy Toward Laos since 1954』, Beacon Press, Boston, p. 121.
5) ロバート, E. マクナマラ(1997), 『マクナマラ回顧録』, 仲晃 訳 共同通信社, pp. 59~61.
6) ロジャー・ヒルズマン(1968), 『ケネディ外交』(上), 浅野輔 訳 サイマル出版社, p. 149.
7) Charles, A. Stevenson(1972), 『The End of Nowhere: American Policy Toward Laos since 1954』, Beacon Press, Boston, p. 169.
8) ロジャー・ヒルズマン(1968), 『ケネディ外交』(上), 総野輔 訳 サイマル出版社, pp. 170~172.
9) 『米國防総省ベトナム秘密報告書』, ニューヨーク・タイムズ版, 「朝日ジャーナル」, 1971년 8월 10일호.
10) テーラー大将のケネディ大統領への電報(1961년 11월 1일자, フィリピン・バギオ発. 『米國防?省ベトナム秘密報告書』所載).
11) Theodore, C. Sorensen(1965), 『Kennedy』, Hodder & Stoughton, New York, pp. 654~655.
12) 『米國防総省ベトナム秘密報告書』, ニューヨーク・タイムズ版, 「朝日ジャーナル」, 1971년 8월 10일호.
13) ロジャー・ヒルズマン(1986), 『ケネディ外交』(上), 総野輔 訳 サイマル出版社, pp. 174~175.
14) Joseph Buttinger(1968), 『Vietnam: A Political History』, Praeger Publisher, 1968, pp. 461~466.
15) David, P. Chandler(1991), 『The Tragedy of Cambodian History』, Yale University Press, 1991. pp. 125~141.

제 6 장

동남아시아의 새로운 투쟁

1 태국과 미얀마의 상반된 행보

인도차이나반도에서 전란과 정국의 불안이 동시에 확산되는 가운데, 인접국인 태국과 미얀마에서도 극적인 사건이 계속 일어났다. 1960년대 전반 태국은 사릿 정권의 주도하에 착실하게 경제 발전의 토대를 구축했다. 그러나 대외개방에 기초한 경제정책을 도입했던 태국과는 달리, 미얀마는 재집권한 네윈 장군의 주도하에 극단적인 국수주의 경제정책을 채택하여 경제가 급속히 정체되었다.

성장이 뚜렷한 태국 경제

1959년 10월 출범한 사릿 정권은 화교자본과 군부, 외국자본 등 3자의 협력관계 위에 민간자본의 활력을 원동력으로 하여 경제발전을 전개했다. 사릿 정권은 1961년부터 6년간 이른바 제1차 6개년계획으로 알려진 '제1차국민경제개발계획(1961~1966년)'을 추진했다. 이 6개년계획을 추진하는 동안, 태국 경제는 호조를 보였고 국내총생산 성장률은 목표치인 6%

를 크게 상회하는 8.1%를 기록했다.

태국 경제의 성장은 무엇보다도 쌀을 비롯한 농산물의 순조로운 수출에 더하여 외국으로부터의 대규모 원조와 투자에 기인했다. 외국 원조의 중심에는 미국이 있었다. 도로, 교량, 통신시설 등 인프라 건설에 대한 지원이 태국의 경제 발전에 밑거름이 되었다.

특히 도로 건설과 관련하여 미국의 원조는 태국 경제에 중요한 역할을 했다. 라오스 위기에 대한 대비책의 일환으로 방콕에서 라오스의 수도 비엔티안 근처의 태국 마을 논카이까지 건설된 전략도로는, 미국의 제트전투기가 착륙 가능한 2차선 포장도로였다. 이것은 공산세력에 대한 방위의 목적 외에 태국 농민들에게 실질적인 편익을 주었다. 가난한 동북부 지역의 태국 농민들이 방콕으로 일자리를 구하러 이동하는 데 요긴했다. 태국 동북부에서 자란 사릿이 동북부 지역 개발 중 도로 건설의 중요성을 강조한 것도 전략도로의 건설을 촉진시켰다.[1]

1959년 4월 투자위원회가 설립되고, 연이어 생산투자장려법이 제정되어 외국으로부터의 민간투자도 활발해졌다. 1960년대 전반 태국에 외국인의 투자유치를 주도한 것은 바로 미국과 일본, 서독이었다. 미국은 석유정제, 제약, 타이어, 식품 등에서, 일본은 섬유, 가전, 자동차 등에서, 서독은 다양한 공업 분야에서 태국에 대한 투자를 확대했다.

이와 같이 1960년 초반의 태국 경제는 순조롭게 발전했다. 1963년 12월에 사릿이 사망하지만, 뒤를 이은 타놈 장군은 전(前) 정권과 동일한 경제정책과 대외정책을 추진하면서 태국 경제의 성장세를 유지하는 데 주력했다. 또한 1964년 이후 베트남전쟁이 격화되자 이에 따른 특수로 인해 태국 경제의 발전은 가속화되었다.

미얀마 : 네윈 장군의 쿠데타

1958년 9월 26일, 쿠데타로 정권을 수립한 네윈 장군은 좌익세력에 대한 탄압을 강화하여 국민의 반감을 샀다. 결국 1960년 2월의 총선거에서 우누 전 총리가 이끄는 반파쇼인민자유연맹 청렴파에 패하여 정권을 넘겨주었다. 그러나 1960년 4월, 반파쇼인민자유연맹 청렴파에서 피다웅주연합당(Pydaungzu Union)으로 개명한 여당을 등에 업고 발족한 우누 정권은 곧바로 국내외적으로 곤란에 처했다.

대외적으로는 미국과의 관계에서 발생했다. 샨고원의 중국과 태국 국경 방면에서 활동하고 있던 중국 국민당군이 문제를 일으킨 것이 계기가 되었다.

유엔의 조정에 의해 국민당군은 1953년 10월 타이완으로 송환이 결정되어 있었다. 국민당군의 일부는 타이완에 송환되었지만, 주력부대는 태국 북부의 미얀마 국경 부근에 거점으로 두고 잔류했다. 그들은 인접한 샨고원과 라오스, 그리고 중국 윈난성을 빈번하게 오갔는데, 목적은 그 지역에서 생산되는 마약과 양귀비 때문이었다.

이러한 국민당군의 행위가 1960년 후반 베트남과 라오스 간의 군사적 대치관계가 긴장을 고조시키는 와중에 일어남에 따라, 중국 정부는 물론 중립주의 노선의 우누 총리에 있어서도 이것은 매우 신경을 거스르는 일이었다. 중국과 미얀마 양국은 합의를 통해 미얀마군이 월경(越境)해 온 국민당군을 공격하기로 결정했다.

1961년 11월, 국민당군과 미얀마군의 교전 과정에서 미얀마군이 국민당군의 비행기를 격추시켰다. 그런데 그 비행기는 바로 미국제였다. 우누 정권은 미국의 국민당군에 대한 지원을 즉각 비난했다. 랑군에서는 대규모 반미시위가 일어나고 대미 관계는 긴장감에 휩싸였다.

대미 관계가 긴장되자 미얀마의 내정 또한 동요하기 시작했다.

네윈 장군에게 정권을 넘겨주기 전인 1958년 9월 이전, 우누 총리는 자신의 권력 기반을 강화하기 위해 몽족과 라카인족 등에게 자치주를 허용할 것을 약속했다. 그리고 이 약속에 준하여 1961년 4월, 우누 정권은 몽, 라카인 두 주의 설립을 인정했다. 몽족은 8세기경 미얀마족이 윈난, 티베트 방면에서 남쪽으로 내려오기 이전까지 미얀마 중앙의 남쪽 지역을 지배하고 있던 크메르계의 민족이었다. 그리고 라카인족은 현재의 방글라데시 지역에 사는 벵골인에 가까운 민족으로 이슬람교도가 많았다.

네윈 집권기에 자치권을 빼앗긴 적이 있었던 소수 민족들은, 우누가 소수 민족에 대해 우호적인 정책을 펴자 샨족을 중심으로 자신들의 자치주를 중앙정부와 동일하게 대우하고, 미얀마를 완전한 연방국가로 구성할 것을 요구했다. 그러나 우누 정권은 소수 민족들의 요구를 수용할 수 없었다.

더욱이 소수 민족 문제를 더욱 복잡하게 한 것은 종교 문제였다. 우누 총리는 대다수의 미얀마인이 믿는 불교를 국교로 채택하는 '불교국교화법'을 1961년 8월, 의회에서 통과시켰다. 불교가 국교가 되자 다른 종교인들이 크게 반발했다. 특히 카렌족이 많이 믿었던 기독교와 인도인의 힌두교, 이슬람교의 자치주에서 저항이 거셌다. 1961년 11월에는 각 지역에서 이슬람교도와 불교도의 유혈사태가 일어났다.

우누의 정책으로 일어난 다른 사건 역시 민족 문제와 연결되어 있었다.

미얀마의 유통, 금융, 공업 등 주요 경제 부문은 인도와 중국인 등 외국인에 의해 장악되어 있었다. 우누는 이것을 미얀마인에게 넘겨주기 위해서 '경제국유화'를 추진했다. 1960년 5월, 우누는 전기제품, 자동차부품, 음료 등 32개 품목의 수입권을 미얀마 국적을 가진 자에게 부여한다고 발표했다. 1961년 4월에는 다양한 생산과 유통 활동을 하는 국영종합기업 '미얀마경제개발공사'가 설립되어 국가가 경제에 더욱 깊숙이 개입했다.

그러나 이 정도의 조치로 뚜렷한 경제구조의 변화를 기대하기는 사실상 어려웠다.

초조해진 우누 총리는 1962년 2월 1일부터 수입무역을 전면 국유화한다고 발표했다. 인도인과 화교가 중심인 미얀마 재계는 거세게 항의했고, 1962년 1월 수도 랑군의 상점가에서는 시위가 잇달았다.

국내외적으로 혼란스러워지자 여당인 피다웅주연합당 내에서도 우누 정권의 존립 여부를 두고 심하게 대립했다.

여러 문제로 진퇴양난에 빠진 우누 총리는 1962년 2월 24일, 미얀마의 장래를 논의한다는 명목으로 여야 의원과 각계각층의 유력 인사, 소수 민족 대표 등을 랑군에 불러 '국민세미나'를 개최했다. 우누 총리는 사실상 이 세미나를 통해 미얀마의 의회정치를 중지시킨다는 목적을 가지고 있었기에, 국민세미나에서는 많은 의견이 개진되었으나 어떠한 결론도 내리지 못했다.

이러한 가운데 미얀마 국군은 네윈 장군의 통솔 아래 '미얀마를 구한다'는 슬로건을 내세우고 다시 국정 장악에 나섰다. 1962년 3월 2일 오전 2시, 랑군에 출동한 미얀마 국군은 우누를 비롯한 모든 각료와 국민세미나에 참가 중이던 샨주(州)의 유력인사들을 체포하고 정권을 장악했다. 이른바 네윈의 제2차 군정이 시작된 것이다. 이때부터 시작된 미얀마 군정은 현재까지 사실상 유지되고 있다.[2]

미얀마식 사회주의의 추진

이렇게 출범한 네윈의 제2차 군정은, 제1차 군정기에 추진한 강경책이 국민의 반발을 샀던 경험을 교훈 삼아 처음에는 온건하게 국내 정책을 전개했다. 네윈 군정은 우누 등 체포된 자를 제외하고 남은 정치인들과, 노동조합을 비롯한 좌파 단체들과도 대화를 시도했다. 네윈 장군이 인솔하는 '혁명평의회'는 노동자의 권리를 지키고, 민간 기업을 중시하는 경제정책을 실시했으며, 미래에 민간정부에 정권을 이양하겠다고 약속했다. 우누가 실시하려고 했던 수입국유화 정책은 2년간 연기되고 국영 기업이 일부 민영화되었으며, 국가가 독점하고 있던 쌀 수출업에 민간 기업의 참여가 허가되었다.

이처럼 제2차 네윈 군정의 정책이 민간 기업을 중시하는 방향으로 전개되자 국민들은 머지않은 장래에 군정에서 민정으로 이행할 것이라는 기대에 부풀었다.

1962년 4월 30일, 네윈 군정이 기본정책의 강령으로 발표한 '미얀마식 사회주의'라는 문서에는, 인간에 의한 인간의 착취를 폐지하고 전 국민들에게 만족을 주는 사회주의 경제 건설을 지향하고 있었다. 생산수단 전부를 국유화하는 사회주의 경제를 추진하는 과정에서 민간 기업도 합리적인 규범하에서 기업 활동이 가능함을 시사했다. 군정은, 사회주의 경제체제에서 민주적 사회주의 국가가 건설될 것이며 그 중심에는 노동자와 농민이 있고 중산계층도 참여 가능하다고 강조했다.[3)]

이와 같은 사회주의적 복지국가 건설 구상을 내세워 전 국민의 참여를 요청하는 네윈 군정의 호소는 좌파 단체를 비롯한 많은 단체들로부터 환영을 받았다.

네윈 군정은 국제적으로도 주요 국가들로부터 지지를 얻었다. 미국은, 친중파였던 우누가 퇴진하고 미국의 군사지원을 받고 있는 미얀마 국군이 정권을 장악하자 환영했다. 한편 중국과 소련은, 미얀마가 미국과 가까워지는 것을 원치 않았기에 네윈 정권과의 관계 개선에 더욱 힘을 기울였다. 특히 미얀마공산당에 영향력을 갖고 있던 중국은 미얀마 공산군과 네윈 정권과의 화해를 촉구했다. 사실, 네윈의 쿠데타 후 곧바로 베이징

방송에서 중국인민해방 총참모장 뤄루이칭(羅瑞卿, 나서경)은 "네윈 장군이 정권을 잡은 것은, 제국주의와 봉건주의에 있어서는 큰 타격이다"라고 논평했다.[4]

이처럼 네윈 정권이 국민과의 화해와 국제적인 우호에 성공을 거듭하고 있던 1962년 7월, 랑군에서 엄청난 사건이 일어났다.

네윈이 쿠데타를 일으킬 때부터 가장 비판적인 태도를 보인 집단은 랑군대학을 중심으로 한 학생들이었다. 그들은 군정을 민주주의의 파괴라고 비난했다. 당연히 군도 학생들을 경계하고 그들의 활동을 규제하기 시작했다.

이러한 가운데 1962년 7월 7일, 대학의 자치를 주장하는 2천 명의 학생 시위대와 이를 탄압하려는 경찰과 군이 랑군대학교 캠퍼스에서 충돌했으며, 이로 인해 학생 100여 명이 사망했다. 이 사건은 군과의 우호 관계를 유지하던 많은 정치가와 조합 지도자들에게 충격을 주었으며, 군에 대한 비난의 목소리를 다시 높였다.

랑군대학교 사건 이후, 국민의 비난을 피하기 위해 네윈 장군은 요양차 스위스에 머물렀고 대신 아웅치(U Aung Kyi) 준장이 군정을 장악했다. 그는 군정에 대한 비난을 무마하기 위해 민간 기업을 중시하는 경제정책을 더욱 확대하고, 조기에 민정으로 이양한다는 자유주의적 정책을 내세우며 사태 수습에 나섰다. 그러나 사회주의를 지향하는 좌파세력은 이러한 방침에 더욱 반발했다.

아웅치 준장에 대한 비판은 군 관계자로까지 확대되었다. 군 내부에는 군정을 통해 정부 중심의 경제체제를 구성하여, 미얀마 내에서 외국인의 경제 지배를 타파하고, 국영 기업에 군 퇴직자를 취업시켜 군인과 그 가족의 생활을 안정시키고자 하는 사람들도 많았다. 그들의 입장에서 보면, 민간 기업을 활성화하고 조기에 민정 이관을 하려는 아웅치의 주장은 군

제6장 동남아시아의 새로운 투쟁   179

의 이익에 반하는 것이었다.

군 내부의 아웅치 반대파는 1962년 10월 13일, 네윈 장군이 스위스에서 3개월 만에 귀국하자 바로 반격에 나섰다. 그들은 같은 해 10~11월에 쌀 수출과 관련하여 민간업자들을 배제하고, 정부가 나서서 농민으로부터 직접 곡식을 구매했다. 그리고 공영도매점을 설립한 뒤 저가로 곡식을 소매점에 판매하는 새로운 정책을 발표하여 정부가 적극적으로 경제에 개입했다.

이러한 신정책은 미얀마 경제의 중심을 이루었던 농산물 수매기구는 물론 생필품 유통단체에도 대변혁을 가져왔다. 인도인과 화교가 중심이 되었던 상인들은 큰 타격을 입었다. 이것은 민간 기업에 비중을 두었던 아웅치 준장의 노선과 정면 대립하는 것이었다.

네윈 장군은 군 내부의 두 가지 입장 중 하나를 선택해야 했다. 네윈은 아웅치를 선택하지 않았다. 1963년 2월 9일, 아웅치 준장은 육군부참모장, 상공장관, 혁명평의회원의 모든 직위에서 해임되었다.

그러나 아웅치가 해임된 가장 큰 원인은 아웅치 자신에게 있었다. 1963년 1월, 배상 문제로 일본을 방문했을 때, 아웅치는 일본 정부와의 회담에서 이렇게 말했다. "우리들은 전쟁 배상 문제로 교섭하러 온 것이 아니다. 동생이 형에게 가정 내의 문제를 상담하기 위해 온 것이다." 이 발언은 미얀마의 자존심을 크게 손상시켰다.

아웅치가 해임된 뒤 네윈 군정의 경제정책은 실로 혁명적인 변화를 거듭했다. 1963년 2월 15일, 네윈 장군은 '신경제정책'을 통해 유통, 무역, 쌀 정미, 수매를 정부가 독점한다고 발표했으며, 같은 해 2월 23일에는 주요 민간 은행을 국유화하기로 결정했다. 물론 공업의 국유화도 포함되었다. 미얀마의 경작지 중 소작지는 40%에 해당한다. 3월 28일, 소작인에 대한 착취를 막기 위해 지주와 사채업자가 농민의 토지와 수확물을 과다

하게 거둬들이는 것을 금지하는 '농민권리보호법'을 선포했다. 그리고 소작인이 지주로부터 빌릴 농지를 정부가 임명한 토지위원회가 정한다는 '1963년 소작법'도 마련되었다.

이 법률이 제정되자, 지주는 소작인에게 지나치게 소작료를 징수할 수 없게 되었고, 소작인들은 저당물을 잡힐 필요가 없었다. 지주와 대출업자를 겸하는 일이 많았던 농촌의 소매상들로부터 쉽게 외상으로 물건을 사거나 돈을 빌릴 필요도 없어졌다. 또한 지주위원회가 소작지를 정하는 법률 덕분에, 가장 많은 소작료를 지불하기로 한 소작인에게 토지를 빌려주는 관행을 막고 소작료가 급등하는 것을 방지하게 되었다.

이렇게 가난한 농민에 대한 군정의 구제책은, 대부분이 소작인 출신인 공산군의 처지를 반영한 것이고, 동시에 공산세력에 대한 대책 차원에서 추진된 정책이기도 했다.[5]

그러나 네윈 군정의 혁명적인 경제정책은 미얀마 경제를 커다란 혼란 속으로 빠뜨렸다.

무역상과 도매업자들은 국영화 조치로 인해 실업자로 전락할 운명에 처했다. 국유화될 처지에 놓인 공장주들은 차례로 공장문을 닫는 바람에 많은 실업자가 생겨났다. 은행의 국유화는 자금의 흐름을 멈추게 했으며, 고리대부업과 전당포마저 폐쇄될 위기에 처하자 결과적으로 서민들의 생활은 곤궁해졌다. 저당이 불법화되자 돈을 빌릴 방법이 없어졌다. 정부는 상품쿠폰을 발행하고 국영 상점에서 농민에게 생필품을 판매하여 급한 불을 끄고자 했다. 그러나 국영 상점에는 상품이 턱없이 모자랐기 때문에 농민들은 여러 가지 물자 부족에 허덕였다. 결국 농민들은 정부가 아닌 암시장의 상인들에게 쌀을 팔 수밖에 없었다. 이에 따라 정부가 관리하는 수출용 쌀이 부족해지자 이는 곧 정부의 재정 위기를 불러왔다.

그럼에도 불구하고 사회주의 경제정책을 강행한 네윈 군정의 좌경화

노선은 중국과 소련으로부터 크게 환영받았다. 특히 중국은, 네윈 정권을 제국주의와 봉건주의에 맞서 싸우는 민족자본을 대표하는 진보정권이라고 규정하고, 미얀마공산당에게 네윈 정권과 화해하라고 권유했다.

이에 네윈 정권은 1963년 4월 1일, 미얀마의 모든 반정부세력에 대해 특사령을 내려 7월 1일까지 투항하는 자에게는 관대한 조치를 취하겠다고 선언했다. 중국과 소련은 특사령을 매우 환영했다.

1963년 4월 6일에는 로디온 말리노프스키(Rodion Malinovsky) 소련 국방장관이 랑군을 방문하여 미얀마 정부와 우호를 다졌고, 같은 해 4월 20일에는 중국 류사오치 국가주석이 랑군을 찾아 중국과의 관계를 긴밀히 하자고 요청했다.

이렇게 중소 양국이 미얀마와 관계를 공고히 하는 가운데 네윈 정권은 1963년 6월 11일, 모든 반정부세력에 대해 '화해협상'을 제안했다. 9월 2일 이 제안을 수락한 미얀마공산당과의 협상이 시작되었고, 공산당에 이어 카렌족, 카친족, 샨족 등 반정부군 대표단도 연이어 정부와의 화해협상에 임했다.

화해협상은 전 세계가 주목할 만큼 중요했으나, 1963년 11월 14일, 협상은 결렬되면서 실패로 끝났다. 군정의 사회주의 노선으로 미얀마에 경제적 혼란이 지속되자, 네윈 정권은 벌써 권력의 공백을 드러내기 시작했기 때문이다. 이러한 상황에서 협상이 타결되어 공산당이 합법화될 경우, 향후 미얀마 정치의 주도권은 공산당으로 넘어갈 수밖에 없다고 군 정부는 판단했던 것이다.

화해협상이 결렬된 후, 네윈 군정은 사회주의 경제노선이 초래한 경제 혼란을 '사회주의 건설 과정에서 발생한 일시적 혼란'으로 간주하고, 이것을 해결하기 위해 더욱더 경제국유화를 추진하여 '미얀마식 사회주의' 건설을 위해 총력을 기울였다.

〈표 6〉 1960년대 전반, 중반에 걸친 태국과 미얀마의 수출 실적(FOB 기준)

(단위: 백만 달러)

	1962년	1963년	1964년	1965년	1966년	1967년
미얀마	265	270	236	225	195	124
태국	462	466	593	622	688	680

자료: UN. ECAFE, *Statistical Yearbook for Asia & the Far East*, 1970.

1960년대 전반부터 중반에 걸쳐 서로 대조적인 경제정책을 도입한 태국과 미얀마가 어떠한 경제적 성과를 보였는가는 〈표 6〉에 잘 나타나 있다. 쌀 등 농산물이 주력 수출품인 태국과 미얀마의 수출 성과는 크게 명암이 엇갈렸다. 이들 양국은 불과 5년 사이에 전혀 상반된 수출 실적을 보이고 있으며, 이는 향후 양국의 경제 재건의 토대 구축과 실현 가능성에도 직접적인 요인으로 작용한다.

2. 수카르노의 투쟁

내전 승리와 서이리안 회복 투쟁

1958년 2월 15일, 수마트라 지역의 반란군이 중앙정부와의 투쟁을 통해 '인도네시아공화국 혁명정권'을 수립한 것을 계기로, 수카르노 정권은 반란군 진압에 본격적으로 나섰다. 정부군이 소련으로부터 근대적 무기를 지원받아 반란군을 압도할 수 있었기 때문이다.

수카르노 정부군은 1958년 중반까지, 반란군 정권의 수도인 부키팅기와 중요 거점인 술라웨시의 므나도를 공격하여 수마트라뿐만 아니라 동인도네시아 섬들에서도 군사적으로 우위에 섰다. 반란군은 각지에서 게릴라전으로 정부군에 대항했지만, 1960년말에는 정부군의 승리가 확실해졌다. 1960~1961년, 많은 반란군들이 정부에 투항했다. 1961년 2월과 4월에는 북술라웨시에서 각각 6천 명과 2만 7천 명이 투항했으며, 6월에는 수마트라에서 아마드 후세인 중령이 부하 1만 3,500명과 함께, 그리고 7월 심볼론 대령이 1만 천 명을 이끌고 투항했다.

수카르노 대통령은 1961년 8월 17일 독립기념 연설을 통해, 10월 5일까지 투항하는 자 모두에게 특사를 베풀 것을 발표하면서 더욱더 많은 반란군들의 투항을 촉구했다. 하라합 전 수상을 포함한 반란군 정권의 수뇌부들은 수카르노의 회유책에 따라 대부분 투항했다. 이른바 '수마트라의 반란'은 수카르노 정권의 승리로 끝났다. 지방군의 반란에 동조하여 투쟁해 온 이슬람 원리파의 다룰이슬람군 역시 1962~1963년에 북수마트라의 아체(Aceh), 남술라웨시, 서자바 등에서 차례로 투항했다.[6]

그러나 인도네시아 내전으로 인한 희생은 너무 컸다. 1963년 8월, 반란군 전사자는 2만 3,495명이며 정부군 전사자도 3,736명에 이르렀다.

인도네시아 정부는 내전의 위기를 승리로 극복할 수 있었지만 경제적 대혼란이 뒤따랐다. 인도네시아를 통합하기 위해 '민주주의'의 이념을 내세워 독재권력을 손에 넣은 수카르노 대통령은, 국가 통합에 필요한 중대한 과제에 봉착했다. 바로 서이리안을 찾기 위한 투쟁이었다.

인도네시아 정부는 독립한 이래 뉴기니섬 서부(서이리안)의 주권을 네덜란드로부터 수복하는 것을 최대 과제로 삼았다. 그러나 네덜란드의 입장은 달랐다. 네덜란드는, 인종적으로나 문화적으로 말레이시아인이 다수를 차지하는 자바, 수마트라 등의 인도네시아 고유의 영토와는 서이리안이 다르다는 주장을 반복하면서, 서이리안이 인도네시아에 귀속되는 것을 반대했다.

인도네시아 정부는 네덜란드와 직접 협상을 통해, 그리고 유엔을 통해 서이리안 수복 문제를 해결하려고 했지만, 네덜란드의 계속되는 반대 때문에 진척이 되지 않았다. 좌시할 수 없었던 인도네시아 정부는 (1957년 이후 추진된) 자국 내 네덜란드계 기업을 국유화하고 네덜란드인을 추방하기 시작했다.

1958년 일어난 '수마트라의 반란'이 인도네시아 정부의 강경책에 대한 네덜란드의 답변이었다고 한다면, 그 반란 진압에 성공한 수카르노 정권이 서이리안 문제로 네덜란드에 한층 더 강경하게 대응한 것은 매우 당연한 일이었다. 수카르노 정권은 1960년 8월 17일, 네덜란드와 국교를 단절하고 서이리안 문제에 대해 무력으로 해결할 수밖에 없다고 강조했다.

네덜란드 역시 소련을 등에 업고 막강한 군사력으로 무장하고 있던 인도네시아와 맞설 수 있는 입장은 아니었다. 1961년, 네덜란드는 서이리안을 국제기구의 관리하에 두자고 제안했지만 인도네시아는 이를 단번에 거부했다.

수카르노 정권은 강경자세를 굽히지 않고, 1962년 1월 서이리안 해방을 위한 만달라(Mandala) 사령부 설치 등 서이리안 공격에 만반의 준비를 갖췄다. 당시 사령관에는 수하르토 준장이 임명되었는데, 그는 훗날 대통령으로 선출된다.

1962년 5~6월, 인도네시아군은 낙하산 부대를 서이리안에 파견하여 네덜란드군과의 전투에 투입했다. 정세는 긴박해졌다. 인도네시아에서 반제국주의 정서가 심해지는 것을 두려워한 미국이 중재에 나섰다. 미국은 네덜란드에게 서이리안을 양보할 것을 요구하자, 네덜란드는 어쩔 수 없이 서이리안을 인도네시아에 이양하는 데 동의했다.[7]

1962년 8월 15일, 인도네시아와 네덜란드가 체결한 서이리안협정은, 잠정적으로 유엔의 관리를 거친 후 1963년 5월 1일부터 서이리안을 인도네시아의 시정(施政, 신탁통치 지역에 대하여 입법, 사법, 행정의 삼권을 행사하는 것)하에 두고, 1969년까지 서이리안의 귀속을 결정하는 주민투표를 시행하기로 결정했다.

이리하여 수카르노 대통령은 독립 이후 최대의 과제였던 서이리안의 귀속문제를 해결하여 단번에 명성이 높아졌다. 수카르노에 대한 지지도가 높아짐자 수마트라 반란을 진압하고 서이리안 수복 투쟁을 승리로 이끈 인도네시아 군대의 권력도 더욱 커졌다. 동시에 대중집회 등을 통해 반네덜란드 투쟁에 국민을 적극 동원한 인도네시아공산당 또한 국민들로부터 강력한 지지를 받았다.

수카르노를 지도자로 내세우면서 정계에서 세력을 구축한 국군과 공산당은 이후 인도네시아 정권을 둘러싸고 치열하게 격돌한다. 수카르노 대통령은 후계자 문제를 해결하기 전에 풀어야 할 큰 과제가 있었으니, 그것은 바로 말레이시아와의 대결이었다.

수카르노 대통령
(UPI, SUN-TV, 마이니치신문 제공)

파문을 일으킨 말레이시아 구상

1961년 5월 27일, 말레이시아연방의 라만 총리는 싱가포르를 방문하여 말레이시아연방과 당시 영국 식민지였던 싱가포르 자치국, 그리고 보르네오섬 북부에 있는 북보르네오(사바), 사라와크(Sarawak), 브루나이(Brunei)를 통합하여 새로운 말레이시아연방을 결성할 것을 제안했다.

이와 같은 말레이시아연방 구상에는, 말레이시아연방은 물론 관계국의 다양한 이해관계가 얽혀 있었다. 반공주의자로 알려진 라만 총리는, 싱가포르 자치국이 반공주의자인 리콴유 총리의 지도에 따르면서도 인민행동당 내에 많은 공산주의자가 있는 것을 우려하고 있었다. 이에 라만 총리는 싱가포르를 말레이시아연방에 편입시킴으로써 싱가포르의 공산화를 막고자 했다.

그러나 말레이시아연방과 싱가포르의 합병 구상은 적지 않은 문제점이 있었다. 말레이시아연방의 인구 700만 명 중 절반이 말레이시아인이고 30%는 중국계로 구성되어 있었다. 여기에 인구 150만 명 중 80% 가까이가 중국계인 싱가포르가 합병되면, 말레이시아연방 인구의 과반수를 중국계가 차지하게 되어 말레이시아인이 우위를 점하고 있던 말레이시아연방이 크게 동요될 것이라는 우려가 대두되었다.

그러나 말레이시아연방의 말레이시아인 지도부는, 말레이시아계 주민이 다수를 차지하는 영국령 사라와크, 북보르네오, 브루나이 등 세 지역을 연방에 포함시킴으로써 그 문제를 해소할 수 있다고 생각했다. 즉, 말레이시아연방과 싱가포르에 사라와크 등 세 지역을 더하면 인구가 천만 명에 달하게 되고, 연방 내에 말레이시아계가 40%를 차지하게 되어 30% 수준의 중국계를 넘어설 수 있기 때문이다. 이것이 라만 총리가 단순히 싱가포르뿐만 아니라 북보르네오 등의 3개 지역과의 통합을 제안한 이유였다.

한편 싱가포르의 리콴유 총리는, 공산세력과 대결하는 데 있어 말레이시아연방 라만 총리의 전폭적인 지지를 얻을 수 있을 뿐만 아니라, 말레이시아와의 긴밀한 경제관계를 구축할 수 있다는 생각에 말레이시아로의 편입에 적극적인 입장이었다. 이른바 싱가포르에서 말레이시아로의 1차 생산물 가공수출을 확대하여 싱가포르 경제를 더욱 안정시킬 수 있다는 전략이 있었다.[8]

보르네오섬 북부 3개의 영국 식민지에서는 말레이시아계 주민과 기타 현지인 등 다수파 민족 대부분이 말레이시아연방에 참가하는 것을 찬성했다.

이 지역의 종주국 영국은 제2차 세계대전 후 식민지 제국(帝國)으로서의 명성이 약해지고 있었으나, 그럼에도 불구하고 동남아시아에서 공산세력의 힘이 확대되고, 더구나 수카르노의 인도네시아에서 과격한 민족주의가 심화되는 것에 대해 경계심을 높이고 있었다. 영국의 입장에서는 말레이시아가 구(舊)영국령 동남아시아 지역의 통합체였고, 동남아시아에서 공산세력과 민족주의 세력 확대에 대한 방어벽 역할을 할 수 있으리라 판단했기에, 이러한 말레이시아의 구상에 찬성했다. 1961년 8월, 영국은 런던을 방문한 라마 총리에게 말레이시아 구상에 대해 기본적으로 합의한다고 표명했다.[9]

그러나 말레이시아 구상에 대한 반대세력 또한 존재했다. 일부분이긴 했지만 말레이시아연방과 싱가포르에서는 좌파세력이 이 구상에 반대했다. 보르네오섬 북부의 영국 식민지에서는 사라와크에서 중국계 주민이 북보르네오와 브루나이를 포함한 3개 지역의 독립을 주장했다. 브루나이에서 술탄은 조건부 찬성이었지만, 국회의 과반수를 점하는 브루나이인민당(Brunei People's Party)은 3개 지역의 독립론을 전개하면서 말레이시아 구상에 반대했다.[10]

그리고 말레이시아 구상에 가장 강력히 반대한 것은 필리핀이었다.

1961년 12월 30일 대통령에 취임한 마카파갈(Diosdado Macapagal)이 이끄는 필리핀 정부가 말레이시아 구상을 반대한 이유는, 다름 아닌 북보르네오가 필리핀의 영토이기 때문이다. 북보르네오는 1878년, 수르(Sur) 지방이라고 불리던 지역을 지배하고 있던 술탄이 영국 회사에 매각하면서 영국령이 되었다고 한다. 그러나 필리핀은 수르 지방의 술탄은 이때 토지를 매각한 것이 아니라 대여한 것뿐이며, 1946년 독립을 통해 수르 지방의 지배를 계승한 필리핀이 북보르네오의 정통 주권자임을 주장했던 것이다.

인도네시아가 말레이시아 구상에 대해 애초부터 강력한 입장을 표명한 것은 아니었다. 처음에는 불분명한 태도를 보였던 이유는 다음과 같다. 말레이시아 구상이 나온 1961년 5월말부터 1962년에 걸쳐 인도네시아의 최대의 관심은 서이리안을 되찾는 것이었다. 그러한 상황에서 말레이시아 구상에 대해 자국의 입장을 명확히 하는 것은 오히려 인도네시아에 대한 불만을 유발할 것이라 생각했기 때문이다.

그러나 1961년 12월, 인도네시아에서 영향력을 확대하고 있던 공산당은 말레이시아 구상에 대한 반대의사를 분명히 했다. 이것은 이후 전개될 인도네시아의 '말레이시아 반대투쟁'을 예고하는 것이었다. 당시 인도네시아공산당 중앙위원회는 말레이시아를 "인도네시아의 면전에서 과거의 식민지 세력을 새롭게 결집하는 것"이라고 비난했다.[11]

1962년 7월 31일, 라만 총리는 영국 정부와 재협상을 하여 1963년 8월 31일까지 말레이시아를 결성하는 데 최종 합의했다. 말레이시아연방과 싱가포르, 북보르네오, 사라와크가 새로운 연방에 참가하기로 했으며, 브루나이 역시 이때까지 술탄이 말레이시아 참가를 표명하고 있었기에, 새 연방에의 참가는 기정사실화된 상태였다.

그러나 1962년 12월 8일, 말레이시아 구상을 뿌리 채 뒤흔드는 큰 사건이 일어났다. 같은 날 브루나이에서 아자하리(A. M. Azahari)를 지도자로 하는 브루나이인민당이 무장봉기를 일으켜, 사라와크, 브루나이, 북보르네오 등 세 지역으로 구성된 '북칼리만탄(North Kalimantan)국가'를 수립, 독립을 선언했던 것이다.

이 반란은, 술탄의 요청으로 급파된 영국군에 의해 일주일 만에 진압되었지만 인도네시아를 크게 동요시켰다. 이미 공산당이 반말레이시아 여론을 한층 고조시키고 있던 때에 일어났기에, 브루나이의 반란은 인도네시아에서 반란세력에 대한 동정 여론이 확산되는 결과를 가져왔다. 수카르노 정권은 브루나이 반란을 계기로, 말레이시아를 식민지주의라고 비난하면서 국민을 대중집회에 동원하여 말레이시아와의 '대결(Konfrontasi)'을 호소했다.

인도네시아공산당이 대중운동을 통해 말레이시아 반대운동을 확대해 나가자, 뒤이어 인도네시아 국군도 말레이시아에 대한 저항의지를 분명

히 했다.[12]

　이와 같이 말레이시아 구상이 말레이시아연방과 필리핀, 인도네시아 간의 국제적인 대립으로 발전하는 가운데, 1963년 초 이들 3국은 사태의 심각성을 인식하여 외교협상을 통해 해결책을 모색하려고 했다. 1963년 8월 5일, 마닐라에서 라만 총리와 마카파갈 대통령, 수카르노 대통령의 정상회담이 성사되어, 말레이시아연방 결성의 조건으로 유엔이 보르네오 주민의 민의(民意)를 확인하는 선거를 치를 것에 합의했다. 또한 정상회담에서는 말레이시아와 필리핀, 인도네시아가 향후 국가연합 '마필린도(Maphilindo)'를 창설한다는 큰 구상에 의견을 같이했다. 이 구상은 1962년 7월에 마카파갈 대통령이 말레이시아연방을 대체하는 것으로 필리핀, 말레이시아, 싱가포르, 브루나이, 사라와크, 북보르네오, 인도네시아를 포함한 '대(大)말레이시아국가연합'을 주장했던 것을 받아들여 발전한 것이다.

　1963년 9월 초순, 마닐라 정상회담에서 합의된 유엔의 북보르네오 주민의 민의조사가 실시되었으며, 이에 라만 총리는 말레이시아연방의 출범을 1963년 8월말로 예정한 것을 9월 16일로 연기했다. 유엔조사단은 9월 13일, 북보르네오와 사라와크 주민의 과반수가 말레이시아연방 참가를 희망하고 있다는 조사결과를 발표했다. 그러나 인도네시아와 필리핀은 조사방법과 결과에 이의를 제기하면서 말레이시아연방의 승인을 거부했다.

　그러나 라만 총리는 더 이상 양보의 여지는 없다고 판단하고 1963년 9월 16일, 말레이시아연방을 발족시켰다. 당연히 말레이시아와 필리핀, 인도네시아와의 관계는 악화되었다. 특히 필리핀은 말레이시아에 대해 직접적으로 반격하지 않았으나, 이미 말레이시아에 대한 감정이 격화되어 있던 인도네시아는, 말레이시아와 영국에 대해 노골적인 반격작전을 펼치기 시작했다.

말레이시아 대결

1963년 9월 16일 오전 0시 1분, 라만 말레이시아연방 총리는 말레이시아, 싱가포르, 사라와크 및 사바(Sabah)로 구성된 말레이시아연방이 출범하였음을 선언했다. 그러나 선언이 발표되자마자, 인도네시아에서는 반말레이시아 폭동이 발생했다. 이날 자카르타에 소재한 말레이시아 대사관과 영국대사관은 수천 명에 이르는 군중의 습격을 받았다. 북수마트라 메단(Medan)의 영국영사관도 큰 피해를 입었다. 같은 날 수반드리오(Subandrio) 인도네시아 외무장관은 말레이시아와 외교관계를 단절한다고 발표했다.

인도네시아가 강경하게 나오자, 말레이시아 정부도 1963년 9월 17일, 인도네시아와 필리핀과의 외교관계를 단절한다고 발표했다. 이날, 말레이시아의 수도 쿠알라룸푸르(Kuala Lumpur)의 인도네시아 대사관은 시위대의 공격을 받았으며, 수카르노 대통령의 초상화도 불에 타 흔적도 없이 사라졌다. 이러한 보복은 또다시 보복을 불렀다. 그다음 날인 9월 18일, 자카르타의 영국대사관이 폭도들의 습격으로 화염에 휩싸였으며, 말레이시아 대사관도 공격을 받았다. 이날, 라만 총리는 말레이시아 전국에 경계령을 발령하여 방위태세를 강화할 것을 명령했다. 말레이시아 정규군은 약 3만 명으로, 50만 명 가까운 인도네시아군에 비하여 열세였지만, 영국 해군과 공군의 지원을 계속 받고 있었다.[13]

그러나 영국과 말레이시아 대사관이 습격당한 데 이어, 9월 18일에는 남수마트라에 소재한 인도네시아의 최대 석유회사인 영국 쉘(Shell)의 정유소마저 시위대에게 점거되었다. 이는 영국 자산에 대한 공격을 의미했기에, 인도네시아의 치안을 책임지고 있는 국군은 긴장과 불안에 휩싸였다. 특히 하사관의 훈련과 경량 무기 구입 등으로 미국과 군사적인 협력 관계를 유지하는 육군은, 반영투쟁이 반미투쟁으로 확산되는 것을 우려했다. 또한 인도네시아 국군은 영국과의 관계 악화로 인해, 여전히 강력한 군사력을 지닌 영국군은 물론, 동맹군인 호주군, 뉴질랜드군과의 전투로 확산되는 것을 두려워하고 있었음을 추측할 수 있다.

인도네시아 육군은 1963년 9월 18일 밤 8시 30분, 자카르타에서 일어나는 사태를 수습하고 질서를 되찾기 위해 모든 시에 계엄령을 선포했다. 그리고 국군은 외국기업의 자산을 접수하고 시위, 파업 등을 금지한다고 공포했다. 9월 20일 시위대에 점거되었던 쉘 석유회사의 정유소가 반환되었다.

그러나 이러한 인도네시아 국군의 영국에 대한 타협은 공산당과 노동조합 지도자들로부터 강력한 반발을 샀다.

이렇게 좌우 정치세력의 불만을 사게 된 수카르노 정권은, 두 세력을 타협시킬 새로운 말레이시아 대처방안을 내놓았다. 그것은 본질적으로 반영투쟁은 억제하고, 말레이시아와의 대결은 계속해 나간다는 정책이었다. 1963년 9월 21일, 수카르노 정권은 말레이시아, 싱가포르와의 무역을 중지한다고 선언하면서, 동시에 인도네시아 정부는 영국인 자산을 국유화하지 않는다고 발표했다. 결국 수카르노는 국내 좌우세력을 만족시키려는 타협안을 제시한 것이다.

그러나 수카르노의 타협안은, 영국은 물론 미국을 자극했다. 말레이시아와 싱가포르의 경제적 단절은, 판로를 잃은 고무, 주석, 석유 등의 산업에 큰 타격을 주었으며, 수마트라 지역을 중심으로 이러한 산업에 대해 막대한 이권을 확보하고 있던 미국과 영국 등 서방 국가들에게 엄청난 피해를 입혔다. 이에 대해 미국은 즉각적인 보복을 결정하고 9월 26일, 대인도네시아 원조를 일시 동결한다고 발표했다.

1963년 11월 22일 케네디 대통령이 암살된 후, 후임자 존슨(Lyndon Baines Johnson, 1963~1969년 재임) 대통령은 수카르노 정권의 반제국주의 외교에 대해 강하게 반발했다. 같은 해 12월 말에는 미 항공모함을 인도네시아와 말레이시아 해역에 파견하여 수카르노를 견제했다. 미 정부는 1964년 이후에도 인도네시아에 대한 원조를 점차적으로 중단하면서 수카르노 정권과 대립했다.

영국뿐만 아니라 미국까지 적으로 만든 수카르노 대통령은, 결국 혼자 힘으로 말레이시아 타도를 위한 투쟁에 나설 수밖에 없게 되었다. 수카르노는 1964년 3월 16일, 말레이시아 타도를 위해 청년들에게 의용병에 지원할 것을 호소했다. 1964년 5월 3일, 수카르노는 대통령궁 앞에 모인 의용병 150만 명에게 "말레이시아, 싱가포르, 사라와크, 브루나이, 사바 인민의 독립투쟁을 지원하고, 말레이시아의 새로운 식민지 계획을 박멸하자"고 외쳤다.[14]

인도네시아의 대응에 위협을 느낀 라만 총리는, 1964년 7월 미국을 방문하여 말레이시아에 대한 지원을 강화해 줄 것을 요청했다. 미 정부는 곧바로 말레이시아에 대해 군사원조를 제공했다. 당연히 이러한 미국의 행동에 인도네시아는 강력히 반발했으며, 미국문화원이 습격당하는 등 반미시위가 더욱 격화되었다.

수카르노의 반말레이시아 투쟁은 1964년 8월 이후 한층 더 강화되었으며, 게릴라 부대와 낙하산 부대가 말레이시아반도에 침입하는 사태로 확산되었다.

또한 인도네시아와 말레이시아의 대결은, 인도네시아로부터 고무 등 원료를 입수할 수 없게 된 말레이시아와 싱가포르의 1차 생산물 처리 및 가공업에 큰 타격을 주었지만, 수출국을 잃은 인도네시아 경제에도 큰 피

〈표 7〉 인도네시아 자카르타의 소비자물가지수

	1961년	1962년	1963년	1964년	1965년	1966년
전 품목	17	46	100	205	830	9,502
식량	17	47	100	217	883	9,374
의류	16	39	100	177	618	7,595

주: 1963년을 100으로 하는 지수.
자료: UN, ECAFE, *Statistical Yearbook for Asia & the Far East*, 1970.

해를 입혔다. 인도네시아는 수출 감소로 인해 수입이 줄어들었으며, 이로 인해 생필품 부족과 인플레이션이 발생했다. 〈표 7〉은 당시 인도네시아의 급격한 물가상승 추이를 나타내고 있는데, 말레이시아와 관계가 악화되면서 인도네시아 경제가 얼마나 심각한 상태였던가를 알 수 있다.

말레이시아연방 결성 과정에서 나타난 말레이시아와 인도네시아의 대립은, 1964년 중반 이후 더욱 긴박해졌다. 결국 인도네시아의 말레이시아에 대한 대결정책은 국내 경제에 큰 타격을 주었을 뿐만 아니라 당연히 국내 정치까지 크게 동요시켰다. 이러한 정치적 긴장감이 고조되는 가운데, 인도네시아 국군과 공산당은 국내 정치의 주도권 쟁탈을 위해 치열하게 맞섰다. 이러한 인도네시아 정세에 대해서는 다음 장에서 살펴보기로 한다.

註

1) タック・チャルームチアロン(1989),『タイ―独裁的温情主義の政治』, 玉田芳史 訳, 勁草書房, p. 281.
2) 今川瑛一(1971),『ネーウィン軍政下のビルマ』, アジア評論社, pp. 67~70.
3) 今川瑛一(1971),『ネーウィン軍政下のビルマ』, アジア評論社, p. 75.
4) The Working People's Daily, 1969년 11월 23일자, イエボ・バ・ケーの論文.
5) 今川瑛一(1971),『ネーウィン軍政下のビルマ』, アジア評論社, pp. 95~98.
6) 永井重信(1986),『インドネシア現代政治史』, 勁草書房, pp. 282~283.
7) 永井重信(1986),『インドネシア現代政治史』, 勁草書房, pp. 269~272.
8) リー・クアンユー,「私の履歴書」,『日本經濟新聞』, 1999년 1월 15일자.
9) 荻原宣之(1996),『ラーマンとマハティール』, 岩波書店, p. 92.
10) 永井重信(1986),『インドネシア現代政治史』, 勁草書房, pp. 287~288.
11) マイケル・リーファー(1985),『インドネシア外交』, 首藤とも子 訳, 勁草書房, p. 116.
12) 永井重信(1986),『インドネシア現代政治史』, 勁草書房, p. 289.
13) アジア經濟研究所,『アジアの動向』, 1963년 8~9월호, pp. 87~98.
14) アジア經濟研究所,『アジアの動向』, 1964년 5월호, p. 151.

제 7 장

1965년의 전환기

한편 지금까지 살펴본 인도차이나와 인도네시아를 둘러싸고 일어난 동란은 커다란 질적 전환기를 맞이하는데, 바로 1965년의 일이다.

1965년, 베트남에서 발생한 내전에 미군이 본격적으로 개입하면서 베트남전쟁이 시작되었다. 인도네시아에서는 말레이시아와의 대결을 위해 군사력을 한층 강화하면서 긴장감이 최고조에 달했다. 그러는 가운데 1965년 9월 30일, 인도네시아공산당이 정권 탈환을 위해 군사 쿠데타를 일으켰지만, 인도네시아 국군의 반격으로 쿠데타는 실패로 끝나고 말았다. 이제 인도네시아는 커다란 소용돌이 속에서 수카르노 시대를 마감하고 수하르토 시대로 바뀌었다.

인도네시아에서 반제국주의 정권이 붕괴되고 친미 정권인 수하르토 정권이 그 뒤를 이어 들어선 것은, 객관적으로 미국에게는 베트남에서의 실패를 충분히 보상할 만큼의 승리를 얻은 것으로 평가할 수 있었다.

이와 함께 1965년은 인도네시아의 말레이시아에 대한 대결 분위기가 높아지고 있는 가운데, 경제적으로 곤란에 처해 있던 말레이시아와 싱가포르 간의 대립구도가 심화되는 해이기도 했다. 말레이시아인이 특권을 누리는 것에 비판적인 입장이었던 싱가포르의 리콴유가, 마침내 독립을 선언하고 새로운 국가로 첫발을 내딛었기 때문이다.

한편 동남아시아 대륙부에 속한 태국과 미얀마는, 1965년에 들어서서 오히려 양국의 대조적인 경제 상황이 더욱 극명해졌다. 베트남전쟁이 본격화되면서 태국 내 미군기지가 확대되는 '특수효과'를 누렸던 태국은, 외자 도입이 증대되어 경제 발전의 토대를 확고하게 구축했다. 그러나 미얀마는 사회주의 경제노선을 견지하고, 반정부세력과의 협상이 결렬되는 과정을 겪으면서 국내 치안까지 악화되어 경제 상황은 갈수록 심각해졌다.

1965년은 필리핀에서 마르코스가 처음으로 대통령에 취임한 해이기도

했다. 그러나 훗날 독재자 마르코스가 이끄는 필리핀은, 결코 국민에게 평화와 번영을 가져다주지는 못했다.

1 미군의 베트남전쟁 개입

통킹만 사건

1963년 11월에 일어난 응오딘지엠 정권을 타도하기 위한 쿠데타 이후, 남베트남의 친미 정권은 고전을 계속하고 있었다. 군 장성들이 권력투쟁에 빠져 있는 사이 남베트남해방민족전선, 즉 베트콩은 농촌에서 점차 도시로 세력을 확대했다.

이렇듯 베트남의 정세 악화와 함께 라오스의 정세 불안도 여전히 계속되었다.

라오스에서는 권력기반이 약화된 중립파의 푸마 총리가 연립정권을 근근이 이어갔다. 푸마 총리는 1963년 4월에 발생한 중립파와 공산군 간의 교전 이후, 패배한 중립파군을 우파의 보호하에 두면서 권력을 유지했다.

그러나 푸마 정권은 1964년 4월 19일, 아바이 장군이 인솔하는 우파군의 쿠데타로 인해 더욱 설 곳이 없었다. 이 쿠데타로 인해 푸마 총리는 연금되었으며, 미 정부가 개입하여 자유의 몸이 되기는 했지만, 좌익계 각료들을 해임하면서 더욱 우경화 노선을 걷게 되었다.

이 사태로 반발한 공산세력은 중립파와 우파군을 다시 공격했다. 라오스는 다시 내전상태로 빠져들었다.

이렇게 베트남과 라오스의 정세가 악화되는 가운데, 케네디의 뒤를 이어 미국 대통령이 된 존슨은, 케네디가 추진한 인도차이나 정책을 그대로 유지할 것을 표명하고 강경한 자세로 사태 해결에 나섰다.

1964년 5월, 존슨 대통령은 베트남에 대한 군사적, 경제적 지원을 확대한다고 선언했다. 같은 해 6월 23일, 동남아시아에 위기가 확산되는 것을 막기 위해 남베트남 주재 미국대사에, 그 유명한 유연반응전략을 탄생시킨 테일러 대장을 임명한다고 발표했다. 이것은 미국이 베트남전쟁에 깊이 간여할 가능성이 매우 높다는 것을 표명한 것이다.[1]

그러나 테일러 대장이 베트남에 투입되었음에도 불구하고, 남베트남의 전세는 호전되지 않았다. 당시 베트콩은 국토의 3/4, 인구의 과반수를 지배하고 있었으며, 베트콩 정규군은 2만 8천 명~3만 4천 명으로 추정되었다. 따라서 2만 명의 남베트남 정부군과 1만 6천여 명의 미군 병력으로는 당연히 수적 열세에 놓일 수밖에 없었다.[2]

미 정부와 군 수뇌부는 전쟁을 유리하게 이끌기 위해서는 베트콩을 지원하는 북베트남을 공격할 수밖에 없다고 판단했다. 그러나 미군이 북베트남을 공격하기 위해서는 대의명분이 필요했다. 북베트남군이 미군을 공격했기 때문에 미국이 북베트남을 공격했다는 정당한 이유가 있어야 했다. 북베트남을 공격하기 위한 구실을 만들기 위해 작전이 실행되었다.

1964년 7월, 북베트남 공격이 계획되고 있는 가운데, 남베트남군 특수부대의 북베트남 기습파괴 작전이 착실히 진행되었다. 북베트남군은 감시체제를 강화시켰고 미 해군도 북베트남 통킹만에서 북쪽 영해의 한계선까지 접근하면서 정찰하는 등 쌍방 간에 긴장감이 고조되었다.

1964년 8월 2일 오후, 정찰 중이던 북베트남의 어뢰정 3척은 영해 내

들어온 미 구축함 매독스호(Destroyer USS Maddox DD-731)를 발견하고 공격을 퍼부었다. 이에 대해 근처에 있던 미 항공모함에서 전투기 4대가 발진했으며, 북베트남의 어뢰정을 공격하여 침몰시켰다. 바로 '제1차 통킹만 사건(Gulf of Tonkin Incident)'이 일어난 것이다.

1964년 8월 4일, 통킹만에서 또 한 번의 충돌이 일어난다. 북베트남의 어뢰정 4척이 매독스호와 지원함대인 터너조이호(USS Turner Joy DD-951)를 공격했다. 미군은 곧바로 반격하여 북베트남 어뢰정 2척을 격침시켰는데, 이것이 '제2차 통킹만 사건'이다. 다만 제2차 통킹만 사건은, 미국 측이 북베트남에 대한 공격의 명분을 만들기 위해 펼친 자작극이라는 설도 있으며, 북베트남은 이 사건의 존재를 부정하고 있었다.

그러나 존슨 대통령은 두 차례의 통킹만 사건을 기정사실화하고 북베트남에 대한 보복 공격에 돌입했다.

미 해병대의 다낭 상륙

1964년 8월 5일, 미군함대 전투기의 대군이 북베트남의 해군기지와 석유탱크를 공격했다. 8월 7일 미 의회는 북베트남에 대한 공격을 전폭적으로 지지했으며, 대통령이 미군에 대한 어떠한 무력공격도 격퇴하고, 앞으로 있을 공격을 방지하기 위해 필요한 모든 조치를 취할 수 있도록 승인하는 결의를 압도적인 다수로 가결했다. 이것이 바로 '통킹만 결의(Gulf of Tonkin Resolution)'이며, 이에 따라 존슨 대통령은 베트남전쟁에서 보다 폭넓은 권한을 행사할 수 있게 되었다.

1964년 11월 대통령선거에서 승리하여 재선에 성공한 존슨은, 지속적인 폭격으로 북베트남을 무력화시킬 작전을 세웠는데 11월말에 기본계획이 만들어졌다.[3]

1965년 2월 7일, 베트콩이 중부고원 쁠레이쿠(Pleiku, 플레이쿠)의 미군기지를 공격하여 미군 9명이 사망하고, 100명 가까이 부상당했다. 존슨은 이 기회를 놓치지 않고 북베트남에 대한 폭격작전을 발동시켰다. 곧바로 미군 전투기가 북베트남의 군사기지를 폭격하기 시작했다.

미군의 북폭(北爆)작전은 1965년 3월 이후 더욱 맹렬해졌으며 폭격은 쉬지 않고 계속되었다.

그러나 미군의 작전은 남베트남의 전세를 반전시키지는 못했으며, 오히려 미국에 대한 공산세력의 반발만 거세지게 할 뿐이었다. 또한 남베트남 정권을 둘러싸고 장성들 간에 벌어진 권력투쟁은 진정될 기미를 보이지 않았다. 응오딘지엠을 몰아내고 정권을 잡았던 응우옌칸은 1965년 11월 쿠데타로 인해 권좌가 위태로웠으며, 그 이후에도 남베트남 정권의 불안은 계속되었다.

한편, 북베트남 폭격작전, 이른바 '북폭작전'의 입안자는 미 정부의 인도차이나작전 최고책임자 중 한 명인 로스토(Walt Whitman Rostow)라는 인물이었다. 그러나 북폭작전은 전쟁 상황을 급반전시키지는 못했다.

로스토는 개발경제학적 이론을 토대로, 개발도상국이 경제성장을 하는 과정에서 어느 정도의 성장단계를 거치면 그 나라의 경제는 자동적으로 성장을 지속하며, 그 상태를 '테이크오프(도약)'라고 명명하여 유명해진 경제학자이다. '테이크오프(take off)'는 비행기가 이륙할 때, 어느 고도에 도달하면 그 이후에는 자동적으로 상승하는 상태를 가리키는 항공용어이다.

그러나 북폭작전을 고안해 낸 배경은 개발경제학과 전혀 관계가 없었다. 그는 제2차 세계대전 당시 미군정보부에서 근무했고, 영국에 주재하면서 독일을 폭격하기 위해 출격하는 미군에게 독일 내의 공장 소재지 등을 판독해 주고, 폭격 목표를 설정하는 일을 했다. 로스토 대위가 지시한 목표에 폭격을 퍼부어 독일의 군수산업은 엄청난 피해를 입었으며, 나치 독일은 결국 패배하고 말았던 것이다.[4]

로스토가 제2차 세계대전에서 쌓은 경험이 북폭작전을 입안하는 데 일조했을 것이다. 그러나 북베트남에는 이렇다 할 군수산업이 존재하지 않았고, 대미전쟁을 위해 중국과 소련으로부터 무기를 지원받던 터라, 폭격에 의해 군사력이 저하되지는 않았다. 북폭작전은 수많은 베트남인을 죽였을 뿐 군사적으로는 아무런 성과도 올리지 못했다.

북폭작전이 예상외로 효과가 없이 지지부진한 가운데 남베트남의 전황은 미국에게 불리하게만 돌아갔으며, 이러한 상황을 타개하기 위해서 미군이 직접 전투에 참가해야만 했다.

1965년 3월 8일, 베트콩의 공격을 받은 항구마을 다낭(Da Nang)을 방어하기 위해 미 해병대 1개 여단 3,500명이 오키나와에서 투입되었다. 이 부대는 4월 1일, 존슨 대통령으로부터 방어는 물론 적군을 공격하라는 명령을 받았다.

베트콩을 찾아내어 공격한다는 의미의 'S&D작전(Search and Destroy, Seek and Destroy, 적을 색출하여 격멸하는 작전)'이 그 이후 미군의 핵심작전이 되었으며, 이를 위해 미군이 차례로 베트남에 투입되었다. 1965년 말까지 베트남에 투입된 미군은 19만 명 가까이 늘어났다. 한편 테일러 장군은 공격작전을 위해 대규모 미군을 투입하는 것에 반대하면서, 1965년 7월 8일 주베트남 대사를 사임했다. 이는 곧 미국의 유연반응전략이 좌절되었음을 의미했다. 19만 명의 대규모 군사를 투입했어도 베트남의 상황은 전혀 바뀌지 않았고, 오히려 미군에게 불리하게 확대생산되었기 때문이다. 결국 미군의 대게릴라 전술이 무력했음을 보여주는 것이다.

2 해양부 동남아시아의 변화

싱가포르의 독립

싱가포르의 인민행동당 정권은 말레이시아와 경제관계를 강화해야 한다는 리콴유 총리의 주장을 받아들여 말레이시아연방에 가입했다. 물론 좌익세력은 말레이시아를 새로운 식민지주의라고 비판하면서 강하게 반대했다.

싱가포르의 말레이시아연방에의 가입은 1963년 9월 21일, 새로운 말레이시아의 '주(州)'가 된 싱가포르주 의회선거에서 인민행동당이 51석 중 37석을 차지하여 다시 '주민(州民)'의 적극적인 지지를 받았다. 제2당은 인민행동당에서 이탈한 좌익단체가 결성한 정당 '바리산 소시알리스[Barisan Sosialis, 사회주의전선(Socialist Front)]', 통칭 '바리산'으로 13석을 획득했다.

말레이시아의 여당 UMNO는, 싱가포르 내에서 말레이시아인이 소수민족이기는 하지만 큰 비중을 차지하고 있다는 점을 감안하여 선거에 참가했지만, 단 한 석도 차지하지 못하고 패배하고 말았다.

싱가포르의 인민행동당은, 이번에는 반대로 1964년 4월 시행된 말레이시아 총선거(말레이시아 중앙의회를 구성하는 말레이시아 출신의 하원의원 선거)에 참가하여 도시에서 11명을 입후보시켰지만, 한 명밖에 당선되지 못했다.

이 총선거에서 인민행동당은 말레이시아의 각 민족이 평등한 권리와 의무를 가진다는 '비(非)종족주의'를 주장했다. 이는 사실상 경제력을 쥐고 있는 화교들이 말레이시아인보다 우위를 점하는 사회를 실현한다는 의도를 내포하고 있어서, 말레이시아인 사회로부터 비판를 받았다. 말레이시아인 지도자들은 싱가포르의 주의회선거에서 말레이시아인이 당선되지 못한 것에 대해 강한 우려를 나타냈다. 또한 말레이시아의 일부 말레이시아인 정치가와 언론들은, 말레이시아에 거주하는 말레이시아인에 부여한 여러 특권을 인민행동당이 폐지하려고 한다고 비난하기 시작했다.[5]

이렇게 화교 사회와 말레이시아인 간의 대립이 고조되는 가운데 1964년 7월 21일, 싱가포르에서 이슬람교의 예언자 마호메트의 탄생을 축하하는 이슬람교도 2만 5천 명의 행진이 진행되었으나, 사소한 일로 인해 말레이시아인 이슬람교도와 화교들이 충돌하는 사태로 발전했다. 이 사태는 사망자 23명, 부상자 454명을 내는 대형 참사로 기록되었다. 9월 2일에도 말레이시아인 구역에서 두 민족 간 인종항쟁이 일어나 23명의 사망자와 109명의 부상자가 발생했다.

이 인종항쟁은 인종정책을 둘러싼 말레이시아의 말레이시아인 지도부와 리콴유의 싱가포르 화교 지도자들 간의 대립을 격화시켰다. 양 지도부 간의 대립은 말레이시아 정부가 1964년말 싱가포르에 대해 조세 부담의 확대를 요청하면서 더욱 악화되었다.

말레이시아 중앙정부와 리콴유 정권은 긴장을 완화하기 위해 1965년 전반, 협의를 계속했지만 "말레이시아인을 위한 말레이시아"를 주장하는 UMNO 지도부와, 모든 민족이 평등하게 국가 형성에 참가해야 한다고 요구하는 인민행동당의 대립의 골은 깊어져 갔다. 그리고 1965년 8월 9일, 싱가포르는 말레이시아로부터 분리, 독립했다. 인도네시아와 말레이시아 간의 대결로 경제적 불안이 이어지는 가운데 독립한 싱가포르는, 독자적으로 새로운 국가로서 '생존의 길'을 찾았다. 리콴유 총리는 이러한 독립 과정에 관해서 "싱가포르는 말레이시아에서 추방당했다"라고 표현했다.[6]

9·30사건과 수카르노의 좌절

독재권력을 가진 수카르노 대통령의 독단으로 실행된 말레이시아에 대한 대결정책 노선은 예상외로 인도네시아에 좋은 성과를 가져다주지는 못했다. 1957~1958년에 걸쳐, 반네덜란드 투쟁의 일환으로 실시된 네덜란드 기업의 국유화는 고무를 비롯한 수출품의 생산과 수출을 크게 감소시켰다. 국유화된 제조업도 계속 부진했으며, 외화 감소, 물자 부족, 인플레이션 등이 실물경제에 악영향을 미쳤다. 특히 석유와 고무 등의 수출은 더 큰 타격을 받았고, 국내 경기의 인플레이션은 심각했다(6장의 〈표 7〉 참조).

더구나 군사 면에서도 말레이시아와 전개한 대결의 향방은 결코 낙관적이라고 할 수 없었다. 인도네시아는 30만 명의 육군과 소련의 지원으로 증강된 해·공군을 포함하여 50만 명에 가까운 군사력을 가지고 있었다. 반면 말레이시아는 수만 명 정도의 군사력을 보유하고 있었으나, 말레이시아와 그 주변에 2개의 항공모함을 비롯한 강력한 해·공군을 보유한 영국군과 호주군, 그리고 뉴질랜드군으로부터 지원을 받고 있었다. 이에 따라 만일 양국 간에 전면전이 일어나면 인도네시아로서는 이길 방법이 없었다.

그럼에도 불구하고 1964년 이후에도 수카르노 대통령의 말레이시아에 대한 대결노선은 변함없이 계속되었다. 1964년 12월 31일, 수카르노는 말레이시아가 유엔안전보장이사회 비상임이사국이 되는 것에 반발하여, 유엔 탈퇴를 선언했다. 1965년 2월 26일에는 미국계 농장을 몰수하고, 3월 19일에는 칼텍스(Caltex), 스탠백(Standard-Vacuum Oil, 약칭 Stanvac)과 같은 2대 미국 석유회사의 현지기업을 국유화하면서 '반식민지주의' 투쟁에 박차를 가했다.

그러나 좀처럼 성과가 나타나지 않은 채 악화일로를 걷는 수카르노의 말레이시아 대결정책은, 인도네시아 국내에 점차 긴장과 불안을 고조시켰다. 그리고 인도네시아의 양대 정치세력인, 국군과 공산당 사이에 불신감과 경쟁의식을 심화시키는 요인으로 작용했다. 물론 이들 모두는 수카르노의 다음 자리를 노리고 있었다.

수카르노의 반네덜란드, 반말레이시아 투쟁이 점점 더 격화되는 과정에서, 공산당은 대중집회와 시위를 주도하는 핵심이 되었으며, 노동조합과 청년, 부인단체에 깊숙이 침투하여 세력을 급속히 확대해 나갔다. 공산당은 1952년 8천 명, 1964년에는 300만 명으로 당원을 늘렸다. 공산계 노동조합연합인 노동조합총평의회(SOBSI)는 같은 기간에 회원이 150만 명에서 350만 명으로 확대되었다. 이 밖에 공산당이 지도하는 농민, 청년, 부인 등의 관련 단체는 1천 수백만 명을 넘는 회원 수를 자랑했다.[7]

더욱이 공산당은 거국내각을 주장하는 수카르노 대통령의 방침하에, 1964년 8월 출범한 드위코라(Dwikora) 내각에 아이디트(Dipa Nusantara Aidit) 위원장과 3명의 간부를 입각시키는 데 성공했다. 또한 수반드리오 제1부총리 겸 외무장관과, 공군장관 오마르 다니(Omar Dhani) 소장 및 일부 유력 각료들은 친공산파였다. 더욱이 공산당은 군 사관생도를 비롯해 젊은 장교들을 끌어들이기 위해 군 내부에도 침투했다.

이때 진행된 소련의 해·공군 지원은 인도네시아군의 사기를 크게 북돋 웠다. 수많은 해·공군 장교들은 소련에서 군사훈련을 받고 있었다. 그러나 그동안 인도네시아의 독립과 방위에 가장 크게 공헌했고 미국과의 우호관계를 자랑하는 인도네시아 육군에게는 위기감을 안겨주었다.[8]

그러한 가운데 인도네시아의 정치에 중대 사건이 발생했다. 1965년 8월 4일 아침, 수카르노가 발작을 일으켰다. 65세의 수카르노는 신장염과 고혈압의 지병을 앓고 있었다고 전해진다.[9]

그날 수카르노가 일정을 모두 취소하자 "수카르노가 쓰러졌다"는 소문이 단숨에 퍼졌다. 수카르노가 쓰러졌다는 보도에 가장 큰 충격을 받은 것은 공산당이었다. 강력한 보호자라 할 수 있는 수카르노를 잃게 되면, 공산당은 군부로부터 공격받을 가능성이 그만큼 커지기 때문이다.

이에 따라 아이디트 공산당위원장은 "강력한 전투력을 보유한 국군의 공격을 앉아서 기다리는 것은 상책이 아니다", "국군이 움직이기 전에 우리가 먼저 공격해야 한다"는 방침을 세우고, 1965년 8월 28일 국군 지도부를 타도하기 위한 선제 쿠데타 계획을 세웠다.[10]

공산당 지도부는 만약 국군이 먼저 공격해 온다면 그것은 1965년 10월 5일 국군기념일이 될 것이라고 예상했다. 이날 국군 각 사단에서 각 1개 대대가 참가하는 퍼레이드가 자카르타에서 열리기 때문이었다. 친공산파의 군 간부들은 비밀리에 쿠데타 계획을 모의하는 한편, 공산당 산하 청년단체 등으로부터 3천여 명의 지원병을 모아 말레이시아와의 대결을 구실로 군사훈련을 시작했다.

또한 쿠데타 행동부대의 지휘관에는 운퉁(Untung Syamsuri) 중령을 임명했다. 그는 중부자바의 디포느고로(Pangeran Dipo Negoro) 사단에서 당시 대통령 경호부대의 대대장으로서, 1965년 10월 5일 국군기념일

행사의 조직체계를 담당하고 있었다. 운퉁 중령은 충실한 친공산파의 2개 대대를 집결시켰다. 하나는 디포느고로 사단에서, 다른 하나는 동자바의 브라위자야(Brawijaya) 사단에서 불렀다. 이렇게 쿠데타 계획은 착실히 준비되어 갔다. 아이디트 위원장은 1965년 9월 28일, 쿠데타는 9월 30일 밤부터 10월 1일 사이에 단행한다고 공산당 중앙정치국원들에게 통고했다.

1965년 9월 30일 심야부터 아침에 걸쳐 아이디트와 다니(Omar Dhani) 중장 등의 주도 아래, 운퉁 중령이 지휘하는 육군 2개 대대, 공군 낙하부대, 공산당 의용군 등 수천 명의 쿠데타 부대는 하림 공군기지(Halim Perdanakusumah Air Force Base)를 공격했으며, 국군 최고간부의 저택을 급습하고, 대통령 관저는 물론 방송국까지 점령했다.

수천 명의 쿠데타 부대에 대항한 야니(Ahmad Yani) 육군사령관과 육군 제3차관 할요노(M. T. Haryono) 소장, 그리고 육군참모 판자이탄(D.I. Panjaitan) 준장은 자택에서 사살되었고, 육군참모 팔만(S. Parman) 소장, 육군 제2차관 스프라부트(Soeprapto) 소장과 검찰·재무관 수토요(Sutoyo) 준장은 체포된 후 살해되었다. 쿠데타 부대가 첫 번째 표적으로 삼고 있던 나수티온 국방장관은 어렵게 도주에 성공했지만 그의 다섯 살 난 둘째딸은 쿠데타 군인들에 의해 목숨을 잃었다.

쿠데타가 일어난 저녁, 수카르노 대통령은 일본인 아내인 데비(Dewi Sukarno, Naoko Nemoto) 부인 자택에 있었으나, 쿠데타 소식을 듣고 또 다른 아내 하리야티(Hariyatie)의 자택으로 피신한 후 1965년 10월 1일 오전 9시, 하림 공군기지에 도착했다.[11]

여러 장군들이 살해된 뒤 1965년 10월 1일 아침 7시, 라디오방송을 통해 운퉁 중령은 '9월 30일 사건(30 September Movement)'이 군 장성들의 쿠데타 계획을 진압하고, 이 운동을 지지하는 사람들로 '혁명평의회'를 구성했음을 선언했다.

그러나 이 '9·30사건' 정권은 단명(短命)으로 끝났다. 지난 1963년 1월, 긴급 사태에 대응하기 위해 만든 육군 엘리트부대 전략예비군의 사령관인 수하르토 소장이, 자신의 부하와 각지의 정부군을 긴급 소집하여 쿠데타군을 신속히 진압했기 때문이다. 수하르토는 10월 1일 저녁, 점거된 대통령 관저와 방송국을 탈환하고 다음날인 10월 2일 아침에는 하림 공군기지까지 점령하면서 쿠데타군을 완전히 괴멸시켰다.

자카르타에서 쿠데타가 일어났던 같은 시기, 중부자바의 디포느고로 사단에서도 친공산파 장교들이 반란을 일으켰으나, 10월 하순경 이들은 정부군에 의해 모두 진압되었다. 운퉁 중령은 10월 11일, 자카르타에서 탈출을 시도했지만 버스 안에서 체포되었다.

쿠데타가 실패한 후 공산당은 가혹한 운명을 맞이했다. 6명의 장군을 학살한 주범이 공산당으로 판명되자 공산당은 여론의 뭇매를 맞았고, 이슬람교 정당과 같은 반공단체들은 공산당 본부와 산하 조직을 습격했다. 수하르토가 이끄는 군부도 공산당의 활동을 가차 없이 탄압했다. 각지에서 공산세력과 반공산세력 간에 충돌이 일어났으며, 수만 명의 공산당원과 지지자들이 살해되었다. 당시 수하트로 장군은 "우리들이 추정하는 희생자 수는 수십만 명에 달한다"고 했다.[12]

아이디트 위원장은 1965년 11월 22일 중부자바에서 체포된 뒤 육군에 의해 사살되었고, 그 후 루크만(Lukman), 뇨토(Njoto) 등의 간부도 살해되어 인도네시아의 공산당 지도부는 초토화되었다. '9·30사건'의 패배자는 공산당이었으나, 공산당을 보호해 온 수카르노 대통령 또한 그 책임을 면할 수 없었다. 그의 권위와 지지율은 급속히 떨어졌다. 수카르노가 1965년 10월 1일 아침, 쿠데타파의 거점인 하림 공군기지를 방문한 사실은, 그가 쿠데타에 동조했다는 것을 여실히 보여주는 증거라고 군부는 물론 국민들도 믿었다.

그럼에도 불구하고 수카르노는 '공산당을 해산시키라'는 군과 이슬람교 정당의 요구를 받아들이지 않아 결국 실각하고 만다. 인도네시아의 정치는 9·30사건의 승리자인 수하르토 장군에 의해 모든 것이 결정되는 쪽으로 흘러갔다.

한편 9·30사건 발생과 관련하여, 당시 공산당의 쿠데타 계획이 중국에 의해 조정되었다는 배후세력설과, 미 중앙정보국과 서방의 정보기관이 쿠데타 계획을 사전에 감지하여 수하르토 장군에게 알렸다는 등 확인되지 않은 루머들이 존재한다. 만일 수하르토가 쿠데타 계획을 미리 알고 있었다고 할 경우 그의 신속한 쿠데타 진압작전은 납득이 가지만, 이러한 진상을 보다 명확히 밝히기 위해서는 더욱 많은 사실관계를 파악할 수 있는 자료가 필요하다고 하겠다.

3 태국, 미얀마, 말레이시아연방의 변화

태국 공산세력의 무장봉기

미군의 베트남전쟁에의 확대 개입과 계속되는 라오스의 위기는, 미군이 인도차이나반도 중앙부에 위치한 태국을 제1선 반공기지로 만드는 데 결정적인 역할을 했다. 전략도로가 건설되어 있는 태국 동북부에는 코랏(Khorat), 우본(Ubon), 우돈, 나콘파놈(Nakhon Phanom) 등을 중심으로 미군기지가 설치되었다. 이들 미군기지를 통해 베트남에 대한 폭격이 이루어졌다.

이와 같이 태국 내 인프라 건설을 위한 미국의 지원은, 태국 경제의 건설경기를 촉진시켜 경제를 활성화시켰다. 수도 방콕은, 외화 도입 정책을 통해 유치한 외국 기업의 사무실이 입주하게 될 상업 빌딩과 호텔, 백화점, 레스토랑 등을 건설하느라 호황을 누렸다.

베트남전쟁에 대한 미군의 개입이 계속 확대되는 수년 동안 태국 경제의 급성장은 지속되었다.

그러나 태국이 미군의 군사 거점이 된다는 것은, 라오스와 베트남은 물론 그 배후에 있는 중국의 공산세력에게는 결코 유쾌한 일이 아니었다. 이에 공산주의자들은 태국에서 반미 무장투쟁을 계획하게 된다. 공산주의자들이 반미투쟁의 중심 무대로 선택한 곳은 태국 북부와 동북부이며, 또한 라오스의 중심 민족 라오(Lao)족과 이들이 거주하는 지역이었다. 특히 태국의 동북부는, 18세기 후반까지 라오족의 참파삭(Champasak) 왕조(남라오스가 거점), 비엔티안 왕조의 지배하에 있었으며, 그 후 방콕을 거점으로 하는 태국족 왕조에 정복되었기 때문에 방콕 정권의 지배에 반감을 갖고 있는 사람들이 적지 않았다. 따라서 같은 언어를 사용하는 라오스의 파테트라오로부터 지원을 받으면서 태국 동북부를 중심으로 반미 무력투쟁을 전개한 것은 결코 우연이 아니다.[13]

1965년 1월 1일, 태국의 공산세력은 태국애국전선(Thai Patriotic Front)을 결성하고, 군사기지 반대와 군정 타도를 위해 투쟁에 나설 것을 선언했다. 태국애국전선의 무장투쟁은 1965년 8월 7일, 태국 동북부의 나콘파놈에서 시작되었다. 이는 태국 역시 결국 내전국이 되었음을 의미했다.

한편 태국의 공산세력이 무장투쟁을 시작했을 무렵, 이웃 라오스에서도 정치변동이 발생했다. 1965년 1월말, 라오스 우파군 지도자 푸미 노사반 장군(부총리)이 쿠데타를 계획했으나 실패하여 태국으로 망명하는 사

동북 태국 나콘파놈에서 본 메콩강. 반대쪽 강변은 라오스의 타켁시.

제7장 1965년의 전환기 215

건이 발생했다. 물론 푸마 정권은 그대로 정권을 유지했지만, 쿠데타 실패 결과, 우파군의 실권은 다시 남라오스의 실력자 붕 움에게 돌아갔다.

이와 같이 1965년, 태국은 공산세력의 무장투쟁으로 동요하는 듯했지만, 태국 내 공산세력의 활동이 크게 확대되지 않았고 경제도 안정세를 이어갔다.

미얀마 사회주의의 동요

한편 태국과는 대조적으로 사회주의 경제노선을 강화하고 있던 네윈 정권하의 미얀마는, 사회주의 노선에 반발하는 좌익세력과 심각한 대립 상태에 놓여 있었다. 이러한 내전 상태를 타개하기 위해 군정과 좌익세력 간에 협상이 전개되었으나 협상은 결렬되었으며, 군정은 다시 내전 상태에서 사회주의 노선을 성공시키기 위해 어려운 투쟁을 시작할 수밖에 없었다.

1963년 11월에 개최된 협상이 결렬된 후, 군사정권은 반대 세력의 의견을 무시한 채 사회주의 노선을 고수했으며, 1964년 3월 28일에는 모든 미얀마의 합법 정당을 해산시켰다. 미얀마의 독립투쟁을 지도한 반파쇼인 민자유연맹 등 모든 정당이 모습을 감췄고, 남은 것은 1962년 7월 군정이 군인을 중심으로 설립한 '미얀마 사회주의계획당'이라는 군정 여당뿐이었다.

1964년 4월 1일에는 노동조합, 농민단체, 기업단체, 종교단체 등의 정부 등록이 의무화되면서 사실상 모든 단체는 해산되었다. 정당 해산과 아울러 미얀마에서 합법적인 정치 활동은 소멸되었다.

네윈 정권은 이와 같이 반대파에 대한 박멸작전을 전개하는 동시에, 1963년 들어서는 미얀마 경제의 핵심인 쌀, 땅콩 등 주요 농산품의 거래와 가공을 모두 국영화했다. 쌀과 같은 주요 농산품은 소매상과 국영상점을 통해서만 판매하도록 했으며, 소매점은 미얀마인 상점으로 한정했다. 당연히 미얀마의 유통과 농산물 가공을 독점해 온 화교와 인도인은 모두 생업을 박탈당했다.

미얀마의 유통 조직은 큰 혼란에 빠졌고, 물건은 상점에서 자취를 감추었으며, 쌀과 식용유 등 주요 상품가격은 급등했다.

1964년 3~4월에는 전국의 대규모 상점과 창고업뿐 아니라 수출업까지 모두 국유화되었다. 이로 인해 정부의 직영점에는 물품이 사라졌고 사람들은 일자리를 잃었으며, 암시장의 상인이 된 화교 상인들로부터 필수품을 구입하면서 궁핍한 생활을 유지했다. 당연히 정부의 농산물 수매체제는 혼란에 빠졌으며, 게다가 수매가까지 하락했기 때문에, 농민들은 비교적 높은 가격을 받을 수 있는 암시장에 쌀을 내다 팔았다.

네윈 군정은 1964년 5월 17일, 화폐유통량 22억 짯 중 12억 짯을 차지하는 고액지폐인 100짯과 50짯 지폐를 폐지한다고 발표하고, 500짯까지는 소액통화로 반환해 주었지만, 그 이상의 고액지폐는 강제로 정기예금에 들게 하여 국영은행에 동결시켰다. 더욱이 군정은 물자의 거래를 금지시켰으며, 상품을 돈으로 바꿔 쌓아놓았던 상인들의 자금에 대해서는 국유화를 위한 운영자금으로 사용한다며 강제로 빼앗았다.[14]

이러한 군정의 국유화 정책은 물자 부족과 물가 상승을 초래하여 국민들의 반감을 샀다. 도시는 물론 농촌 각 지역에는 민중들의 불만이 일촉즉발의 상태로 치달을 것처럼 확산되고 있었다.

이러한 사태를 보고 받은 군정은 1964년 8월 들어, 일부를 제외하고 고액지폐의 정기예금을 해제했으며, 농산물 거래의 규제 역시 생업을 위한 것은 예외로 한다며 정책을 완화했다. 같은 해 9월에 실시된 군정 내각의 개각에 즈음하여, 사회주의 노선파의 입각을 억제하고, 공산군과의 무력투쟁에서 큰 공을 세운 지방군 사령관들을 입각시켰다.

한편 군정의 우경화 개각에 대해, 이번에는 미얀마의 공산세력 등 좌파단체가 군정을 공격했다. 특히 이와 같은 미얀마공산당의 공세에는 1964년 9월, 미국의 베트남 군사 개입 확대에 위기감을 느낀 중국의 요청이 크게 작용한 것으로 알려졌다. 당시 중국으로서는 미국의 힘을 인도차이나에서 분산시키기 위해서는, 미국의 군사지원을 받고 있던 네윈 정권의 무력화가 필요했던 것이다.

공산세력은 미얀마의 쌀 생산 중심지인 이라와디 삼각주에 세워진 정부의 쌀 수매 및 가공시설을 공격하여 쌀이 정부의 손에 들어가지 못하도록 했다. 이에 대해 군정은 1965년 4월, 가난한 농민을 아군으로 만들기 위해 소작료의 완전철폐하고, 1965년 7월에는 중국을 방문하여 공산권과의 화해를 모색했다.

그러나 1965년 후반, 미군의 베트남 개입이 확대되자, 중국 역시 더욱 강경해져서 미얀마 공산군으로 하여금 쌀 유통조직의 파괴작전에 더욱 강도를 높이라고 주문했다. 네윈 군정은 미얀마 경제에서 가장 중요한 쌀 수매에 큰 타격을 입었고, 이를 극복하기 위해서는 오로지 미국에 기대는 수밖에 없었다. 결국 1966년 이후 네윈 군정의 대미 접근 정책은 더욱 강화된다.

마르코스의 등장

1961년 11월 대통령선거에서 당선한 마카파갈은, 임기 대부분을 사바를 둘러싼 말레이시아연방과의 분쟁에 쏟았다. 그러나 그가 진짜 이루고 싶었던 일은, 서방에 의존적인 필리핀의 외교정책을 아시아 중심으로 옮겨와, 말레이시아연방, 인도네시아, 필리핀을 축으로 하는 말레이시아계 민족의 연합국가 즉, '마필린도'를 실현하는 것이었다고 전해진다. 그러나 그의 이상주의는 국내 경제의 악화로 좀처럼 실행되지 못했다.[15]

1950년대 정부의 보호정책하에 전개된 수입대체 공업화는 1950년대 말부터 1960년대에 걸쳐 급속한 정체를 겪는다. 최종 단계에서 수입 부품을 조립하는 형태의 수입대체 공업화는, 인위적인 페소화의 절상으로 공업용품의 수입을 증가시켜 무역적자를 불어나게 했다. 더욱이 상품의 판로는 한정되어 있었고, 페소가치의 상승은 수출에 악영향을 미쳤다. 이에 따라 필리핀의 제조공업 성장률은 1955~1960년의 7%에서 1960~1965년에는 4.5%로 낮아졌다.[16]

한편 제2차 세계대전 이후, 농민이 큰 비중을 차지하는 필리핀 인구는 1948년 1,900만 명에서 1961년에는 2,741만 명으로 급격히 증가했다. 일자리를 찾아 가난한 농촌에서 도시로 떠나는 농민이 늘어나자, 이는 도시 인구를 급증시켜 실업 문제를 부채질했다. 이러한 사회현상은 필리핀의 주식인 쌀 소비를 증가시켜 쌀값의 폭등을 가져왔다.

이에 대해 마카파갈 대통령은 1960년 들어 무역과 환율관리제도를 폐지하고, 페소화의 단계적 평가절하(가치하락)를 단행했다. 페소화는 1달러당 2.00페소에서 1962년 1월에는 3.90페소까지 절하되었다. 이로 인해 필리핀의 수출품 경쟁력은 강화되었지만, 수입품과 쌀을 중심으로 국내 물가를 끌어올렸다. 페소화 가치하락이 수입부품의 가격 상승을 야기하여 수입대체 공업화 추진에 걸림돌로 작용했다. 결국 경쟁 품목에 높은 관세를 부과하여 이들 상품을 보호하는 비효율적인 공업화가 전개되었다.[17]

마카파갈의 경제정책은 가난한 국민들이 원하는 성과를 거둘 수 없었으며 국민의 불만은 점차 고조되어 갔다.

이렇게 필리핀의 정치와 경제가 새로운 중대한 시련에 직면해 있는 가운데, 1965년 11월 9일, 필리핀 대통령선거가 치러졌다. 마카파갈은 연임을 기대했지만 패배하고 말았다. 이 선거의 승리자는 페르디난도 마르코스였다.

註
....

1) アジア經濟研究所,『アジアの動向』, 1964년 6월호,「インドシナ」참고.
2) アジア經濟研究所,『アジアの動向』, 1964년 9월호,「インドシナ」참고.
3) 『米國防省ベトナム秘密報告書』, ニューヨーク・タイムズ版,「朝日ジャーナル」, 1971년 8월 10일자.
4) C. B. スミス(1958),『写眞諜報』, ロンドン, 山室まりや 訳, みすず書房.
5) 竹下秀邦(1995),『シンガポール-リー・クアンユーの時代』, アジア經濟研究所, p. 220.
6) リー・クアンユー,「私の履歷書」,『日本經濟新聞』, 1999년 1월 18일자.
7) Leslie Palmer(1973),『Communists in Indonesia』, Anchor Press/Doubleday, New York, pp. 235~236.
8) 永井重信(1986),『インドネシア現代政治史』, 勁草書房, pp. 313~316.
9) Leslie Palmer(1973),『Communists in Indonesia』, Anchor Press/Doubleday, New York, p. 240.
10) Arnold, C. Brackman(1969),『The Communist Collapse in Indonesia』, W. W. Norton & Co. Inc., New York, p. 56.
11) Leslie Palmer(1973),『Communists in Indonesia』, Anchor Press/Doubleday, New York, p. 243.
12) スハルト,『私の履歷書』, 日本經濟新聞社, 1998년 1월.
13) 今川瑛一(1967),『メコンとイラワジの間』, アジア經濟研究所, p. 25.
14) 今川瑛一(1971),『ネーウィン軍政下のビルマ』, アジア評論社, p. 143.
15) Encyclopedia of Asian History, Charles Scribner's Sons, New York, Vol. 2, p. 451.
16) The National Income Accounts, NEDA, 1978년판.
17) David, G. Timberman(1991),『A Changeless Land』, The Bookmark Inc., Manila, p. 48.

제 8 장

베트남전쟁

1 베트남전쟁과 중국의 문화대혁명

베트남에서 고전하는 미군

1966년부터 1967년에 걸쳐, 베트남전쟁에 개입한 뒤 미군은 계속 고전하였다. 1966년말 투입된 미군은 3만 8,500명에 달했다. 미군의 전사자도 급증하여 1966년 한 해에 무려 5천여 명이 전사했고, 1961년 1월부터 1966년 말까지 6,644명의 미군이 목숨을 잃었다. 북베트남 폭격 과정에서 격추된 비행기도 늘어나면서 1965~1966년 2년 동안 미 항공기의 손실은 1,700기를 넘어섰고, 헬기도 600기 이상이 파괴되었다.[1]

이렇게 미군의 피해가 심각한 이유는, 미군이 베트남전쟁에 깊숙이 개입하자 북베트남 정규군이 남베트남으로 진격하면서 전쟁의 양상이 게릴라전에서 정규전으로 변화된 데 따른 요인이 컸다. 또한 소련이 대공무기와 전투기 등 최신 무기를 북베트남에 지원하고 중국도 대공방위 병력을 북베트남에 파병하는 등 중소 양국의 베트남 공산세력에 대한 지원이 본격화된 것도 미군의 피해를 증가시켰다.[2]

1966년 8월 29일 미 국방성은 보고서를 통해, 같은 해 7월에 전개한 북베트남 폭격작전이 별다른 성과를 거두지 못했음을 인정했는데, 그 이유는, 북베트남은 군수품을 생산하지 않았고, 무기는 소련과 중국에서 공급되어 소량으로 남쪽으로 수송되고 있었기 때문이라고 지적했다.[3]

설상가상으로 남베트남의 지상전에서도 미군의 성과는 만족스럽지 못했다. 대부분의 미군이 도시와 간선도로, 공항 등 주요 시설을 방위하는 데 투입된 반면, 정글과 농촌에서 베트콩과 맞서 싸운 병력은 전체의 10%에 불과했기 때문이다. 또한 제1선에서 싸우는 미군과 베트콩 간의 전력 비율은 거의 1대 1로, 불과 수만 명에 지나지 않았다. 1대 1로 맞서면 지상의 이점을 유리하게 사용하는 베트콩이 우위를 차지한다는 것은 당연한 이치다.

더욱이 미군과 함께 북베트남을 공격하던 남베트남 정부군으로부터, 미군의 활동정보와 무기가 공산군으로 유출되었던 것도 미군을 불리하게 만들었다.

깊은 수렁에 빠져드는 베트남의 전황은, 존슨 대통령과 미 지도부를 불안에 떨게 하고 초조하게 만들었다. 1967년 2월 8일, 존슨 대통령은 북베트남에 화해 의사를 타진했지만 북베트남은 무조건 북베트남에 대한 폭격을 중지할 것을 요구하여 협상은 결렬되었다.

이렇게 상황이 악화되자 미군 지도부는 점차 우려의 목소리를 높였고, 미군이 지나치게 베트남에 집중하고 있다는 사실을 깨닫게 되었다. 1967년 중반, 베트남에 있던 미군은 46만 명에 이르렀고, 베트남 해역의 미 함대와 태국, 일본 등의 미군기지에 있는 미 공군 등을 합치면 미군 총병력 338만 명 가운데 100만 명 가까운 병력이 베트남전쟁에 관여하고 있었기 때문이다.

그렇기에 만일 유럽과 중미 지역에서 분쟁이 발생할 경우, 미군은 증원부대를 파견할 여유가 없는 상태였다. 베트남전쟁이 시작될 때 1965년에

265만 명, 1967년 중반에는 338만 명으로 증강하여 어느 정도 병력의 여유가 있었지만, 증원된 병력은 대부분 미숙련 신병이었으며, 장교와 하사관은 신설 부대로 증원 배치되어 사실 인원이 부족했다. 이미 미군의 전투력은 유럽 주둔군 정도로 크게 낮아져 있었다.

실제로 1967년 6월 5일 발발한 중동전쟁은, 미군의 지원 능력이 부족하다는 사실을 간파한 이집트군 등 아랍 국가들이 이스라엘에 대한 공격을 시도한 결과 발생한 사건이다. 다행히 이스라엘이 아랍군의 공격계획을 사전에 파악하여 선제공격을 퍼부어 대승을 거두었다. 그러나 이스라엘군의 건투가 없었다면 미국으로서는 전혀 손쓸 틈 없이 당할 뻔했던 상황이었다.

이렇게 되자 미군 지도부 내에서는 베트남전쟁을 조기 종결해야 한다는 목소리가 높아졌다.

더욱이 베트남전쟁에서 미군 전사자가 급증하면서 미국민들은 베트남전쟁에서 철수할 것을 요구했다. 1년간 베트남 참전의무를 마친 귀국병사의 대부분은, 전쟁의 공포를 잊기 위해 마약을 배웠을 뿐 아니라, 전쟁에서 패배한 귀국병사는 패배자로 분리되어 기업들이 이들을 고용하지 않았기 때문이다. 베트남 귀국병사 중 흑인 실업자들이 급속히 증가했다. 특히 흑인들의 불만이 크게 고조되었다.

1967년 7월 23일, 디트로이트에서 흑인폭동이 발생하여 한 명이 사망하는 참사를 빚었다. 폭동은 그 후 각 지역으로 번졌다. 더욱이 청년학생들 사이에서는 징병되어 베트남으로 끌려가는 것에 반대하는, 이른바 베트남반전운동이 높아지고 있었다.

이와 같이 미군의 베트남전쟁 개입은 갈수록 상황이 악화되었고, 1967년 11월 29일, 미 정부의 베트남 정책 최고지도자인 맥나마라 국방장관이 사임하기에 이르렀다.

테트 대공세의 충격

한편, 1968년 1월말 베트남에서 미군이 성과 없이 고전하고 있다는 실상을 보여주는 사건이 발생했다. 1968년 1월 30일, 남베트남 공산군은 53만 명에 달하는 미 지상군과 미국을 지원하기 위해 참전한 한국군을 비롯한 동맹군, 남베트남 정부군 기지에 대대적인 공격을 퍼부었다.

남베트남의 음력설(테트, Tet)인 1월 30일 심야에서 이튿날 아침까지 6만 명의 공산군이 수도 사이공을 비롯해 후에, 다낭 등 주요 도시 및 전국의 비행장과 미군기지를 일제히 공격했다. 사이공에서는 미 대사관이 일시적으로 점거되었으며 대통령 관저에도 베트콩 부대가 쳐들어왔다. 테트 대공세(Tet Offensive)는 일주일간 계속되었으며, 이로 인해 미군 546명이 전사하고 3,800명이 부상을 입었으며, 남베트남 정부군 1,169명이 사망했다.

물론 공산군의 피해도 컸다. 베트콩 정예군과 간부의 1/3이 전사했으며 남베트남의 공산세력은 그 후 북베트남 정규군의 지원에 더욱 의존하게 되었다.

그러나 테트 대공세는 미군이 더 이상 베트남에서 군사적으로 승리할 수 없다는 것을 많은 사람들에게 인식시키면서, 동남아시아는 물론 전 세계적으로 미국과 미군의 위상에 큰 상처를 남겼다.

남베트남에서는 장군들 사이의 권력투쟁에서 승리하고, 1967년 9월 시행된 대통령선거에서도 승리한 응우옌반티에우(Nguyen Van Thieu, 구엔반티우) 대통령이 이끌었던 친미 정권이 약화되면서 베트콩 세력이 강화되었다.

더욱이 테트 대공세는, 태국과 필리핀 등 동남아시아의 미 동맹국들로 하여금 미국이 약화되고 있음을 직접 확인하게 하는 계기가 되어, 미국 의존형 방위와 외교전략을 수정해야 한다는 목소리가 대두되었다.

이와 같이 남베트남에서 보여 온 미군의 군사적 우위에 대해 많은 사람들이 의문을 갖기 시작할 무렵, 미군에게 또 하나의 치명적인 사건이 발생했다. 베트남에 투입되었던 한 부대가 전의를 상실하고 패닉 상태에 빠지면서 1969년 3월 16일, 중부베트남의 손미(Son My) 마을사람 전원을 학살하는 장면이 텔레비전으로 전 세계에 방영되는 비극적인 사건이 일어났다. 많은 미국인들은 청년들이 학살자가 된 것에 충격을 받았다. 1968년 3월, 베트남에 주둔한 미군은 51만 명을 넘어섰고 전사자는 2만 명에 달했다.

마침내 궁지에 몰린 존슨 대통령은 결단을 내렸다. 1968년 3월 31일 밤, 존슨은 북베트남 폭격을 무조건 축소한다는 조건을 내세워 하노이에 협상을 제안했다. 동시에 자신이 모든 책임을 지기 위해 그해 가을 대통령선거에 출마하지 않겠다고 발표했다. 북베트남은 이러한 존슨의 제안을 받아들였으며 같은 해 5월 13일부터 파리에서 미국과 북베트남 사이에 협상이 개최되었다. 베트남전쟁은 하나의 전환점을 맞이했다.

그러나 파리회담이 시작된 이후에도 남베트남의 전황은 미국에 유리하게 바뀌지 않았다. 1968년 7월 9일에는 남베트남 북부에 위치한 미국의 케산(Khesanh) 기지가 북베트남군의 공격으로 무너졌다. 미국은 협상에 더욱 의존할 수밖에 없는 처지에 몰렸다.

존슨 대통령은 1968년 10월말, 북베트남과의 대화를 촉진하기 위해 북베트남에 대한 폭격을 전면 중지한다고 발표했으며, 동시에 남베트남민족해방전선과도 교섭하겠다고 표명했다. 이에 따라 파리회담은 1969년 1월 25일부터 미국과 북베트남, 베트콩, 남베트남 대표 등 4자회담으로 개최되었다.

베트남전쟁의 향방을 결정지을 일대 전환기를 맞이하고 있는 가운데, 1968년의 미국은 테트 대공세와 손미 사건 등의 충격에 더하여 또 다른 사건으로 크게 혼란에 빠진다. 같은 해 4월 4일, 미국의 흑인인권운동 지도자인 마틴 루서 킹(Martin Luther King Jr., 마틴 루터 킹) 목사가 암살되어 이에 항의하는 대폭동이 전 미국을 뒤흔들었다. 6월 5일에는 가을에 시행되는 대통령선거에서 미국 민주당의 최유력 후보였던 고(故) 케네디 대통령의 동생 로버트 케네디(Robert Francis Kennedy)가 유세지인 샌프란시스코에서 암살당하는 사건이 발생했다.

또한 1968년 8월 20에는 탈소련 정책노선을 전개하던 체코슬로바키아에 소련군이 중심이 된 바르샤바조약 국가의 군대가 무력 침공하여 반소 정권을 억누르는 '체코 사건'이 일어났다. 그러나 이미 베트남전쟁으로 전력이 약화된 유럽 내 미군은 사태를 그냥 지켜볼 수밖에 없었다.

이러한 격동 속에서 치러진 1968년 11월의 미국 대통령선거는 대통령 임기 동안 모든 미군을 베트남에서 철수한다는 공약을 내건 닉슨의 승리로 막을 내렸다. 1968년 말, 베트남에 있던 미군은 53만 6천 명에 달했고, 미군 전사자는 3만 명을 넘어선 상태였다.

베트남전쟁의 확대와 라오스, 캄보디아

미군의 베트남전쟁에 군사 개입을 확대한 것은 이웃 국가인 라오스와 캄보디아에도 큰 영향을 주었다.

라오스는 북베트남에서 남베트남으로 운송되는 군수물자의 수송루트가 되어 4만 명의 북베트남 병사가 그 루트를 따라 이동했으며, 미 공군은 이러한 북베트남군을 공격했다.

라오스의 공산군도 친미 우파군에 대한 공격을 멈추지 않았으며, 북베트남의 수송루트가 통과하는 남라오스의 우파군의 거점을 더욱 거세게 공격했다.

라오스 우파군에서는 1965년 1월, 푸미 노사반 장군이 쿠데타에 실패하여 태국에 망명한 뒤에 새로운 실력자로 왕족인 붕 움이 등장했다. 그러나 푸미 노사반파는 그 후에도 세력을 회복하기 위해 붕 움파와 계속 대립했다. 1966년 10월 21일, 푸미 노사반파의 통솔하에 있던 라오스 공군의 소장파 타오마 장군은 정부군 전투기 6기로 비엔티안을 폭격한 후 태국으로 망명하는 사건이 발생하는데, 이 사건이 푸미 노사반파의 최후의 저항이었다. 이 사건 이후 푸미 노사반파는 모습을 감추었다.

한편 콩레 장군이 이끄는 중립파군은, 비엔티안 북쪽 방비엥(Vang Vieng)에 거점을 두고 있었지만, 좌파와 우파의 교란으로 간부장교들이 본격적으로 이탈하면서 세력이 유명무실해졌다. 1966년 10월 콩레는 태국으로 망명한 뒤 일시 귀국했지만, 그다음 달 11월에는 인도네시아로 장기휴가를 떠났다. 그 후 콩레는 필리핀으로 망명한 뒤 더 이상 국제정치무대에서 모습을 볼 수 없었다. 필자는 정확히 같은 시기 방콕의 태국 다이마루(大丸)백화점에서 쇼핑 중인 콩레를 본 적이 있다. 그는 작은 체구에 혈색이 좋지 않았으며 혁명을 부르짖었던 청년장교의 면모는 찾아볼 수 없었다.

이렇게 라오스는 1966~1967년에 전개된 중립파와 우파군의 내부 분열로 약화되었고, 이를 틈타 파테트라오가 이끄는 공산세력이 점령지를 점차 확대했다.

남베트남에서 응오딘지엠 정권이 붕괴되는 충격적인 사건을 접했던 캄보디아의 시아누크 전 총리는 1965년 4월, 미국과의 국교를 단절하고 친공산권 외교를 전개했다. 시아누크는 미국을 대신하여 소련과 중국 등 공산권으로부터 군사적 지원을 받는 한편, 미국의 항의에도 불구하고 자국 내에서 남베트남의 공산세력이 근거지를 구축하는 것을 묵인했다.

그러나 1960년대 중반 이후 캄보디아 경제가 악화일로를 걷게 되자 시아누크 정권을 위기에 빠트렸다. 같은 시기 캄보디아의 인구는 급격히 증가하여 1941년 380만 명에서 600만 명으로 크게 늘어났다. 또한 농촌의 토지는 턱없이 부족했고 기계화는 진전되지 않았으며 관개시설도 정비되지 않은 채, 식량 생산은 침체되어 있었다. 도시는 농촌으로부터 유입된 농민들로 인구가 증가하여 실업자가 속출했다.

한편 전쟁의 소용돌이 속에서 식량 부족을 겪는 베트남으로 쌀의 밀수출이 증가하면서 쌀값이 폭등하자, 정부가 운용하는 쌀 수출이 감소되어 재정수입이 악화되었다. 시아누크의 사회주의 정책하에 국유화된 무역 부문에서 후추와 면화 등의 상품 수출이 부진을 면치 못했으며, 외국투자를 중지한 탓에 공업화 추진은 정체되었다.

1967년 초반, 정부는 군대를 동원하여 농민들로부터 쌀을 직접 사들이기 시작했다. 당연히 수매가는 암시장에서 거래되는 가격보다 훨씬 낮았다. 이에 불만을 품은 농민들이 격렬하게 저항했으나, 군은 강제로 쌀을 거둬들였다.

1967년 3월, 북서부에 위치한 바탐방 지방에서 농민반란이 일어났다. 4월 2일에는 바탐방 서쪽 교외 삼로트 지구에서 농민이 정부군을 공격하여 병사 2명을 살해했다. 이후 반란이 계속되자 5월에는 정부군 8개 대대가 진압에 나서 농민 수백 명이 사망하는 '삼로트 사건'이 일어났다.[4]

삼로트 사건을 계기로 학생과 청년을 중심으로 한 좌파세력은 프놈펜 등을 무대로 시위와 집회를 열어 시아누크 정권에 저항했다. 이러한 좌파세력 중에는 정글에 들어가 무장투쟁을 시작하는 사람들도 적지 않았는데, 프랑스에서 돌아와 국회의원을 하고 있던 좌익의 키우 삼판도 이 시기에 정글로 들어갔다.

1966년 10월 24일 총리가 된 친서양파 론 놀 장군이 이끄는 내각은 1967년 4월 30일 농민폭동의 책임을 지고 총사퇴했다.

그러나 1967년 후반 들어 반시아누크 운동은 최고조에 달했다. 특히 이 시기에는 후술하듯이 중국에서는 문화대혁명이 시작되었으며, 반권력 투쟁을 강화해야 한다고 호소하는 마오쩌둥 주석의 지시로 아시아 각지에서 다시 무력투쟁을 부르짖는 공산주의 운동이 확산되었다.

캄보디아에서도 사태는 마찬가지였는데, 프놈펜에서는 화교 청년들이 문화대혁명을 지지하는 시위를 벌였다. 이 시위로 인해 캄보디아의 최고 권력자인 시아누크마저 위기감을 느꼈다. 1967년 9월, 시아누크는 프놈펜에 소재한 크메르·중국우호협회를 폐쇄하고 마오쩌둥 정권에 정면 도전했으며, 동시에 좌파 반시아누크 단체에 대해서도 탄압을 강화했다.

1968년 1월, 이미 캄보디아로 돌아와 있던 폴 포트 서기장이 이끄는 캄보디아공산당과 크메르노동당이 반시아누크 무력투쟁을 전개하기 시작했다.

폴 포트 세력이 전개한 최초의 무력투쟁은, 1968년 초 바탐방 지역을 무대로 했다. 그 후 폴 포트군의 무력투쟁 거점은 베트남의 중부고원에 가까운 캄보디아 북동부의 라타나키리(Ratanakiri) 지방으로 옮겨졌는데, 이는 베트남 공산군의 무기 수송루트를 방위하기 위한 것이었다고 전해진다. 그러나 놀랍게도 1968년 3월말, 북동 지구에 모인 캄보디아 공산군의 무력은 불과 총 10정이었다고 폴 포트는 주장했다. 폴 포트는 소수의 군사력으로 1975년 봄, 캄보디아의 모든 권력을 장악하는 이른바 폴 포트군을 지휘하게 된다. 과연 어떻게 된 것일까? 어떠한 비밀이 숨겨져 있는 것일까? 폴 포트군이 급성장한 원인을 파헤쳐 보는 것이 캄보디아의 비극을 해명하는 중요한 열쇠가 될 수 있을 것이다.[5]

이렇게 캄보디아 각지에서 전개되기 시작한 반시아누크 무력투쟁은 시아누크의 권좌를 뒤흔들었다.

중국의 문화대혁명

한편 1963년 11월에 일어난 응오딘지엠 쿠데타 이후, 손쓸 수 없이 확대된 베트남전쟁과 미군의 군사 개입 확대는, 공산세계의 지도자 역할을 수행하는 소련과 중국에게 큰 위기감을 주었다.

특히 베트남에 인접한 중국은 베트남을 지원해야 했지만, 이로 인해 미군과의 충돌 또한 피할 수 없는 상황이었다. 스탈린비판 이후 대립관계에 있었던 소련과 반미 공동투쟁을 벌여야 함은 물론, 강력한 미군과의 대결을 위해서 근대적 무기를 개발하는 것이 급선무였다.

1964년 1월 21일, 중국 공산당기관지 「인민일보(人民日報)」는 반미통일전선을 주장했으며, 그다음 달에는 중소 양국 간의 국경 문제를 협상하기 시작했다. 이러한 움직임은 중국과 공동으로 투쟁할 경우, 미국과의 대결에서 승리할 수 있다고 생각하는 사람들이 소련 내에 존재하고 있음을 의미했다.

1964년 8월에 발생한 통킹만 사건으로 미국의 북베트남 폭격이 시작된 후인 10월 15일, 평화공존 외교의 지도자이자 스탈린비판의 장본인인 흐루쇼프 서기장이 해임되었다. 이는 소련의 대미 대결과 대중 관계 개선에 대한 의지를 명확히 나타낸 것이다. 10월 16일, 중국은 처음으로 원자폭탄 실험에 성공했다고 발표했는데, 이 또한 미국에 대한 결전 의지를 세계에 알린 것이다. 1965년 2월 초순에는 소련의 코시긴(Aleksei Nikolaevich Kosygin) 총리가 중국을 방문하여 양국이 공동으로 베트남을 지원하는 데 합의했다.

그러나 베트남전쟁에서의 중소 공동투쟁론은 곧바로 마오쩌둥을 위시한 공산당 내 강경파의 반발에 부딪쳤다. 강경파는 대일전쟁에서 얻은 경험을 배경으로, 베트남전쟁에서는 베트콩 게릴라들이 미군에 승리할 것이라고 주장하면서, 중소 공동투쟁과 중국의 근대적 무기 개발에 대한 필

요성을 부인했다.[6]

　이와 같은 두 파벌의 입장 차이는, 1950년대 후반 대약진정책이 실패한 후 경제의 근대화, 자유화를 주장한 류사오치 국가주석과 덩샤오핑(鄧小平, 등소평), 그리고 대중을 동원한 농업 발전을 중시한 마오쩌둥 세력 간의 대립을 충분히 반영하고 있었다. 즉 근대식 무기 개발과 소련과의 공동투쟁은 경제 발전에 근간을 둔 정책 전개의 일환으로 추진되고 있었던 것이다.

　두 파벌의 대립은 1966년 6월 1일, 「인민일보」가 주장한 '프롤레타리아 문화대혁명(Great Proletarian Cultural Revolution/GPCR)' 형태로 폭발했다. 그리고 류사오치, 덩샤오핑 등 근대화파는 홍위병(紅衛兵)이라 불리는 마오쩌둥파 과격단체에 의해 그 후 수년에 걸쳐 규탄을 받아 실각할 처지에 놓인다. 마오쩌둥주의자들은 모든 권위에 도전하면서, 미국 제국주의를 비롯한 국제적 반동단체에 대해서는 철저한 대결해야 한다고, 중국뿐만 아니라 전 세계에 촉구했다. 한편 실각한 류사오치는 옥중에서 사망한다.

　문화대혁명으로 인해 여러 개발도상국에서 혁명적 무력투쟁이 확산되었으며, 선진국에서도 학생들이 보수정권에 대한 투쟁을 전개했다. 같은 시기, 캄보디아뿐만 아니라 필리핀의 공산세력은 '마오쩌둥파'로 불렸으며, 태국과 말레이시아, 인도네시아의 공산세력도 마오쩌둥주의를 신봉하며 '반동정권'과의 대결에 매진했다.

2 말레이시아와 인도네시아의 다른 행보

동남아시아 대륙부에서 전란이 확대되는 가운데, 동남아시아 해양부에서는 1960년대 후반, 말레이시아와 인도네시아 두 개의 말레이시아인 국가가 정치적 안정을 위해 각각 대조적인 움직임을 보였다. 인도네시아에서는 공산당을 무너뜨린 수하르토 장군이 권력의 기초를 굳건히 한 반면, 수카르노의 말레이시아 대결정책의 좌절로 안정을 찾아야 했던 말레이시아에서는 숙명이라고 할 수 있는 인종 대립의 비극이 다시 발생한다.

수하르토 체제 확립
공산당의 반란을 진압한 수하르토 장군은 1965년 10월 16일, 육군장관 겸 육군참모장이 되었다. 수하르토의 다음 임무는 공산당을 완전히 붕괴시키고, 9·30사건 후에도 계속 공산당을 비호하는 수카르노 대통령을 권좌에서 몰아내는 것이었다.

수카르노의 공산당 옹호 노선은 이슬람교 정당을 비롯한 반공단체의 반발을 불러일으켰고, 학생들은 연일 대통령 관저를 포위하고 수카르노의 퇴진을 요구하는 시위를 벌였다. 수하르토가 이끄는 육군은 이와 같은 반수카르노 운동을 묵인했다. 중국대사관도 시위의 표적이 되었다.

수하르토 대통령
(마이니치신문 제공)

그러나 수카르노는 1966년 2월 21일의 개각을 단행하여 수반드리오, 살레(Darwin Zahedy Saleh) 등 친공산파 각료들을 유임하여 반공파의 불만을 부채질했다.

1966년 3월 11일, 새로운 내각이 출범하자 학생들을 중심으로 한 시위대가 대통령 관저를 포위했다. 수카르노와 수반드리오 부총리는 자카르타 교외에 위치한 보고르(Bogor) 궁전으로 피신했다. 그러나 결국 이날, 수카르노는 자신의 신변 안전을 조건으로 수하르토에게 전권을 위임할 것을 결정했다. 전권을 손에 넣은 수하르토는 다음날인 3월 12일, 공산당 해산을 선언하고 수반드리오 부총리 등 180명의 친공산파 각료를 체포했다.[7]

수하르토가 전권을 장악했지만 그 후에도 계속 수카르노의 대통령과 총리직은 유지되었다. 그러나 수카르노의 권위는 이미 땅에 떨어진 상태였다. 수하르토는 1966년 3월 25일 시행된 개각에서 부총리로 입각했다. 이는 모든 국가행정의 실권까지 수하르토에게 이행되었음을 의미했다. 결국 수카르노는 1963년 5월 국가권력의 최고기관인 임시국민협의회(MPRS)에서 결정된 '종신대통령'의 칭호를 수하르토에게 박탈당했고, 협의회는 수하르토 장군에게 내각 조직에 대한 권한을 인정했다.

이렇게 수하르토를 총리(정확히는 최고간부회 의장)로 하는 이른바 '암페라(Ampera, Amanat Penderitaan Rakyat, 국민의 고뇌의 목소리)' 내각

제8장 베트남전쟁 237

이 1966년 7월 25일 출범했다. 암페라 내각의 과제는 이미 '고뇌에 괴로워하고' 급등한 인플레이션으로 파산 상태에 직면한 나라를 구하며, 말레이시아와의 대결 문제를 해결하는 것이었다.

수하르토 정권은 국제통화기금(IMF)의 권유로, 인플레이션 발생의 원인인 재정적자를 축소시키기 위해 국방비와 공무원 인건비를 대폭 삭감하고, 신규 정부 프로젝트를 중지하여 수입균형예산을 편성했다. 또한 상환불능에 빠진 거액의 대외채무(서방 측 합계 12억 3천만 달러, 공산권 14억 6천만 달러)는 서구 주요 국가로부터 상환기한을 연장 받았으며, 동시에 수카르노 정권이 거부해 온 서방 측 '신식민지주의국가'의 경제원조도 수용하기로 했다. 이러한 사실을 보더라도, 당시 수하르토 정권이 서구 국가들에게 적극적으로 접근하면서 경제 재건을 도모하려고 했던 것은 분명한 사실이었다.[8]

또한 수카르노의 반제국주의 투쟁을 상징하는 말레이시아와의 대결도 당연히 중단되어야만 했다. 수하르토 장군은 말레이시아와의 대결 문제를 해결하기 위해, 1966년 3월 방콕에서 말레이시아 군부와 비밀리에 접촉했다. 그리고 9월 11일 마침내 인도네시아와 말레이시아는 화해협정을 체결했다. 같은 날 아담 말릭(Adam Malik) 외무장관은 "이 승리는 인도네시아와 말레이시아라는 동일 민족이 공유하는 것"이라고 언급했다. 한편 이날 영국 국방성은 그동안의 양국 간 대결로 인해 말레이시아, 영국, 호주, 뉴질랜드 등으로 구성된 영국연방군의 전사자가 114명, 인도네시아 측 전사자가 590명이라고 발표했다.[9]

또한 수하르토 정권은 1966년 9월 28일, 탈퇴했던 유엔 복귀를 유엔총회에서 승인받았다.

그러나 수하르토 장군에게는 아직 중대한 과제가 남아 있었다. 그것은 수카르노의 권력을 완전히 소멸시켜 대통령직에서 해임시키는 일이었다.

당시 수카르노는 종신대통령 호칭을 박탈당하여 그 권위는 땅에 떨어진 상태였으나, 대통령직을 맡고 있었기 때문에 수하르토가 정책을 전개하는 데 걸림돌이 되었다.

한편 1967년 3월 7일에 개최된 임시국민협의회 특별회의는 3월 12일, 수카르노 대통령의 해임과 수하르토 장군의 대통령 대행취임을 결정했다. 마침내 친공·중립 노선의 수카르노 시대는 막을 내리고, 친서방 노선의 수하르토 시대가 정식으로 시작된 것이다. 수하르토 정권의 신노선을 뒷받침하듯 중국과 인도네시아 정부는 1967년 10월 31일, 상호 자국 내 외교관을 철수시켜 사실상 외교관계를 단절했다.

1968년 3월 21일 수하르토는 정식으로 제2대 인도네시아 대통령으로 임명되었다. 임기는 5년이었다. 수하르토는 같은 해 6월 6일, 경제개발 5개년계획이 포함된 새로운 '개발내각'을 발족시켰다. 인도네시아 경제는 네덜란드, 말레이시아와의 대결로 야기된 대혼란 시대를 종식하고 드디어 '개발의 시대'로 진입했다. 식량 부족으로 발생된 인플레이션은 1968년 후반 이후, 미국으로부터 식량을 수입하면서부터 점차 진정되었다. 수카르노 시대에 국유화된 농장과 광산은 이전 소유권자에게 반환되었고, 고무와 팜유, 석유, 주석 등이 증산되어 수출도 확대되었다.

그러나 이렇게 국내 정세를 안정적으로 이끌기 시작한 수하르토 정권은 1968년, 여전히 공산당의 부활과 이에 따른 위협을 강력하게 경고하면서, 국군 내에 남아 있는 친공파 장교들을 추방하거나 체포했다. 중국의 문화대혁명에 자극받아 인도네시아공산당의 잔류세력이 마오쩌둥주의를 주창하면서 자바섬 각지에서 소규모 게릴라 활동을 전개하기 시작했기 때문이다.

전반적으로 수하르토 집권기의 인도네시아는 새로운 발전을 위해 힘차게 첫발을 내딛기 시작한 것은 틀림없었다.

한편 영웅 수카르노 전 대통령은 1970년 6월 21일 자카르타에서 사망했다.

인종 폭동과 부미푸트라 정책

1965년 8월 싱가포르가 말레이시아로부터 이탈한 후, 말레이시아의 라만 정권은 대외적으로는 인도네시아와 대립하는 한편, 국내적으로는 경제건설에 힘을 쏟아 빈곤한 말레이시아인의 생활을 향상시키려고 노력했다. 특히 1966년 8월, 수하르토 정권이 출범한 인도네시아 정부와 화해협정을 체결하여, 양국 간 대결이 종결된 것은 말레이시아 정부의 부담을 크게 덜어 주었다.

그러나 1967년 말레이시아어 공용화 문제가 대두되었다. 이는 말레이시아연방 헌법이 1957년 8월의 독립일로부터 10년이 지나면 말레이시아어를 공용화한다고 정해 놓았기 때문이다. 결국 라만 총리는 말레이시아어를 유일의 공용어로 하는 것을 주장하는 여당 UMNO와 다언어 사용을 요구하는 화교들과의 대립을 해결하기 위해, 정부와 국왕이 필요로 할 경우 영어를 공용으로 할 수 있다는 조건을 두고, 말레이시아어를 공용화했다. 이는 물론 타협안이었는데, 말레이시아 청년들은 영어공용화에 반발했다.

1968년에는 중국 문화대혁명의 영향을 받은 듯, 태국의 북부 국경 산악지대로 추방된 말레이시아공산당 게릴라가 천천히 활동을 재개했다. 공산당 게릴라에는 말레이시아인 청년들도 상당수 참가하여 병력이 천 명에 달했다. 이 청년들의 대부분은 말레이시아반도 동해안의 말레이시아인 농촌에 사는 빈곤층이었으며, 정부 정책에 많은 불만을 가지고 있었다. 더욱이 상당수는 생존을 위해 서해안의 광공업 지대와 쿠알라룸푸르

등 대도시로 이동했으나 여전히 궁핍하고 불안한 생활을 계속했다.[10]

　말레이시아인, 화교, 그리고 인도인으로 구성된 다인종 사회에 미묘한 사회불안이 확산되는 가운데, 1969년 5월 10일, 연방하원의원 선거가 치러졌다. 그러나 이 선거에서는 여당 UMNO와 연립한 화교 온건파 말레이시아화교협회(MCA), 인도인 온건파 말레이시아·인도인회의(MIC) 등으로 구성된 여당연합이 예상외로 부진을 면치 못하고 의석을 크게 상실했다. 여당연합의 의석은 선거전의 89석에서 66석으로 줄었다. 이는 라만 총리가 이끄는 UMNO가 전개한 정책이 정치의 보수화, 매너리즘화 되자 국민들이 불만을 나타낸 것이다.

　이는 말레이인 청년의 불만을 흡수한 범말라야·이슬람당과 인종 평등을 주장한 민주행동당, 말레이시아민정운동당과 같은 화교 정당으로 대표되는 야당이 많은 의석을 확보한 것에서도 잘 나타나 있다. 이 선거 결과는 중국계, 말레이계 쌍방의 야당 지지자들의 용기를 북돋웠다. 그런데 이는 대참사를 불러왔다.

　1969년 5월 13일, 선거에 처음 도전하여 8석을 얻은 화교계의 민정운동당이 쿠알라룸푸르에서 승리를 축하하는 행진을 벌였다. 이에 맞서 여당 UMNO 청년부의 말레이인 청년들도 가두행진을 시작했다. 같은 날 밤, 두 무리가 충돌하여 유혈 대폭동으로 번졌다. 충돌로 인해 사망자는 196명, 그 중 화교가 143명, 말레이인 25명, 인도인 13명, 기타 15명이었다.[11]

　충격을 받은 라만 총리는 5월 17일, 의회를 해산하고, 라자크 부총리를 의장으로 하는 국가운영평의회를 결성하여 사건에 대응했다. 라만 총리 자신도 5월 20일, 개각을 단행하고 정치의 안정화를 도모하였는데, 이것이 오히려 사태를 악화시켰다. 개각된 각료 중에는 말레이시아화교협회에 소속된 사람이 3명이나 포함되어 있었고, 이로 인해 UMNO의 젊은 정치가들이 반발하여 배제를 요구했기 때문이다. 이 젊은 정치가들의 지도자는 후에 총리가 되는 마하티르였다.

그러나 라만은 연립여당 내부의 단결을 강조하고 화교 각료의 배제를 거부했다. 이에 맞서 마하티르는 라만의 총리 사퇴를 요구하여 물러서지 않았다. 1969년 7월 12일, 여당 UMNO의 최고평의회는 라만 총리를 지지하고 마하티르를 제명했다. 라만 총리는 그 후에도 민족주의의 중요성을 강조하면서 활동하였지만 67세의 고령이라 1970년 9월 21일, 총리직에서 은퇴한다. 한편 마하티르는 1972년에 UMNO 복귀를 허락받았다.

인종 폭동에 대한 대책을 실행하는 국가운영평의회는 1969년 7월 이후, 말레이인의 생활 향상이 사회 안정의 열쇠라는 입장에서 농촌에서의 공업화 추진, 말레이인 청년의 교육 향상, 기업에서의 말레이인 고용 비율의 확대 등 말레이인 우대책을 차례차례로 내놓았다. 이른바 '부미푸트라(Bumiputra, '토지의 아들, 토착민'이라는 뜻)' 정책이 대두되었다. 이 정책은 1970년 9월 22일, 국가운영평의회 의장이었던 라자크 부총리가 새로운 총리가 되어 더욱 정력적으로 추진했다.

그러나 말레이시아는 그 후에도 인종 문제를 둘러싼 여러 문제에 직면한다.

3 동남아시아국가연합 출범과 미얀마의 정세 불안 확산

동남아시아국가연합 출범 : 경제 발전에의 초석

1965년 9월 30일, 인도네시아공산당이 일으킨 쿠데타가 실패하고 정치적인 변화를 겪는 속에 1966년 6월, 말레이시아와 필리핀이 국교를 회복하였다. 8월에는 인도네시아와 말레이시아 사이에 평화협정이 체결되어 동남아시아의 국제환경은 현저히 개선되었다.

한편 베트남전쟁에 개입한 미군이 계속 고전하자, 동남아시아에서는 친미 국가들도 미국과의 관계를 재정립하려고 했다.

1967년 8월 8일, 태국의 방콕에서 태국, 말레이시아, 싱가포르, 인도네시아, 필리핀의 외무장관들이 모여서 동남아시아국가연합(ASEAN, Association of South-East Asian Nations)을 출범시켰다. 5개국은 지역의 평화와 번영을 꽃피우고 경제 성장, 사회적 진보, 문화적 발전을 추진하자고 선언했다. 모든 결정은 만장일치가 원칙이었다. ASEAN은 그 후 동남아시아 전역을 아우르는 커다란 조직체로 발전해 간다.

그러나 출범 당시, ASEAN은 아직 세계적인 관심을 모으지 못했고 친미 국가들의 한 단체로 간주되었다.

　ASEAN 가맹국의 경제력도 아직 약했고, 경제가 회복되기 시작했다고는 하지만 인도네시아, 말레이시아, 싱가포르는 말레이시아와의 대결의 후유증으로 여전히 고통 받고 있었다. 필리핀 역시 마르코스 정권이 쌀 부족, 실업, 범죄의 증가, 공산게릴라 활동의 증가와 같은 여러 문제와 싸우고 있었다. 태국만이 베트남특수로 경제를 급속히 발전시키고 있었다.

　그러나 태국, 필리핀, 말레이시아(말라야)와 같은 친미 국가에서는, 서방 측으로부터 지원을 받아서 인프라가 급속히 정비되었다. 이는 〈표 8〉에 잘 나타나 있다.

〈표 8〉 ASEAN 주요국의 인프라 정비 진행 상황

	1966년	1968년	1970년
태국: 포장도로(km)	5,675	7,745	10,099
전력 생산(백만kwh)	1,854	3,062	4,545
전화대 수(천대)	86	114	153
승용차 수(천대)	91	126	213
필리핀: 포장도로(km)	10,334	10,911	13,502
전력 생산(백만kwh)	5,567	7,521	8,666
전화대 수(천대)	188	242	310
승용차 수(천대)	158	233	279
말라야: 포장도로(km)	12,925	14,090	14,793
전력 생산(백만kwh)	2,387	2,920	3,545
전화대 수(천대)	121	136	153
승용차 수(천대)	175	201	238
인도네시아: 포장도로(km)	2,044	2,044	2,044
전력 생산(백만kwh)	1,667	1,771	2,100
전화대 수(천대)	166	181	201
승용차 수(천대)	180	202	239

자료 : UN, ESCAP, *Statistical Yearbook for Asia & the Pacific*, 1976.

이러한 베트남전쟁 시기에 인프라를 정비하고 베트남특수를 누리며, 미국과 일본 등의 1960년대의 경제 호황 덕분에 ASEAN 국가들의 수출은 호조를 보였고, 그것이 1970년대 이후의 ASEAN 경제 발전으로 이어졌다.

정세 불안이 지속되던 미얀마

1960년대 후반, ASEAN 5개국 이외의 동남아시아 국가들의 경제는 침체를 거듭했다. 베트남, 라오스는 전쟁터가 되었으며, 캄보디아도 사실상 내전 상태에 있었다. 미얀마에서는 공산군에 의한 쌀 유통루트 파괴작전이 계속되어 쌀 부족에 시달렸다. 국유화로 공업은 침체되었고 물자 부족과 인플레이션으로 어려움을 겪었다. 유통루트를 장악한 화교에 대한 반감이 높아지는 가운데 1967년 6월 26일, 랑군에서 격렬한 반중국인 폭동이 발생하여 43명의 사망자를 내는 참사가 일어났다.

반중국인 폭동은 중국과 미얀마 관계를 악화시켰고, 친중파인 공산당의 정부 공세는 더욱 강해졌다. 공산군의 공세에 대해 네윈 정권은 미국으로부터 군사적, 경제적 지원을 받아 대항하였다. 네윈 장군은 1966년 9월, 미국을 방문하였다.

미국으로부터 지원을 받아 강력해진 정부군이, 1967년 후반부터 공산군의 거점인 중부 미얀마의 페구(Pegu)산을 공격하자 공산군은 점차 수세에 몰렸다. 중국 문화대혁명의 여파로 미얀마공산당 내에 대립이 발생하고, 1968년 9월 24일 마오쩌둥주의의 강경노선을 지지하는 당중앙에 반발한 일부 병사들이 공산당 의장 타킨을 암살하자, 공산당은 위기를 맞게 된다.[12]

1960년대 말이 되어도 미얀마 경제는 나아지지 않았고 물자 부족은 여전했다. 1969년 중국과 미얀마 국경 부근의 샨고원에서 새롭게 등장한 공산군이 정부군을 공격하는 사태가 발생하여 미얀마는 더욱 궁지에 몰린다. 이들은 중국의 지원을 받아 미얀마공산당 간부가 지도하는 와(Wa)족, 카친족, 샨족 등의 소수 민족 병사로 구성되어 있었다. 중국 국경 방면의 새로운 공산군은 페구산과 이라와디 삼각주에서 정부군의 공세를 견제하는 역할을 담당했던 것 같다.[13]

이와 같이 1960년대 후반의 동남아시아에서는, ASEAN 가맹국 5개국과 비가맹국과의 사이에 명암이 크게 갈리는 시기를 맞게 된다.

註

1) アジア經濟研究所,『アジアの動向』, 1967년 1~2월호.
2) 木村哲三朗(1996),『ベトナム-党官僚國家の新たな挑戦』, アジア經濟研究所, p. 43.
3) 『米國防総省ベトナム秘密報告書』, ニューヨーク・タイムズ版,「朝日ジャーナル」, 1971년 8월 10일자.
4) David, P. Chandler(1991),『The Tragedy of Cambodian History』, Yale University Press, pp. 165~166.
5) David, P. Chandler(1991),『The Tragedy of Cambodian History』, Yale University Press, p. 175.
6) 今川瑛一・浜勝彦(1968),『中國文化大革命とベトナム戦争』, アジア經濟研究所, p. 58.
7) 永井重信(1986),『インドネシア現代政治史』, 勁草書房, p. 341.
8) アジア經濟研究所(1966),『アジアの動向』,「インドネシア特集」前文.
9) アジア經濟研究所(1966),『アジアの動向』,「インドネシア特集」, pp. 163~164.
10) アジア經濟研究所(1968),『アジアの動向』,「特集マレーシア・シンガポール」前文.
11) 萩原宣之(1996),『ラーマンとマハティール』, 岩波書店, p. 108.
12) 今川瑛一(1971),『ネーウィン軍政下のビルマ』, アジア評論社, p. 196.
13) 今川瑛一(1971),『ネーウィン軍政下のビルマ』, アジア評論社, p. 215.

제 9 장
닉슨독트린과 탈냉전시대의 시작

1 괌독트린의 충격

중소 군사 충돌이 가져다준 행운

1969년 1월 20일, 닉슨 정권이 발족하였다. 닉슨 대통령의 최우선 과제는 임기 4년 동안 베트남에 주둔한 미군을 모두 철수시키는 것이었다. 그러나 미군이 철수하면 친미 정권이 붕괴하고 소련과 중국의 공산세력이 득세할 우려가 있어서, 친미파와 공산세력이 공존할 수 있는 정전(停戰)이 필요했다. 그러나 열세인 미국 입장에서 정전을 요구하기는 곤란했다.

그런데 뜻밖의 행운이 닉슨에게 찾아왔다. 소련과 중국 사이에 무력충돌이 발생한 것이다. 1969년 3월 2일, 중소 국경 우수리(Ussuri, 우쑤리)강의 전바오섬(珍寶島, 다만스키섬)의 영유권을 둘러싸고 중공군과 소련군이 전투를 벌였다.

베트남에서의 중소 공동투쟁에 부정적이었던 마오쩌둥파가 문화대혁명으로 승리하자 중소 관계는 한층 더 악화되었다. 그러나 중국과 소련이 영토 분쟁으로 무력충돌을 일으킬 만큼 관계가 악화되었다는 것은 서방에게는 의외였다. 동시에 중소 관계 악화는, 미국에게는 베트남전 참전의 의미까지 다시 생각하게 하는 중대사였다.

미국의 베트남전쟁 개입은 '도미노이론'에 의해 모스크바에서 베이징, 베이징에서 베트남으로 이어지는 공산혁명을 단절하기 위해 이루어졌다. 그러나 중소 대립의 격화는 이 도미노의 연쇄가 이미 모스크바와 베이징 사이에서 끊어졌다는 것을 의미했다. 전바오섬 사건은 미국이 베트남전 개입을 중지하기 위해 충분히 이용 가능한 새로운 사태였다.

만약 미국과 중국이 화해한다면 소련의 아시아 공산화작전은 좌절될 것이다. 그렇게 된다면 남베트남 개입의 의미도 사라진다. 남베트남이 공산화된다 해도 그 위협은 국지적이다.

이리하여 전바오섬 사건으로 인해 닉슨 정권은 미중 화해로 베트남전쟁에서 벗어날 수 있는 전망을 갖게 되었다. 그러나 그 다음 과제는 '어떻게 중국과 화해할 것인가'였다.

대중 화해를 위한 여러 방책

첫 번째 대책은 미국과 중국이 실제로 대결하고 있던 베트남전쟁에서 미국이 물러날 의지가 있음을 명백히 나타내는 것이었다.

1969년 6월 8일, 닉슨 대통령은 미드웨이(Midway)섬에서 남베트남 대통령 응우옌반티에우와 회담을 갖고 8월말까지 미군 2만 5천 명을 남베트남에서 철병할 것을 통지했다. 이것이 베트남에서 물러나는 첫 걸음이었다. 1969년에 미군 총 6만 명이 철수했다.

닉슨 정권의 두 번째 행보는 베트남에서뿐만이 아니라 '미국의 세계전략'의 대폭적인 수정을 의미했다.

1969년 7월 20일, 달 표면에 처음으로 인류를 보낸 아폴로우주선이 태평양 상에 무사히 귀환하는 것을 맞이하기 위해 닉슨이 태평양 지역을 방문하였다. 같은 해 7월 24일, 괌을 방문한 닉슨은 '괌독트린(Guam Doctrine, 닉슨독트린)'으로 알려진 다음과 같은 발언을 했다.

"미국은 아시아에서의 분쟁에 군사적 개입을 피하기 위해 미국의 새로운 정책을 마련하려고 한다. 미국은 조약상의 의무를 지키고, 앞으로도 아시아에서 중요한 역할을 하겠지만, 아시아의 각국은 앞으로 스스로의 힘으로 전투를 수행할 수 있도록 해야만 할 것이다."[1]

괌 발언은 트루먼 정권 이후 반공을 주창하며, '세계의 경찰관'으로서 동맹국의 방위를 책임지겠다는 미국의 정책을 큰 폭으로 수정하겠다는 의미인 것은 명백했다. 아시아에서 분쟁 개입을 축소하겠다는 것은, 중국 주변에서 분쟁 개입을 감소시킴으로써 중국에 대한 접근을 의도하고 있는 것이 틀림없었다.

괌 발언은 타이완의 국민당 정권 등 아시아의 반공친미 정권을 놀라게 하였지만, 닉슨 정권의 베트남 철수, 대중 접근 정책은 변하지 않았다. 괌 발언이 있던 다음 날, 미 정부는 미군 345만 명을 베트남 개입 전의 260만 명으로 삭감할 것을 발표하였다. 또한 1969년 8월에는 해외 미군기지를 대폭 축소하고, 베트남전쟁의 책임을 남베트남군에 위임하는 '베트남전의 베트남화(Vietnamization of the Vietman War)' 정책이 레어드(Melvin Robert Laird) 국방장관에 의해 발표되었다. 더욱이 다음 해 9월에는 태국에 주둔하는 미군 4만 8천 명 중 6천 명을 삭감하겠다고 공표했다.

베트남에서의 미군 군축은 1969년 11월 3일, 닉슨이 비밀리에 준비한 타임테이블에 의해 실행되었다. 닉슨 정권은 53만 명의 남베트남 주둔 미군의 임기를 48개월로 나누어, 매월 1만 1천 명씩 전세(戰勢)와 상관없이 철수할 계획을 세웠고, 실제로 1973년 3월중에 예정대로 모든 미군을 철수했다. 미군의 베트남 철수가 시작되는 가운데 1969년 9월 3일, 베트남 공산당 지도자 호찌민이 사망했다.

아시아에서 미군 군축이 일어나는 가운데 닉슨 정권은 1969년 11월 21일, 일본에게 오키나와 정권을 반환하는 데 동의하였다.

베트남 등 중국 주변에서 닉슨 정권이 이처럼 미군을 철수하고 삭감하자, 중국은 미 정부의 대중 화해 의지를 신뢰하게 되었다. 1969년 12월 11일, 미중 양국은 바르샤바에서 대사급 회담을 갖고 화해를 위해 움직이기 시작했다.

그러나 곧바로 미중 화해에 찬물을 끼얹는 중대 사건이 캄보디아에서 발생했다.

2　캄보디아의 반시아누크 쿠데타

우경화하는 시아누크와 론 놀 쿠데타

캄보디아에서는 1967년 3월의 농민폭동이 계기가 되어, 1968년에는 반시아누크 무력투쟁이 전국을 흔들었다. 1968년 초, 무장봉기를 선언한 폴 포트 서기장이 이끄는 캄보디아공산당(크메르노동자당)은, 북동부 산악지역에서 지역 소수 민족을 고용하여 병력을 확충하고 있었다. 태국 국경의 우파 반정부군, 바탐방의 농민군, 동부 콤퐁참의 친베트남파 공산군 등을 합치면, 반정부 병력은 5천 명에 달하는 것으로 추측되었다.[2]

이처럼 좌파세력이 늘어나자 충격을 받은 시아누크는 급속히 우경화의 길을 걸었다. 베트남 공산군이 캄보디아 영토에서 활동하는 것도 마땅치 않았던 시아누크는, 1969년 3월 18일부터 시작된 미군의 캄보디아 내 공산군의 거점 폭격도 승인했다. 시아누크는 같은 해 6월 초순, 미국과의 국교도 회복하였다. 나아가 8월 12일, 농민폭동의 책임을 지고 사임한 친미파인 론 놀 전 총리를 복귀시켰다.

시아누크의 우경화는 군부 등 우파세력에 힘을 실어줘 정부군과 캄보디아 내 베트남 공산군과의 관계도 악화되었고, 동시에 베트남인에 대한 캄보디아인의 감정도 나빠졌다.

정세가 혼란스러운 때에 시아누크는 건강검진을 이유로 1970년 1월 7일부터 두 달 예정으로 프랑스로 외유하였다. 시아누크가 없는 틈을 타 론 놀 장군 등 우파 단체는 베트남 공산세력에 대항하기 위해 프놈펜에서 반베트남 시위를 일으켰다. 3월 11일에는 시위대 천 명이 북베트남대사관과 남베트남민족해방전선 대표부를 습격했다.

이 소식을 들은 시아누크는 북베트남과의 관계 악화를 우려하여 소련, 중국과 협의하고 싶다고 3월 13일 파리를 떠나 모스크바로 향했다. 3월 15일, 프놈펜에서 론 놀 총리가 이끄는 반시아누크 쿠데타가 일어나 시아누크는 원수의 자리에서 쫓겨났다. 시아누크는 3월 19일 모스크바를 떠나 베이징으로 향했는데, 시아누크가 자신의 실각 사실을 모스크바공항으로 향하는 차 안에서 동승했던 코시긴 총리로부터 들었다.

시아누크를 보기 좋게 추방한 소련과는 달리 베이징에서는 그를 대환영했다. 중국은 캄보디아의 우경화에 저항하는 좌파세력을 지원하려고 했고, 시아누크가 앞장서 줄 것을 기대했다.

실각한 처지인 시아누크는 중국과 북베트남, 그리고 최근에 캄보디아에서 자신이 배척했던 국내의 좌파세력에까지 의지하여 론 놀 정부와 싸울 수밖에 없었다. 1970년 3월 23일, 시아누크는 베이징에서 캄푸치아민족통일전선(FUNK, National United Front of Kampuchea)을 결성하고 미제국주의와의 투쟁을 선언했다.

캄푸치아민족통일전선의 지도를 받게 된 캄보디아왕국민족연합정부(GRUNK, Royal Government of National Union of Kampuchea)가 1970년 5월 4일 베이징에서 발족했는데, 총리에는 벤 누트(Penn Nouth) 전 총리, 국방장관과 정보장관에는 이미 2~3년 전부터 지하에서 '반시아누크

투쟁'을 벌이던 키우 삼판, 후 님(Hu Nim)과 같은 좌익 활동가가 임명되었다. 이 왕국정부는 1970년 4월 이후, 베트남 공산군과 공동투쟁을 벌이면서 론 놀파 군대를 공격하여 급속히 친미 정권을 압도했다.

그러나 프놈펜에 친미 정권을 유지하고 그 세력으로 캄보디아 내 베트남 공산군 거점을 장악하여 미군이 철수한 후에도 남베트남 정부에의 위협을 가능한 한 축소하고 싶어 했던 닉슨 정권은 1970년 4월 30일, 미군과 남베트남군을 동원하여 캄보디아 내 공산군 근거지를 공격했다. 미군은 두 달간 캄보디아에 주둔했지만 큰 전과를 올리지 못하고 전사자 339명을 내며 '캄보디아 침공작전'을 종료했다.

반격하는 중국과 시아누크

당연히 미국이 사전에 승인했을 시아누크 추방과 미군의 캄보디아 침공은, 대미 화해로 돌아서기 시작한 중국에게 큰 충격을 주었다. 1970년 5월, 중국은 바르샤바에서의 대미 회담을 중단하고, 전 세계에 미 제국주의와의 대결을 촉구했다.

그러나 닉슨 정권은 중국과의 대결을 바라지 않았다. 베트남 주둔 미군을 감축하고 중국과 화해하려는 방침에는 변화가 없었다. 닉슨 대통령은 1970년 후반, 중국과의 관계를 개선하고 싶고 중국 방문을 희망한다는 내용을 다양한 통로로 표명했다. 베트남 주둔 미군은, 1968년말 53만 6천 명에서 1970년말 33만 5천 명으로 감소했다.

이러한 미국의 움직임에 대해 1970년 12월, 저우언라이 총리가 닉슨 대통령에게 미 대통령특사의 베이징 방문을 승인하는 메시지를 전달했다. 중국은 다시 대미 화해노선으로 돌아왔다.

3 닉슨의 중국 방문과 동남아시아 국가들

닉슨의 중국 방문

1971년 초, 닉슨 대통령의 방중을 환영한다는 저우언라이의 전언이 워싱턴에 도착했다. 미국 탁구팀의 중국 방문이 실현되어 4월 13일 미중탁구 시합이 베이징에서 개최되었다. 4월 29일, 닉슨은 중화인민공화국과의 국교정상화에 높은 기대를 표명했다.

미중 접근의 움직임이 급진전되자 1971년 7월 9일, 키신저 보좌관이 베이징을 비밀리에 방문하여 닉슨의 중국 방문을 결정지었다.

1971년 7월 15일, 전 세계를 놀라게 한 뉴스가 발표되었다. 이날 닉슨 대통령은 텔레비전과 라디오방송을 통해 1972년 5월까지 베이징을 방문한다고 발표했다. 제1차 닉슨쇼크[일반적으로 알려져 있는 닉슨쇼크는 1971년 8월 15일 닉슨 대통령이 발표한 달러방위정책인 금과 달러화의 교환을 정지시킨 데서 비롯되었으며, 이로 인해 대미 수출에 의존하는 국가들은 큰 충격에 빠졌고, 국제통화제도는 고정환율제에서 변동환율제로 바뀌는 전환점이 되었다. 그러나 이 닉슨쇼크 발발 1개월 전 닉슨 대통령은 대립 관계에 있던 중국 방문을 예고 없이 발표하면서 미국의 대중국 정책이 전환되었음을 표명함에 따라 전 세계는 닉슨쇼크에 휩싸였다. 이로 인해 일본을 비롯한 친미 국가들은 물론 국제 사회 전반에 대혼란과 충격을 안겨 주었다. 저자는 닉슨의 방중(訪中)성명 또한 전 세계에 가져다준 정치, 경제적 충격이 매우 컸다는 점을 고려하여 제1차와 제2차 닉슨쇼크로 구분하여 서술하고 있다 : 역주로 알려진 사건이 바로 이것이며, 한국전쟁 이후 20여 년의 미중 대결의 역사는 여기서 종지부를 찍는다.

본서에서 자세하게 서술했듯이, 한국전쟁 후 미국의 아시아 정책의 중심을 중국과의 대결로 삼았던 시대는, 닉슨의 방중 성명과 그 파문 속에서 1971년 10월 25일 유엔총회에서 실현된 중국의 유엔 가입, 1972년 2월 21~27일 실시된 닉슨 대통령의 중국 방문을 통해 끝났음을 나타낸다. 그리고 냉전에서 탈냉전으로 이행하기 시작한 것을 의미했다. 그러나 이행 과정은 결코 평탄하지만은 않았다.

닉슨의 방중성명은 중국을 둘러싼 나라들에게 크나큰 충격을 주었다.

반공의 제1선인 한국의 박정희 정권은 1971년 4월 대통령선거에서 승리하여 3선 연임에 성공했다. 그러나 대통령선거에서 야당 김대중 후보가 선전한 것에서 알 수 있듯이 박정희는 국민들의 지지를 잃기 시작했다. 더욱이 주한미군 2개 사단 중 1개 사단이 닉슨의 신정책하에 철수를 완료하여, 더 이상 '반공'만으로는 미국의 지원을 기대할 수 없는 상황이었다.

닉슨의 방중 성명에 충격을 받은 박정희 정권은, 스스로 북한과의 대화에 나서 새로운 사태에 대응하려고 하였다. 그러나 닉슨의 중국 방문은 반공 군사정권 아래서 억압받고 있던 민중의 불만을 폭발시켜 민주화운동과 노동자의 파업이 속출했다.

불안을 느낀 박정희 정권은 1971년 12월 6일, 북한의 남침 우려가 있다는 이유로 전국에 비상사태를 선포하고 국민을 군대의 삼엄한 감시하에 두었다.

닉슨의 방중 성명에 당황하는 친미 국가들

닉슨의 중국 방문 성명을 계기로 국민들의 불만이 폭발하자 군대가 나서서 억압하는 사태는 동남아시아의 친미 국가에서도 일어났다. 그중 하나가 태국이었다.

미군이 베트남에서 철수하자 베트남특수가 감소하여 경기가 침체되고 있던 태국에서는, 야당이 타놈 정권에 대한 비판의 목소리를 높였고 지방에서는 공산세력의 폭동이 과격해졌다.

사태를 수습하기 위해 타놈 총리(육군원사)는 1971년 11월 17일, 군사쿠데타를 감행하여 계엄령을 포고하고 국회를 해산시켰으며, 모든 정당을 해체하고 군사독재 체제를 수립했다. 그러나 베트남에서 한창 미군 철수가 이루어지는 가운데 들어선 타놈 독재체제는 많은 국민을 적으로 만들었다. 국민들은 친미반공을 고집하는 군정을 신랄하게 비판했다.

독재체제를 구축한 제2의 친미 정권은 필리핀의 마르코스였다.

마르코스가 대통령으로 등장한 1960년대 후반의 필리핀은, 제2차 세계대전 후 위생 상태가 개선되어 인구가 급증했다. 대지주가 지배하는 농촌에서는 생산성이 낮았고, 인구 증가를 수용할 수 있는 가용경작지가 부족하여 농민들은 도시로 이주했다. 인구는 1948년 2천만 명에서 1970년 3,700만 명으로 늘었고, 도시 인구는 1950년 560만 명에서 1970년 1,200만 명으로 증가했다.[3]

인구 증가와 함께 발전해야 할 공업이 1960년대에 들어서 성장이 둔화되었다. 실업자가 증가하고 수도 마닐라를 중심으로 범죄가 활개를 쳤다.

학교교육이 보급되어 대학생 수가 증가하자, 필리핀이 처한 현실에 대해 비판적인 지식인들이 늘어났다.

좌익 학생운동의 지도자 호세 마리아 시손(Jose Maria Sison)은 1968년 12월, 동지 75명과 필리핀공산당을 결성했다. 시손은 1969년 3월, 전 공산게릴라의 부수카요노[Bernabe Buscayno, 별명은 단테(Kumander Dante)] 및 그의 부하 37명과 함께 공산당의 무장부대인 신인민군(NPA, New People's Army)을 조직했다. 이리하여 일시 붕괴하던 필리핀의 공산세력은 무력투쟁을 조직적으로 재개할 수 있게 되었다.[4]

필리핀 사회가 혼란스러운 가운데 1969년 11월에 치러진 대통령선거에서 마르코스는 대승을 거두고 사상 최초로 대통령에 재선되었다. 이는 마르코스가 제1기 4년 동안 쌀 증산을 위해 정부자금을 관개 공사와 지방의 도로 건설에 대량 투입하여 마르코스 정권과 농촌 간을 공공사업으로 네트워크화하는 데 성공했기 때문이다. 마르코스 정권은 쌀 수확을 높일 수 있는 품종 개발에도 성공하여 일시적이나마 1968년에는 쌀을 자급할 수 있었다. 마르코스는 또한 베트남에 2천 명의 공병대를 파견하여 미국을 도왔다. 그 대가로 받은 군사원조로 필리핀군을 근대화하여 군대를 자기편으로 만드는 데도 성공했다.[5]

그러나 대통령선거로 인해 정부 지출이 늘어난 데다 1970~1971년 자연재해로 흉작이 되자 필리핀은 재정적자에 시달렸다. 1970년에는 국제수지마저 악화되어 마르코스 정권은 같은 해 2월, 페소화를 자유변동환율로 전환하여 1973년 중반까지 미국달러화에 대해 페소화가 42%나 절하되었다. 그 결과 수입품은 가격이 상승하였고 소비자물가는 1970년부터 1972년에 걸쳐 32%나 상승했다.[6]

이처럼 마르코스 대통령의 권력기반 확충과 경제 악화가 평행선을 긋고 있는 사이, 노동자 파업과 학생들의 반마르코스 시위는 점차 고조되어 갔다. 1970년 1월, 말라카냥궁(Malacanang Palace) 앞에서 학생시위대가 마르코스 재선에 항의하다 4명이 사망했다. 1971년 학생들은 수도 교외의 케손(Quezon)시에 위치한 필리핀대학 딜리만(Diliman) 캠퍼스에서 '딜리만 코뮌(Diliman Commune, 경찰과 군의 대학 캠퍼스 진입에 대항하고자 학생들이 바리케이트를 치고 농성을 계속하는 사태가 발생한 것을 의미하며, 결국 학생들은 고립되면서 투쟁을 멈추고 자진 해산할 수 밖에 없었다: 역주)'을 선언하고 9일간 캠퍼스를 점거했다.[7]

마르코스파와 반마르코스파의 대립은 1971년 11월에 열리는 중간선거 기간 동안 더욱 격렬해졌다. 1971년 8월, 마닐라의 미란다광장(Plaza Miranda)에서 열린 자유당(Liberal Party)의 반마르코스 집회에 수류탄 두 발이 투척되어 참가자 9명이 사망하고 상원의원 8명이 부상을 입었다. 반마르코스파의 지도자 베니그노 아키노(Benigno Aquino) 상원의원은 늦게 도착하여 위기를 모면했다. 마르코스는 이 사건을 공산주의자의 소행이라 단정하고 경찰이 피의자를 구치할 수 있도록 6개월간 필리핀 내 인신보호령 실시를 잠정적으로 중지하고 범인 수색을 벌였다.

미란다광장 사건으로 1971년 11월의 중간선거에서는 자유당이 마르코스의 여당 민족당에 승리하였다. 선거결과는 1974년 초에 임기가 끝나는 마르코스에게 위기감을 주었다. 마르코스는 1935년 헌법이 정하고 있는 한 번 연임이 가능한 대통령 임기 규정에도 불구하고 두 번 연임을 노리고 있었다.

팽팽한 긴장 속에서 1972년 전반, 마닐라에서는 폭파사건이 잇따라 일어났다. 마르코스는 공산당의 봉기가 가까워진 증거라며 자유당 베니그노 아키노 상원의원이 공산당의 시손과 통일전선을 구성하려고 한다고 비난했다. 이에 아키노는 마르코스가 필리핀을 경찰군 관리하에 두려고 한다고 맞섰다.

마르코스파와 반마르코스파가 강경하게 대립하자 1972년 9월 22일, 마르코스 대통령은 계엄령을 선포하고 아키노 등 야당 지도자 53명을 그날 밤 체포했다. 마르코스 독재체제가 시작된 것이다.

　마르코스 대통령은 국내 권력투쟁에 힘을 쏟는 한편, 닉슨의 방중 충격에도 기민하게 대응했다. 마르코스는 1972년 2월, 베이징에 특사를 파견하고 3월에는 자신의 부인인 이멜다(Imelda Marcos)를 소련에 보냈다.

　이리하여 독재정권이 제1차 닉슨쇼크에 대한 국민들의 불만을 억압하고 변화하는 세계정세에 대응하기 위한 외교 방편으로 정치적 안정의석을 확보하는 것이, 한국과 태국, 필리핀과 같은 아시아 친미 3개국의 공통적인 우선과제였다.

　한편, 아시아에서 미국의 위상이 저하되는 가운데, 일부 동남아시아 국가에서는 중립주의가 부활했다. 1967년 8월에 출범한 ASEAN은 1971년 11월 27일, 말레이시아와 인도네시아의 주도 아래 ASEAN의 중립화를 선언했다. 이른바 동남아시아의 '평화, 자유, 중립지대(ZOPFAN, Zone of Peace, Freedom and Neutrality)선언'이다. 이 선언에는 태국의 신생 군사정권도 찬성했다.

　한편 대미 접근을 통해 친중파 공산군과 대립하고 있던 미얀마의 네윈 군정은, 닉슨 대통령의 방중성명에 영향을 받고 즉시 대중관계 개선에 착수했다. 네윈 장군은 1971년 8월 6일 중국을 방문하고 8월 7일 마오쩌둥과 만났다.

　네윈의 중국 방문 결과, 미얀마와 중국 양국은 반화교폭동으로 악화된 양국 관계를 정상화하는 데 합의했다. 중국은 공산당에 대한 지원 중지를 약속하지는 않았지만, 미얀마와의 관계 개선을 통해 미국이 '이전에 구축해 놓은' 반중국 포위망의 한 축을 성공적으로 붕괴시켰다고 할 수 있을 것이다.

닉슨독트린이 구체화되어 갈 때, 라오스에서는 공산군이 중부 자르평원에서 남라오스를 향해 세력을 넓히자 친미파 군대는 후퇴를 계속했다. 미군은 공중폭격으로 대항했지만 성과는 없었다.

1971년 2~3월, 미군의 지원을 받은 남베트남군이 라오스 남부를 침공했지만, 결국 큰 손실을 내고 후퇴했다.

그러나 닉슨의 대중 접근은 당사국인 중국에게도 큰 충격이었다. 중국에서 마오쩌둥 다음으로 실력자였던 린뱌오(林彪, 임표) 장군은, 미중 관계의 개선이 반미파인 자신의 입지를 불리하게 할 것이라 판단하여 1971년 봄부터 마오쩌둥 타도 쿠데타를 계획했다. 그러나 계획은 9월 8일경에 발각되어 린뱌오는 비행기를 타고 소련으로 도망치려 했지만, 9월 13일 비행기가 몽골에 추락하는 바람에 린뱌오를 비롯한 모든 승객이 사망했다고 한다.

한편 제1차 닉슨쇼크는 반공, 반중국 입장인 일본에도 영향을 끼쳐 친미파인 사토 에이사쿠(佐藤榮作) 내각은 지도력을 잃고 1972년 7월 퇴진했다. 후임의 다나카 가쿠에이(田中角榮) 내각은 즉시 중국과의 국교 정상화 교섭에 착수하여 1972년 9월 29일, 국교 회복에 성공한다.

註

1) アジア經濟研究所,『アジア動向年報』, 1970년도판, p. 694.
2) David, P. Chandler(1991),『The Tragedy of Cambodian History』, Yale University Press, p. 175.
3) David, G. Timberman(1991),『A Changeless Land』, The Bookmark Inc., Manila, pp. 53~54.
4) David, G. Timberman(1991),『A Changeless Land』, The Bookmark Inc., Manila, p. 61.
5) 浅野幸穗・福島光丘編(1988),『アキノのフィリピン』, アジア經濟研究所, p. 21.
6) David, G. Timberman(1991),『A Changeless Land』, The Bookmark Inc., Manila, p. 63.
7) David, G. Timberman(1991),『A Changeless Land』, The Bookmark Inc., Manila, pp. 63~64.

제 10 장

오일쇼크와 대혼란의 시대

1. 데탕트의 붕괴와 10월 중동전쟁

데탕트 시대

중국과의 화해에 성공한 닉슨 정권의 다음 과제는, 1960년대 급속히 증강된 소련의 군사력에 대응하는 것이었다. 특히 소련 해군은 지중해와 중동, 동아시아에서 빠르게 세력을 넓히고 있었다.

한편 소련은 미국과 중국의 관계 개선에 크게 반발하여 중국의 라이벌인 인도와의 관계 개선에 나섰다. 또한 키신저의 중국 방문을 뒤에서 조정하여 미중 화해에 협력한 파키스탄에 보복을 했다. 소련은 파키스탄의 동부(벵골지방)에서 고조된 독립운동(파키스탄의 정치적 중심지인 서파키스탄으로부터 독립)을 인도와 함께 지원했다. 인도는 1971년 12월 파키스탄을 공격하여 동파키스탄을 점거하고, 그곳을 방글라데시로 독립시키는 데 협력했다.

이와 같은 소련의 군사력 강화와 미중 양국에 대한 거센 정치적 반발은, 닉슨 정권으로 하여금 소련과의 관계를 개선해야 할 필요성을 인식하게 했다. 닉슨은 1972년 2월 21일 중국 방문에 이어 5월 22일에는 소련을 방문했다. 미소 양국은 핵무기 강화를 서로 자제하자는 데 합의하고 제1차 미소 전략무기제한협정(SALT I, Strategic Arms Limitation Talks)을 체결한다.

이렇게 미중 화해에 이은 미소 양국 간에 싹튼 화해 무드로 인해 세계는 평화공존 분위기가 무르익었고, '데탕트(détente, 긴장완화)'라는 단어가 희대의 유행어가 되었다.

1973년 1월 27일, 남베트남에서 공산군과 친미 정권이 정전(停戰)후 통일을 협의하고 미군의 완전철수를 결정한 '베트남 화해협정'을 체결하였으며, 또한 2월 21일에는 라오스 푸마 중립정권과 공산군이 화해협정을 조인하자 데탕트 무드는 한층 고조되었다.

그러나 캄보디아에서는 1972년 3월 론 놀 장군이 대통령으로 선출되었지만, 손곡탄 총리 중심의 친미 정권이 키우 삼판을 총사령관으로 하고 폴 포트를 군작전부장으로 하는 해방군과 격전을 벌이고 있었다. 전세는 해방군에게 유리하게 전개되자 손곡탄 총리는 1972년 10월 사임했다. 같은 시기 폴 포트가 이끄는 공산군은 중국으로부터 무기 지원을 받아 각지의 게릴라들을 폴 포트파로 만들어 간다.

1973년 3월 29일, 드디어 미군 전원이 베트남으로부터 완전 철수했다. 미군은 국내 여론에 밀려 더 이상 인도차이나전쟁에 개입하지 않는다는 방침을 세웠다. 같은 해 8월 15일부터 라오스와 캄보디아에 대한 미 공군의 폭격은 중단되었다. 미국의 베트남전쟁은 종결되고 있었다.

데탕트의 붕괴

그러나 미중과 미소 화해를 통해 만개한 데탕트는 예상외로 짧게 끝이 났다. 원인의 하나는 닉슨 자신에게 있었다. 1972년 가을, 닉슨의 재선을 위한 대통령선거 기간 중, 공화당이 민주당 선거본부를 도청하는 사건이 일어났다. 1973년 3월 이후, 이 사건에 닉슨이 직접 관여했다는 이른바 '워터게이트사건(Watergate Affair)'이 엄청난 스캔들로 발전하여 닉슨은 지도력을 상실하게 된다. 공산권 화해정책에 반발해 온 공화당 우파 및 군부와 닉슨은 타협할 수밖에 없었다.

데탕트가 단명하게 된 두 번째 이유는, 1973년 8월 8일 도쿄에서 발생한 김대중사건이었다. 이날, 1971년의 대통령선거에서 선전했던 한국의 야당 지도자 김대중이, 자신이 머물고 있던 호텔에서 한국 정보부원에게 납치되어 한국으로 연행되었다. 이 사태를 알게 된 미 중앙정보국은 박정희 대통령에게 김대중의 신변보호를 요청했다. 죽음을 면한 김대중은 서울의 자택에 모습을 드러내어 사람들을 놀라게 했다.

김대중사건은 박정희 대통령이 자신의 정적을 비밀리에 제거하려고 한 사건이다. 이 때문에 북한은 한국 정부를 불신하게 되었고 남북대화는 결렬되었다. 미국 정부는 남북관계가 다시 경색되자 4만 2천 명에 이르는 주한미군 감축계획을 중단했다.

김대중사건 이후 미군 내부에서는 정전 중인 남베트남에서 공산군이 친미 정권에 대한 공격을 멈추지 않자 크게 반발했다. 1973년 10월 4일, 미국 정부는 미 공군기지의 아시아 거점인 태국을 비롯한 동남아시아에서 미군 철수를 즉시 중단한다고 발표했다. 이와 같은 미국의 결정은 괌 독트린을 수정, 보완한 것이다.

더욱이 1973년 들어 데탕트 무드를 뒤흔드는 사건이 발생했다. 1973년 10월 6일, 아랍군이 이스라엘을 공격하면서 제4차 중동전쟁이 발발한 것이다. 아랍군은 이날, 1967년 전쟁으로 이스라엘에 빼앗긴 국토를 회복하기 위해 대공세를 펼쳤다. 전쟁은 당초 아랍군이 우위를 차지했다. 아랍 산유국이 이스라엘을 지지하는 미국 등에 석유 수출을 금지하자 석유가격은 4배로 폭등하고 세계경제와 정치는 대혼란에 빠졌다.

  세력 확대를 꾀하는 소련과 소련의 진출을 저지하려는 미국 사이에 대립이 극심해지자 결국 데탕트는 붕괴되고 만다. 물론 동남아시아도 세계가 대혼란 속으로 빠져들어 가는 데 어느 정도 역할을 하게 된다.

2　반일 폭동과 동남아시아의 동요

대혼란의 시대로 돌입

1973년 8월 24일 김대중사건이 일어난 지 얼마 되지 않아 중국공산당 제10차 전국대표회의가 개최되었다. 중국의 저우언라이 총리는 당면한 국제정세의 특징으로 "천하가 크게 어지러워지고 있다"고 지적했다.

1973년 10월 20일 이후 미소 양국 군대가 제4차 중동전쟁에 개입하여 사태가 긴박해졌지만, 다행히 10월 25일 정전이 성립되어 일단은 전쟁이 종결되었다. 그러나 석유가격이 급등해 발생한 인플레이션은 세계적으로 본격적인 경기불황과 정치적 혼란을 가져왔다. 1974년부터 1975년에 걸쳐, 세계는 실로 천하 대혼란의 시대에 접어들게 된다.

1974년 2월말, 에티오피아에서는 군대 내 좌파가 쿠데타를 일으켜 하일레셀라시에 1세(Haile Selassie I) 황제 정권이 붕괴되고 사회주의 정권이 수립되었다. 같은 해 4월 25일 오랜 세월 우익 독재정권하에 있던 포르투갈에서는 좌파 군인들의 쿠데타가 성공했다. 쿠데타로 수립된 신정권은 앙골라, 모잠비크, 동티모르 등의 식민지 해방을 위해 노력했다. 그러나 상당수의 포르투갈 식민지 국가에서는 독립정권의 바람직한 형태를 둘러싸고 친소세력과 친서방세력 간에 내전이 시작되었다.

1974년 8월 8일, 워터게이트사건으로 궁지에 몰린 닉슨 대통령이 사임 압력을 받게 되자, '서방세계의 중심국'으로서의 미국의 권위가 크게 흔들렸다.

태국 : 피로 얼룩진 일요일

이와 같은 동란의 파도는 동남아시아에도 밀어닥쳤다. 중동전쟁이 종결된 후 첫 사건은 태국에서 일어났다.

1973년 태국에서는, 1971년의 군사 쿠데타로 독재정권을 수립한 타놈에 대해 국민들의 원성이 높았다. 급변하는 아시아 정세에도 불구하고 여전히 친미 외교를 고집했고, 군정 간부들은 부패한데다가 1972년의 쌀 흉작으로 쌀값이 폭등하자 반정부 감정이 고조되었다.

1973년 10월초, 학생과 지식인 단체가 군정을 반대하는 팸플릿을 방콕 중심가에 배포하자 곧바로 13명이 체포되었다. 체포자 석방을 위해 1973년 10월 9일, 학생들은 왕궁과 관청에서 가까운 타마삿(Thammasat)대학에서 항의집회를 열었다. 12일에는 시민들까지 동참하여 집회 참가자는 1만 5천 명에 달했으며, 집회를 주도한 태국전국학생센터(NSCT, National Student Center of Thailand)는 정부와 체포자 석방을 위해 협상했다. 그 후 40만 명으로 확대된 학생과 시민의 대규모 집회에 두려움을 느낀 정부가 13일 저녁 체포자 석방을 결정하자 학생들은 곧바로 집회를 해산했다.

타놈 총리를 비롯하여 쁘라팟 부총리와, 타놈의 아들이자 쁘라팟의 사위인 나롱(Narong Kittikachorn) 대령 등 세 명은 가족을 이끌고 14일 저녁 해외로 탈출했다.

이 대규모 집회에서 학생과 시민들은 무장경찰, 정부군과 충돌을 일으켜 77명이 사망하고 무려 444명이 행방불명되어 "피로 얼룩진 일요일"이라고 기록되었다.[1]

한편 국왕인 라마 9세는 1973년 10월 14일 밤, 타마삿 대학의 산야(Sanya Dharmasakti) 총장을 새로운 총리로 임명했다. 산야 신정권은 육군총사령관 크리트 대장에게 수도의 치안 회복을 명령하고 학생들의 주장에도 귀 기울이면서 대내외 정책을 추진했다. 외교 면에서는 특히 중국과의 관계 강화에 역점을 두었다.

반일 폭동의 충격

1974년 1월 9일, 유혈사태로 군정이 무너진 지 얼마 안 된 태국 방콕을 일본의 다나카 총리가 방문했다. 다나카 총리의 태국 방문은 군정 타도로 의기가 충천한 학생들에게 절호의 표적이 되었다. 특히 1972년 이후, 태국에는 일본 자동차와 일본 제품이 홍수처럼 넘쳐나고 일본 관광객들이 증가했다. 태국인들은 일본 관광객들의 추태에 분노하여 일본 제품에 대한 불매운동을 벌였다. 때마침 학생단체는 다나카 총리가 태국을 방문하자 반일 시위의 호기가 찾아왔다고 생각했다.

방문 당일, 학생 3천 명이 다나카 총리의 숙소에서 항의시위를 벌이고, 태국에 새로 문을 연 대형 다이마루 백화점에는 수백 명이 진입하여 항의를 벌였다.[2]

학생시위대를 피해 말레이시아를 방문하고, 1월 14일 인도네시아 자카르타로 건너간 다나카 총리는, 그곳에서도 놀라운 사태를 목도했다. 1월 15일 격렬한 반일 시위가 일어난 것이다. 일본 기업의 현지 진출에 반발한 학생들이 벌인 반일 시위에 많은 시민들이 합세하여 반일 폭동으로 발전했다. 군중들은 일본대사관은 물론 일본 기업에 돌을 던지고 일본 자동차를 불태웠다. 도요타(Toyota)의 합작회사인 도요타 아스트라 본사 빌딩은 시위대의 방화로 초토화되었다. 이 폭동으로 8명이 사망하고 수많은 지식인이 체포되었다.[3]

자카르타에서 일어난 반일 폭동은 태국과 마찬가지로, 베트남전쟁 기간에 급속히 확대된 일본의 경제 진출에 대해 현지인들의 반감이 가장 큰 원인이었다고 할 수 있다. 그러나 권력에 집착하고 있던 수하르토 정권에 대한 국민의 불만과 정권 내의 권력투쟁도 주요 원인이었다고 할 수 있을 것이다.

1968년 3월 임시국민협의회의에서 대통령으로 지명된 수하르토 장군은, 자신의 정당성을 위해 1971년 7월 총선거를 실시하여 여당 골카르(Golkar, Golongan Karya)가 압승했다.

총선거를 통해 선출된 의원은 정원 460명 중 100명이 임명의원, 360명이 비례대표제로 선출된 민선의원이었다. 1964년 10월, 국군이 공산당에 대항하여 만든 직능단체 290개를 결집한, 직능단체 공동사무국을 모체로 하는 골카르는, 이 선거에서 236석을 획득하여 압승했다. 제2당은 이슬람 단체인 나흐타둘 우라마였다.

선거 결과, 임명의원 의석을 더해 안정적 다수를 확립한 수하르토 여당은 1973년 3월 임시국민협의회를 통해 수하르토 대통령을 재선시켰다. 이 시기 인도네시아는 말레이시아와의 대결을 청산하고 경제 혼란으로부터 회복하여 물가도 안정된 상태였다.

그러나 1972년부터 1973년에 걸쳐, 쌀 흉작이 들어 물가가 급등하자 국민들의 불만은 다시 높아졌다. 나흐타둘 우라마와 국민당 등의 야당은, 총선거에서 골카르가 압승한 것은 군의 선거 개입 때문이라고 주장했다.

수하르토 체제하에서 다시 경제활동이 활발해진 화교 상인과 가난한 대중 간에 빈부 격차가 더욱 커지자, 1973년 8월 반둥에서 청년들이 반화교 폭동을 일으켰다.

1973년 후반, 학생들은 일본 등 외국 자본의 유입과, 외국 자본과 관료와의 유착에 대해 강하게 비판했으며, 11~12월에는 학생 시위대가 일본대사관과 일본 기업에 대해 항의했다.[4]

1974년 1월 15일 발생한 자카르타의 반일 폭동은 이러한 배경 속에서 발생했다고 할 수 있다. 증거자료는 없으나 수하르토 주류파에 대한 비주류파의 공작이 원인이었다는 주장도 있다.

이와 같이 다나카 총리의 방문은, 태국과 인도네시아에서 학생들의 불만을 폭발시키는 계기가 되어 사회를 불안에 빠뜨렸고, 그 후에도 동남아시아 국가들의 사회 혼란은 계속되었다.

심화되는 동남아시아의 동요

① 태국의 동요

다나카 총리에게 반일 시위의 세례를 퍼부은 태국의 청년학생들은 그 후에도 정치 개혁과 미군 철수, 최저생계 보장 등을 요구하며 집회와 시위를 반복했다. 노동자와 농민도 생계 문제로 파업과 집회를 이어갔다. 그러나 보수적인 산야 정권은 청년들의 개혁 요구에 소극적이었다.

1974년 7월 초순, 경관이 주차 위반한 택시운전사를 폭행한 사건이 시민들에게 알려지자, 방콕에서 시위가 일어났다. 이 폭동은 24명이 사망하는 참사로 기록되었다. 어떻게 보면 단순한 사건에서 시작되었지만, 그 배경에는 쌀 흉작 후 계속된 쌀값 상승과 유가 급등에 의한 인플레이션, 그리고 세계적인 불황 속에서 공업 생산이 정체되어 민중들의 생활이 피폐해진 데 대한 강한 불만이 존재했다.

경제적, 정치적 소용돌이 속에서 학생과 노동자, 농민들의 불만은 그칠 줄 몰랐고 정치적인 혼란은 1975년 이후까지 이어졌다. 1975년 2월, 국민의 불만에 속수무책인 산야 내각을 대신하여 전문정치가 출신인 세니(Seni Pramoj) 총리가 등장하지만, 워낙 정치적 기반이 취약하여 한 달 남짓 정권을 유지하다가 3월, 서민파의 쿠크리트(Kukrit Pramoj) 총리로 교체된다. 쿠크리트 총리는 가난한 농민을 적극 지원하는 정책에 역점을 두었다. 그러나 쿠크리트 총리는, 대외적으로 태국과 베트남에서의 미군 철수에 따른 경제적 특수가 크게 감소하고, 오일쇼크로 인해 세계적인 인플레이션으로 경기가 정체되자 당면 과제를 해결하지 못했다. 대내적으로도 많은 정당으로 구성된 연립여당 정권을 어떻게 이끌고 나갈 것인가에 대한 비전을 확실히 제시하지 못했다. 결국 쿠크리트 총리는 1976년 4월 시행된 총선거에서 낙선하고 재등장한 세니 총리에게 정권을 넘겼다.

이러한 정치적 동요는, 과거의 권력을 되찾기 위해 때를 기다리고 있던 군부에게 또 다른 기회를 제공했다. 1976년 4월 23일, 군부는 개혁파 크리트 대장(국방장관)이 갑작스레 사망하자 반공의 중요성을 다시 들고 일어났다. 우파 단체를 지원하여 좌익세력을 공격한 군부는 같은 해 10월 6일, 쿠데타를 통해 민간 정권을 무너뜨리고 군사정권을 세웠다.

쿠데타가 일어난 동기는 1976년 9월 19일, 타놈 전 총리가 승려 신분으로 귀국하자, '타놈 추방'을 외치는 학생들과 타놈을 지지하는 우파 단체들이 충돌하여 타마삿대학과 그 주변에서 학생과 우파 단체, 경찰 간에 유혈사태가 발생했기 때문이다. 이때 한 명이 사망하자, 이를 빌미로 군사 쿠데타를 일어났다. 군부는 10월 8일, 반공 투사로서 타마삿대학 법학부 교수이자 최고판사인 타닌 크라이비치엔(Thanin Kraivichien)을 총리에 임명했다.

② 말레이시아의 동요

한편 격동하는 태국과는 대조적으로 말레이시아에서는 라자크(Tun Abdul Razak) 신임총리가 자신의 정권 기반을 착실히 강화하고 있었다.

1970년 9월, 총리가 된 라자크는 말레이시아인을 우대하는 경제정책을 실시하여 청년들의 불만을 진정시키는 한편, 비상사태 선포와 군대의 힘을 빌려 치안 회복에 노력했다. 치안이 안정되자 1971년 2월 비상사태는 해제되었고 의회도 재개했다.

이윽고 라자크 정권은 말레이시아 정치에 중대한 영향을 끼치는 헌법 개정에 착수했다. 1971년 3월, 화교 정당의 반발에도 불구하고, 라자크 정권은 시민권과 말레이시아인의 특권, 국어 등에 관한 중요 현안에 대해 각 정당을 비롯한 언론 등의 논의 및 보도를 일절 금지하는 내용의 개정된 헌법을 통과시켰다.

라자크 총리는 1972년 정권 안정에 더욱 힘을 쏟았는데, 그 중 대표적인 것이 UMNO를 중심으로 하는 여당에 사바와 사라와크 보수정당, 그리고 말레이시아계 및 화교계 야당세력을 포함하여 9개의 정당으로 구성된 국민전선을 결성한 것이다. 국민전선은 1974년 8월 24일 시행된 총선에서 압승을 거둔다.

착실히 정권기반을 다진 라자크 총리는, 1974년 5월 28일 중국을 방문하여 ASEAN 국가로서는 처음으로 중국과 국교를 수립했다. 말레이시아의 대중 접근은 말레이시아 공산군을 견제하기 위한 정책적 측면이 강했지만, 오히려 공산세력 활동은 위축되지 않았다.

그러나 모든 것이 순조롭게 보였던 라자크 정권 앞에 공산군 외에 또 다른 도전자가 나타났다. 그것은 바로 말레이시아 학생들이었다. 세계적 인플레이션으로 국민들이 생활고에 처한데다 선진국이 자동차 생산을 줄이는 바람에 고무가격이 폭락하여 농민들의 생활은 피폐해질 대로 피폐해졌다. 학생들은 민중들의 억압된 생활에 반발하여 대규모 항의시위를 조직하고 외국 자본의 자국 경제 지배를 규탄했다.

1976년 1월 14일, 라자크 총리는 53세의 젊은 나이로 갑자기 사망하자 후임으로 후세인 온(Hussein Onn) 부총리가 취임했다. 후세인 온 신임총리는 같은 해 3월 5일 부총리에 젊은 정치가의 모범이자 희망인 당시 교육장관 마하티르 UMNO 부위원장을 임명했다.

③ 미얀마의 동요

한편 미중 간 관계 개선의 흐름에 신속히 대응하여 대중 관계를 정상화한 미얀마 네윈 군정은, 1973년 초 군정을 민정으로 이관하겠다고 발표했다. 1974년 초 관련 헌법이 제정되었고 군정의 권력을 이어받는 인민의회가 발족했다. 1974년 3월 2일 발족한 인민의회는 네윈을 대통령으로, 우 산 유(San Yu) 대장을 부통령으로 선출했다. 미얀마의 새로운 체제는 군정이 옷을 갈아입는 것으로 마무리되었다.

1974년 5~6월, 지속되는 쌀 부족과 물가 상승에 대한 부작용이 속출했다. 만달레이(Mandalay), 랑군 등에서는 국영공장 노동자들의 파업과 폭동이 일어났다. 국제적으로 가장 저명한 미얀마인이며 11월 2일 뉴욕에서 사망한 우 탄트(U Thant) 전 유엔 사무총장의 시신이 12월에 랑군에 도착했다. 그러나 정부가 고인에 대해 충분한 경의를 표하지 않자, 이에 분노한 학생과 승려들이 들고일어났다. 결국 12월 11일 학생들과 군대가 충돌하여 랑군 시내는 폭동으로 혼란에 빠졌다. 정부는 곧바로 계엄령을 선포했다.

1975년에도 학생들의 반정부 시위는 계속되었고, 6월 6일에는 네윈 정권 타도를 외치는 학생시위대가 랑군시 한복판에서 경찰과 충돌하여 시내 전체가 마비되었다. 공산군 역시 같은 해 3월, 정부군의 소탕작전으로 수뇌부를 잃었지만 정부군에 대한 공세를 멈추지 않았다.

　1976년 네윈 군정 내부에서 권력투쟁이 표면화되었다. 3월 6일, 젊은 장교들의 선망의 대상이었던 국군참모총장 겸 국방장관 틴 우(Tin Oo) 대장이 부패사건에 연루되어 갑자기 해임되었다. 7월 20일에는 군정 개혁을 요구하는 젊은 장교들의 쿠데타 미수사건이 정부로부터 발표되었다. 이들은 틴 우 대장의 측근으로 대부분 체포되었다. 이처럼 미얀마의 정치, 경제적 상황이 더욱 악화되면서 네윈 군정은 마침내 막다른 지경에까지 몰리게 된다.

④ 필리핀의 동요

1972년 9월, 계엄령을 선포한 필리핀의 마르코스 대통령은, 1973~1974년 장기 독재체제 구축에 필요한 준비를 착실히 추진했다. 그러나 마르코스 역시 독재정치에 반발하는 야당 정치가, 기업들과 격렬한 갈등을 겪었으며, 게다가 필리핀 남부 민다나오(Mindanao)섬의 모로(Moro)족이 새로이 출현하여 고전을 면치 못했다.[5]

　이슬람교도인 모로족은 북부 루손섬에서 가톨릭교도들이 돈벌이를 목적으로 유입되는 것을 줄곧 반대해 왔다. 1960년대 일본 경제의 고도성장으로 민다나오의 목재가 대규모로 일본에 수출되는 것이 이러한 사태의 원인이었다. 무분별한 산림 채벌로 환경이 파괴되자, 화전에 의지해 살아온 모로족은 생존을 위협받았다. 또한 모로족은 마르코스의 계엄령 선포로 국민들이 무기를 보유하지 못하게 되자 크게 위기감을 느꼈다. 모로족으로서는 북으로부터의 유입되는 가톨릭교도들과 정부군에 저항하기 위해서 무기가 반드시 필요했기 때문이다.

　1974년 모로족이 반란을 일으켰다. 모로족은 석유 수출로 자금이 넉넉한 리비아의 카다피(Muammar al-Qaddafi) 정권으로부터 지원을 받아 신속히 군사력을 정비했다. 마르코스 정권에게는 매우 위협적인 존재였다. 이때 중부 루손의 공산군도 착실히 세력을 키워 가고 있었다.

한편 1970년대 중반 마르코스 정권은 토지개혁과 수출 확대 등을 통해 국민들의 지지를 얻고자 노력했다. 마르코스 정권은 가난한 농민이 공산군에 접근하는 것을 막기 위해 쌀과 옥수수 재배를 하는 소작인을 대상으로 토지개혁을 실시했으며, 섬유, 가공식품 등 공업제품의 수출 확대를 위해 정책적 지원을 아끼지 않았다.[6]

1970년대 전반 이후부터 1976년에 걸쳐 동남아시아 국가들의 정세 불안은 끊이지 않았으며, 특히 인도차이나 국가들의 상황이 더욱 악화되고 있었다.

3　인도차이나 붕괴와 ASEAN의 정착

인도차이나의 붕괴

인도차이나를 살펴보면, 1974년 들어 남베트남과 캄보디아에서 공산군의 공세가 더욱 격렬해졌다. 그러나 1973년 8월 15일 이후, 미군의 인도차이나 개입이 금지된 상태였기에 미 정부가 할 수 있는 일은 친미 정권에 대한 군사, 경제적 지원밖에 없었다. 지원 규모도 날로 축소되고 있었다.

라오스에서는 1974년 4월, 푸마 총리가 이끄는 친미, 중립, 좌파 등으로 구성된 연합정권이 다시 발족했으며, 이를 계기로 6월에는 친미파의 지원으로 개입 중이던 미 군사요원과 태국군이 모두 라오스를 떠났다.

1974년 8월 8일, 닉슨을 대신하여 대통령이 된 포드(Gerald Rudolph Ford Jr., 1974~1977 재임)도 미군을 인도차이나에 복귀시키지는 않았다.

1974년 후반 공산군에 대한 남베트남의 공세는 강화되었고, 공산군은 북부에서 점차 남쪽으로 진격하여 사이공을 압박했다. 마침내 1975년 3월, 남베트남에서 공산군의 총공격이 시작되었는데, 공산군은 해안지역으로 남하하여 3월 25일에는 후에를, 29일에는 다낭을 점거했으며, 4월에는 10만 명을 동원하여 사이공을 포위했다.

캄보디아에서는 해방군이 지방을 점령하고 프놈펜에 포격을 퍼부었다. 1975년 2~3월 캄보디아 해방군은 대공세를 펼쳐 정부군을 차례차례로 무너뜨리며 프놈펜으로 향했다. 결국 론 놀 대통령은 4월 1일 인도네시아로 탈출했으며, 4월 12일에는 프놈펜의 미대사관이 철수했다. 4월 17일 프놈펜의 정부군은, 시아누크 원수로부터 모든 정치적 책임을 위임받은 크메르루주(Khmer Rouge, 공산군)에 항복하고 말았다.[7]

남베트남에서는 1975년 4월 21일, 응우옌반티에우 대통령이 사임했지만 전쟁 상황을 역전시키기에는 역부족이었다. 4월 26일, 공산군이 사이공 함락작전을 개시하자, 4월 30일 마지막 대통령인 즈엉반민(Duong Van Minh) 장군은 정부군에게 무조건 항복할 것을 명령했다. 이리하여 베트남전쟁은 공산군의 승리로 막을 내렸다.

라오스에서는 1975년 4월 중순부터 파테트라오가 우익세력에 대한 공격을 시작했다. 5월 9일 연합정권의 우익 각료 5명이 사임하고 파테트라오군은 우익세력의 거점인 남라오스를 향해 진격하여 사반나케트, 참파삭 등의 근거지를 차례로 손에 넣었다. 라오스 전역을 무력으로 제압한 공산군은, 같은 해 12월 1~2일, 비엔티안에서 인민대표대회를 개최하여 국왕제를 폐지하고 라오스인민민주공화국을 수립했다. 초대 대통령에는 파테트라오를 이끄는 수파누봉이 취임했다.

이와 같이 베트남을 비롯하여 캄보디아와 라오스 등 인도차이나 국가들은 잇따라 공산당 치하로 들어갔다. 서방 국가들은 이를 "인도차이나의 붕괴"라고 인식했다.

ASEAN의 단결

인도차이나의 붕괴는 주변 ASEAN 국가들에 큰 충격을 주었다. 주변국들은 중국과 베트남 등 아시아의 공산권 국가들이 다음 표적으로 그들을 겨냥하고 있다고 두려워하여 대책 마련에 분주했다.

1975년 6월 7일 마르코스 대통령이 중국을 방문하여 국교를 수립하고, 7월 1일에는 태국이 중국과 국교를 체결했다. 이렇게 하여 말레이시아를 포함한 ASEAN 3개국은 대중 관계를 정상화하였다. 그러나 9·30사건의 기억이 생생한 인도네시아는 중국과의 국교 수립에 주저했으며, 말레이시아와 미묘한 관계에 있는 화교국 싱가포르도 ASEAN에서 가장 마지막으로 중국과 국교를 맺겠다는 입장을 보였다.

이와 같은 정세 변화는 인도차이나 붕괴로 인해 그동안 미국이 공을 들인 대중포위망이 완전히 붕괴되었음을 의미했다. 아울러 동남아시아의 반공연합이었던 동남아시아조약기구는 1975년 9월 25일, 해산이 결정되었다.

ASEAN 국가들의 중국으로의 접근은 반대로 미국으로부터의 이탈을 의미했다.

1975년 3월, 태국은 1년 6개월 이내에 2만 6천 명에 달하는 미군의 철수를 요구했으며, 이에 미군은 1976년 6월, 태국으로부터 모든 전투부대를 철수했다.

닉슨의 방중성명 쇼크를 계기로 자주적 외교노선을 견지한 필리핀 마르코스 정권은, 1972년 6월 미국과의 모든 군사·경제적 협정을 재고한다고 선언했다. 1974년 7월에는 미국인에게만 경제적 특권을 인정했던 '라우렐-랭글리협정'이 만기되어 더 이상 연장되지 않았다. 마르코스는 필리핀 내 미군 철수를 요구하지 않았지만, 필리핀 주둔 미군기지의 주권을 필리핀에 이양하고 기지 최고사령관을 필리핀 군인으로 임명하여 미군에 대한 치외법권을 인정하지 않겠다는 방침을 발표하여 미군기지협정의 개정을 요구했다.

더욱이 인도차이나 붕괴 이후 독자적 외교노선을 강화한 ASEAN 국가들은 단결하여 위기를 극복하려는 공통된 움직임을 보였다. 1976년 2월 4일, 인도네시아 발리(Bali)섬에서 개최된 제1회 ASEAN 정상회의에서, 각국은 상호 정치협력을 증진한다는 '발리섬선언'을 채택하고, 군사협정 강화에도 합의했다.

동티모르 문제

그런데 1975년부터 1976년에 이르는 시기, 발리회의를 주최했던 수하르토 정권은 대내외적으로 중대 문제에 봉착했다.

그중 하나는, 인도네시아 최대의 국영석유회사인 페르타미나(Pertamina)의 부정행위가 발각된 사건이다. 페르타미나는 석유가격 상승에 편승하고자 계열사인 중공업 관련 기업육성자금으로 해외로부터 20억 달러 이상을 차입했다. 그러나 1975년 초 발생한 오일쇼크로 인한 세계적 불황으로 차입금을 변제할 수 없게 되어, 결국 중앙은행이 1975년 15억 달러 규모의 채무를 대신 변제했다. 문제는 이러한 경영 파탄의 책임이 수하르토의 최측근인 수토워(Ibnu Sutowo) 페르타미나 총재에게 있었다는 점이다. 결국 페르타미나 총재는 사임했지만, 이 사건을 계기로 수하르토 통치하에서 군과 고위관료들의 권력 남용과 부정부패에 대한 비판이 고조되었다.[8]

또 다른 문제는 동티모르에서 발생했다. 자바섬 동쪽에 있는 최대의 섬인 티모르섬의 동북부는, 16세기 이래 포르투갈의 지배를 받았다. 1974년 쿠데타로 들어선 포르투갈 혁명정권은 해외 영토에 대해서도 독립을 지원하였는데, 이 지역에도 영향을 끼쳤다. 즉각적인 독립을 요구하는 동티모르독립혁명전선(Fretilin, 프레틸린)이 세력을 확장했다.

그러나 가까이에 좌파 정권이 들어서는 것을 두려워한 수하르토 정권은, 동티모르 내의 친인도네시아, 독립반대파를 지원하면서 군사적으로 개입했다. 1975년 12월 7일 대규모 인도네시아 의용군을 동티모르에 파병하여 외부 지원을 받지 못하는 독립세력을 무력으로 제압하고 1976년 7월 17일 동티모르를 합병했다. 독립과 합병 과정에서 발생한 희생자는 약 10만 명에 달했다.

인구 65만 명의 동티모르인은 대부분 기독교인이었으며, 인종적으로는 니그리토(Negrito, 동남아시아에서 뉴기니에 걸쳐 생활하는 소수 민족) 계열의 비말레이시아인이었다. 동티모르인은 그 후에도 인도네시아의 지배에 반대하면서 프레틸린을 중심으로 지속적으로 저항했으며, 이러한 투쟁은 21세기에 이르러서도 계속되고 있다.

인도네시아군의 동티모르 침공에 대해 포르투갈은 인도네시아와의 외교를 단절하면서 강력히 항의했고, 유엔도 동티모르 주민의 자결권을 인정하여 인도네시아군의 철수를 요구했다.

한편 1962년 인도네시아가 네덜란드와의 기나긴 투쟁 끝에 손에 넣은 서이리안은, 1969년 7월 반환협정에 의거하여 주민들의 의사를 묻는 주민투표를 통해 다시 인도네시아로 귀속되었다. 그러나 이 주민투표는 1인 1표가 아니라 주민 750명에 한 명의 대표를 인도네시아 정부가 선택하고, 대표자들 간의 대화로 결정하는 방식을 채택하였기에 공정한 주민투표가 아니었다. 1965년부터 서이리안에서는 니그리토 계열의 파푸아(Papua)인으로 구성된 파푸아 독립조직이 무장투쟁을 전개했으며, 이 투쟁 역시 현재에도 계속되고 있다.

이와 같이 인도네시아가 반식민지주의를 주창하면서 강제로 손에 넣은 새로운 영토에서는 말레이시아인 정권에 저항하는 지역 원주민의 독립투쟁이 격렬히 일어났다.

註

1) アジア經濟硏究所,『アジア動向年報』, 1974년도판,「タイ」참고.
2) アジア經濟硏究所,『アジア動向年報』, 1975년도판,「タイ」참고.
3) アジア經濟硏究所,『アジア動向年報』, 1975년도판,「インドネシア」참고.
4) アジア經濟硏究所,『アジア動向年報』, 1974년도판,「インドネシア」참고.
5) アジア經濟硏究所,『アジア動向年報』, 1977년도판,「ビルマ」참고.
6) 浅野幸穂・福島光丘 編(1988),『アキノのフィリピン』, アジア經濟硏究所, pp. 38~40.
7) アジア經濟硏究所,『アジア動向年報』, 1976년도판,「インドシナ・カンボジア日誌」참고.
8) アジア經濟硏究所,『アジア動向年報』, 1974년도판,「インドネシア」참고.

제 11 장

신캄보디아전쟁과 역오일쇼크의 시대

1 신(新)캄보디아전쟁

폴 포트 정권 대 베트남

1975년 4월 17일, 프놈펜에 입성한 공산군은 놀랍게도 모든 시민에게 농촌으로 돌아가라고 명령했다. 내전을 위해 3백만 명 가까이 팽창한 프놈펜 거주자의 생활을 보장할 수 없다는 것이 나중에 밝혀진 이유였다. 그러나 모든 시민들로 하여금 지방으로 이주하여 자급자족하라는 명령은 이후 커다란 비극을 낳았다. 식량 부족과 질병 같은 예측할 수 있는 사태에 대해 공산정권은 어떠한 대책도 준비해 두지 않았기 때문이다. 그런데 시민들의 도시 퇴거는 생활 유지가 곤란하다는 점 외에 어떤 다른 이유가가 있다고 생각된다. 동남아시아 대륙부 이외의 국가들이 그랬던 것처럼, 캄보디아 도시민은 화교와 같은 외국인이 상당수 차지했으며 베트남인들도 많았다.

폴 포트 지도부가 이끄는 공산군은, 앙코르와트를 건설한 캄보디아 민족을 자랑스럽게 여겼고 민족주의 의식이 강했기 때문에, 캄보디아를 진정으로 자신들의 나라로 만들기 위해서는 외국인과 식민지 지배자, 이에 협력한 자들이 짓밟은 도시를 없애려고 생각했던 것이다.

그러나 폴 포트군이 베트남의 공산세력처럼 농촌에도 행정, 교육 등의 조직을 가지고 있었다면 비극은 줄어들었을지도 모른다. 하지만 폴 포트군은 1968년경 '총 열 자루'에서 시작하여 시아누크가 추방된 뒤 중국의 지원을 받아 각지의 반정부세력을 결집하여 급속히 확대된 군대이며, 지방에서의 해방구 건설도 지체되어 지방 민중을 보호할 수 있는 조직이 거의 없었다.

이전부터 반시아누크 투쟁을 위한 해방구를 가진 조직에 정착한 시민은 예외적으로 어느 정도 보호를 받았지만, 대부분의 시민은 어떠한 보호도 없이 '황야'에 방치되어, 강제적인 집단노동으로 살아갈 수밖에 없었다. 결과적으로 수많은 사람들이 기아와 질병으로 사망했다. 물론 반항하는 사람들은 가차 없이 처형되었다.

폴 포트 정권은 1975년 6월 모든 공장을 국유화하고 전 국민을 쌀 경작과 관개시설 건설에 동원했다. 외국어의 사용을 금지하고, 외국 문화를 말살하려는 운동에 나섰다. 이러한 정책은 화교와 베트남인에게 큰 타격을 주어 프놈펜의 인구는 10만 명 이하로 급감했다. 또한 국민의 창씨개명도 시도하였다.

이러한 폴 포트 정권의 극단적인 '사회주의'는 당연히 공산세력 내의 친베트남파로부터 저항을 받아 1976년에는 쿠데타 미수사건마저 발생했다.

그러나 1976년, 이러한 폴 포트 체제는 더욱더 공고해진다. 4월초에는 1975년 9월에 프놈펜으로 돌아온 시아누크가 사실상 연금 상태에서 국가원수 은퇴를 표명했다. 4월 9일, 새 국가원수에 키우 삼판 국가간부회의 장이 취임하고, 폴 포트가 총리에, 이엥 사리가 부총리 겸 외무장관, 손센이 부총리 겸 국방장관이 되어 프랑스 유학파의 엘리트 지식인으로 구성된 이른바 '폴 포트 정권'이 본격적으로 발족했다.

폴 포트 체제하에서 시민의 지방 이주에 의한 아사, 병사, 반대파에 대한 처형 등으로 100만 명이 넘는 사망자가 발생한 것으로 추정된다.

그러나 1976년 폴 포트 정권은 대외적으로 중국, 베트남, 라오스와 같은 사회주의 국가와 우호관계를 유지하고 있었다. 국경 분쟁이 계속되던 태국과도 일단은 우호적으로 지냈고 말레이시아, 싱가포르, 필리핀, 미얀마 등과도 국교를 수립하여, 국제적으로 합법 정권의 지위를 인정받았다.

그러나 폴 포트 정권의 초국수주의적 사회주의는, 캄보디아의 공산세력과 오랜 기간 돈독한 관계를 유지해 왔던 베트남 공산세력에게 불만을 갖게 했다. 폴 포트 정권은 인도차이나의 맹주로서 자타가 인정하는 베트남의 권고를 거부하고, 캄보디아 내의 베트남인에게도 충격적인 사회주의 정책을 강요했다. 급기야는 프랑스 통치 아래, 부당하게 베트남령이 된 캄보디아 영토를 반환해 줄 것을 베트남에 요구하기에 이르렀다. 1977년 캄보디아와 베트남 국경 곳곳에서 폴 포트군과 베트남군의 국경 분쟁이 시작되었다.

그러나 1975년 4월에 남베트남의 반공 정권을 타도하고 얼마 지나지 않은 베트남 공산세력에게는 경제 재건과 남북베트남 통일이 시급한 과제였다.

1975년 후반, 남베트남의 공산정권은, 대지주의 지배에 싸워 온 농민들의 자주권을 인정하여 자유롭게 농업경영을 할 수 있도록 배려했으며, 또한 자본가에게도 국영기업에 참가할 수 있도록 하는 유연한 경제정책을 도입했다. 북베트남에서는 기존의 국영농장을 확대하는 사회주의 경제로의 이행을 진행하면서, 부유한 남베트남도 개혁에 동참할 것을 요구하며 부족한 쌀을 남베트남으로부터 공수해 올 것을 주장하는 지도자의 목소리도 높아졌다.

1976년 북베트남 정권의 주도하에 남북통일을 향한 움직임이 가속화되어, 1976년 4월 25일 남북통일을 전제로 한 남북통일 국회의원 선거가 실시되었다. 6월 24일, 베트남통일국회가 개최되어 남북통일이 결정되고 드디어 1976년 7월 1일 역사적인 '베트남사회주의공화국'이 출범했다.

1976년 12월 14일, 베트남노동당은 제4회 전국대회를 열고 사회주의 혁명노선을 채택하지만, 남베트남에서는 서서히 사회주의로 이행한다는 방침을 결정했다. 이때 베트남 공산주의자들은 남베트남의 형편에 맞게 사회주의 국가를 건설해 나갈 것을 결정한 것처럼 보였다. 그러나 1977년 초반, 북부에서 발생한 냉해, 남부에서 발생한 가뭄과 같은 자연재해가 이러한 계획을 흔들어 놓았다. 한편 제4회 전국대회에서 베트남노동당은 명칭을 베트남공산당으로 바꾸었다. 또한 사이공은 호찌민시로 개명되었다.

근대화 중국 대 사회주의 베트남

1976년은 중국에 있어서 매우 보기 드문 대격변의 해였다. 1976년 1월 8일, 중국 정치의 조정자라고 할 수 있는 저우언라이 총리가 사망하여 국민들은 큰 슬픔에 잠겼다. 7월 6일에는 중국인민해방군 탄생의 어머니라고 할 수 있는 주더(朱德, 주덕) 원사가 서거하였다. 9월 9일에는 마오쩌둥 주석이 사망했다. 중국 공산정권은 행정, 군사, 정치의 최고지도자를 연이어 잃었다.

이들의 죽음은, 마오쩌둥 지도하에 추진되어 온 문화대혁명 속에서 중국 정치의 실권을 장악한 좌파 단체의 정치력을 크게 동요시킨다. 문화대혁명으로 좌파로부터 탄압을 받았던 사람들이 드디어 반격을 개시했다.

1976년 10월 6일, 화궈펑(華國鋒, 화국봉) 새 총리를 포함한 중국의 문화대혁명 반대파 지도자들은 당중앙위 정치국회의를 소집하고 그 자리에서 마오쩌둥의 부인 장칭(江青, 강청), 당의 이데올로기 지도자 장춘차오(張春橋, 장춘교), 중앙정치국 위원 야오원위안(姚文元, 요문원), 상하이의 노동지도자 왕훙원(王洪文, 왕홍문) 등 4명의 좌파 지도자를 체포하고 실각시켰다. 소위 '4인방' 체포사건이다.

4인방 체포사건 후, 문화대혁명으로 힘을 잃었던 근대화파가 부활하여 덩샤오핑의 지도 아래 경제, 외교정책의 대전기를 맞았다. 1978년 2월말, 중국전국인민대표자대회는 경제근대화 10개년계획을 결정하고 대외개방, 시장경제화를 위한 새 시대에 돌입하여 전 동남아시아에 일대 충격을 주었다.

중국이 경제의 근대화정책을 결정한 시기에 베트남에서는 이와는 매우 대조적인 움직임이 일어나고 있었다.

1976년부터 1977년에 걸쳐, 베트남은 자연재해로 식량 부족에 시달리고 있었다. 공산당 지도부는 남베트남의 농업에 의존하여 베트남 전역의 식량 부족 사태를 해결하고자 했다. 남베트남에는 거대한 쌀 경작지인 메콩삼각주가 자리하고 있었다. 남베트남의 농업은 개인농이 중심이어서 쌀의 수매와 정미, 수송, 판매, 수출 모두가 화교 중심의 민간자본에 의해 행해지고 있었다. 그러나 공산정권은 자본가에 의지하여 식량 증산을 도모할 수는 없다고 여겼다.

1977년 6월에 열린 공산당 중앙위원회 총회는 남베트남의 농업협동화 촉진을 결의했다. 8월 4일 당기관지 「냔잔(인민)」은, 사설에서 '개인경영 상공업의 사회주의적 개조'를 주장했다. 공산당은 전통적인 농민의 집단화, 경제의 국영화로 남부 경제를 발전시키려 했던 것이다. 남베트남 경제의 사회주의화는 1978년에 들어서서 급격히 이루어졌다.

1978년 3월 23일, 정부는 남부에서의 개인상업을 전면 금지했다. 4월에는 호찌민시에서 소매상 수만 명과 공장주들이 집단경영으로 통합되었다. 5월 3일에는 전국에서 화폐가 신통화로 통합되었는데, 이는 자본가들의 화폐 은닉을 방지하려는 정책이라 추측된다. 여전히 자연재해로 식량 생산이 부진한 가운데 12월 14일, 정부는 "남부 농촌에서 자본주의적 착취 형태를 폐지한다"고 결정했다. 즉, 정부는 농민을 공동조합으로 집단화시키고, 쌀의 집하와 가공, 유통을 모두 국영화한 것이다.

미얀마 등의 전례에서도 보았듯이 경제의 집단화는 대혼란을 가져왔다. 농민은 생산 의욕을 잃고, 공급 부족으로 가격이 급등한 쌀 암시장만이 번영을 누렸다. 게다가 더욱 중대한 사태가 발생했다. 그것은 사기업 금지로 직장을 잃은 화교들이 1978년 4월경부터 보트와 육로로 베트남을 탈출하기 시작한 것이다.

'보트피플'로 불린 화교의 국외 탈출은, 경제 이외의 요인에 의해서도 가속화되었다. 1977년, 캄보디아의 폴 포트 정권과 베트남은 영토 분쟁이 격화되어 같은 해 후반에는 본격적인 전쟁으로 번졌다. 그리고 이와 같은 급격한 정세 변화와 함께, 캄보디아 내전에서 해방군을 지원해 온 중국이 폴 포트 정권을 계속 도와주고 있어 베트남의 화교가 정부로부터 탄압을 받는다는 소문이 퍼졌기에, 화교의 국외 탈출은 걷잡을 수 없이 급속도로 증가했던 것이다.

화교 탈출은 광산업과 어업을 포함한 다양한 산업의 중추 노동자들을 감소시켜 베트남 경제에 큰 타격을 입혔다. 당황한 베트남 정부는 1979년 후반, 통제를 일부 완화하지만 혼란은 쉽게 수그러들지 않았다. 사태는 여기서 그치지 않고 또 하나의 대사건이 베트남 경제를 악화시킨다. 1978년 12월 24일 베트남과 캄보디아의 전면전이 시작되자 베트남과 중국 간에도 국경 분쟁이 일어났다. 베트남과 캄보디아, 중국과의 분쟁에는 당시 격화되고 있던 미소 대립이 깊이 관련되어 있었다.

중국카드와 베트남군의 캄보디아 침공

오일쇼크로 세계 경제와 정치가 혼란스러운 가운데, 세력 확장을 서두르는 소련이 적극적으로 움직였다. 포르투갈이 독립을 인정한 앙골라, 모잠비크와 좌익 정권이 수립된 에티오피아 등에서는 친소세력이 우세했고, 동남아시아에서는 인도차이나가 공산화되어 가고 있었다. 경쟁국인 미국은 베트남에서의 패배와 워터게이트사건의 충격으로 소극적인 자세가 되어 아시아에서 슬그머니 물러서고 있었다.

소련 지도부에게 있어서는 세계혁명이 꿈이 아닌 현실로 보였다. 소련 지도자 브레주네프(Leonid Il'ich Brezhnev) 서기장은, 1976년 2월 소련공산당 제25회 당대회에서 다음과 같이 말했다. 자본주의 세계에 "1930년대 초반에 발생한 대공황에 견줄 만큼 날카롭고 심각한 경제 위기가 발발하였다"라고 하고, 그 가운데 "사회주의의 입장이 지속적으로 강화되어 확대되고 있다"고 하였다.

이렇게 소련이 자신감에 가득 차 있던 1977년 1월 20일, 미국에서 카터(Jimmy Carter, 1977~1981년 재임) 정권이 등장했다.

카터 대통령은 공산권과의 화해, 인권을 존중하는 국가들과의 우호 발전을 주축으로 한 독특한 외교를 전개하였다. 베트남의 유엔 가입(1977년 9월)에도 협력하였는데, 소련과 동유럽은 물론 중남미, 아시아의 친미 정권들은 카터 대통령의 인권외교를 '내정간섭'이라 부르며 반발했다. 필리핀의 마르코스 대통령은 1978년 8월 26일, 인권외교는 "정신적 제국주의"라고 거세게 항의했다.

그러나 1978년 카터 외교는 소련에 대해 급속히 대결 정책으로 선회하기 시작한다. 이러한 배경에는 항공모함의 극동배치계획에 나와 있는 것처럼, 소련 군사력의 증강과, 1977년 11월부터 소련 본토에서 직접 수송기를 사용한 에티오피아에 대한 군사지원이 시작되는 등 소련의 적극적인 군사 개입이 원인이었다. 또한 1978년 4월 27일, 아프가니스탄에서 공산당의 쿠데타가 성공한 것은 미 정부는 물론 인접국인 중국에도 충격을 주었다.

이러한 소련의 공세에 대해 카터 정권은 반격 정책을 채택한다. 이른바 '중국카드(China Card) 정책'이다. 이 정책은, 미 정부가 중국에 군사지원을 하여 중국군을 근대화시키고 소련을 군사적으로 위협하여, 소련을 동방의 중소 국경에서 견제하고 중동, 아프리카 등에서도 소련의 세력 확장을 약화시키도록 하는 것이었다.

아프가니스탄에서 공산 쿠데타가 일어난 지 얼마 뒤인 1978년 5월 20일, 카터 정권의 안전보장 담당보좌관 브레진스키(Zbigniew Kazimierz Brzezinski)는 베이징을 방문하여 이러한 새로운 정책에 대해 동의를 받아 냈다. 미중 양국은, 미국의 군사지원 개시를 위해 필요한 국교 수립에도 합의했다. 또한 미국은 자국 내의 친타이완파의 압력 때문에 닉슨의 방중 후에도 타이완을 승인하고 있어서, 중국과의 국교를 정상화하지 못했다.

그러나 중국카드 정책에 대한 미국과 중국의 합의는, 1978년 8월 12일 중일평화우호조약 조인과 함께 소련의 미중에 대한 적대감을 높이게 했다. 소련은 카터 정권의 이러한 움직임을 미일중, 그리고 한국에 의한 반소동맹의 결성으로 판단했다. 소련이 반격에 나섰음은 물론이다.

이때 소련은 악화되고 있던 중국과 베트남과의 관계를 이용하고자 했다. 중국과 베트남의 관계가 악화된 것은, 중국이 베트남의 보트피플 문제를 중국인에 대한 탄압으로 보고, 1978년 7월 3일 베트남에 대한 원조를 중단한 것에서도 알 수 있다. 소련은 이러한 중국과 베트남의 관계가 더욱 악화되기를 바랐다.

소련은 1978년, 베트남과의 관계를 강화하는 데 힘을 쏟아, 1978년 11

월 3일 소련·베트남 우호협력조약을 조인했다.

소련과 베트남은 한 가지 작전에 합의하였다. 소련과 베트남이 손을 잡고 중국과 대결할 때에 장애물이 되는 캄보디아의 폴 포트 정권을 소련과 베트남이 협력하여 없애버리자는 것이었다. 더욱이 지리상 베트남 남부에 접해 있던 친중적인 폴 포트 정권은, 이미 1977년 이후 베트남과 전투에 들어간 상태였다.

1978년 7~8월경 소련으로부터 무기 수송선이 베트남항에 도착하였고, 베트남의 대군이 캄보디아 국경에 집결하기 시작했다. 이것은 소련과 베트남의 '캄보디아 공동작전'이, 1978년 초반에 이미 합의되어 있었음을 나타내 주고 있다.

1978년 12월 24일, 드디어 15만 명의 베트남군이 캄보디아를 침공했다. 캄보디아에서 도망쳐 온 폴 포트 반대파 공산주의자들이 12월 3일에 베트남에서 '캄보디아구국전선'을 결성했다. 이들은 베트남군을 이끌고 1979년 1월 7일, 프놈펜을 해방하고 친베트남파의 '캄푸치아인민공화국'을 수립한다.

베트남군은 계속 진격하여 20일간에 걸쳐 캄보디아 주요부를 점령했다. 그러나 베트남의 치명적 실수는, 폴 포트군의 주력부대를 도망치도록 둔 것이다. 전투에 패배하여 3만 명으로 감소했지만, 폴 포트군은 산과 정글로 숨어들어 게릴라전으로 베트남군에 계속 저항했다. 그런데 이때 시아누크가 베트남 침공을 유엔에 제소하기 위해 1월 6일 프놈펜을 출국했다. 베트남에게는 무척 번거롭고 귀찮은 일이 터진 셈이다. 시아누크는 베트남에 저항하는 중심인물이 되었다.

베트남을 더욱 곤란하게 만든 것은 1979년 2월 17일, 중공군이 베트남에 대한 처벌을 주장하며 베트남령을 침공한 것이다. 중공군은 전투에서 수만 명의 사상자를 내고 3월 16일 철수했다. 그러나 중공군은 그 후에도 베트남 국경에서 전투를 벌이고 자주 베트남령을 포격하였으며 베트남을 장기전으로 유도했다.

폴 포트의 남은 군사들은 캄보디아전쟁을 장기전으로 끌고갔고 중국과의 국경 전쟁은 베트남의 군비 지출을 급증시켰다. 베트남은 더욱더 물자 부족과 인플레이션에 시달렸다.

한편 1979년 1월 1일, 중국과 미국은 정식으로 국교를 수립했다.

다시 긴장하는 동남아시아

베트남군의 캄보디아 침공이 동남아시아 국가들에게 큰 충격을 주었지만, 1979년 초반에 발생한 다른 사건도 그 이상의 큰 충격에 휩싸이게 했다.

1979년 2월 11일, 이란의 친미 왕조가 이슬람교 원리주의를 주장하는 호메이니(Ayatollah Ruhollah Khomeini)에 의해 타도되었다. 대산유국 이란이 석유 생산을 큰 폭으로 감소시키자 유가는 다시 급등했다. 이른바 제2차 오일쇼크가 시작된 것이다. 제1차 오일쇼크가 터졌던 1973년, 연평균 1배럴당 3.4달러였던 유가는, 1974년에는 11.3달러로 급상승했다가 그 후 안정되면서 완만한 상승세를 보여 1978년에는 12.9달러 수준에 머물렀다. 그러나 이란혁명으로 인해 유가는 1979년 6월 20달러 전후로, 12월에는 30달러 가까이 급등했다.

이 석유파동이 동남아시아의 산유국에는 큰 이득을 주었지만, 비산유국에는 고통이 되었다.

신캄보디아전쟁과 이란혁명의 충격을 동시에 받은 것은 태국이었다. 태국에서는 1977년 10월 20일, 인기가 없던 타닌 정권을 군대가 무혈쿠데타로 타도하고, 11월부터 크리앙삭(Kriangsak Chomanan) 국군사령관을 총리로 하는 새 정권이 들어섰다.

크리앙삭 정권은 1978년, 중국과 인도차이나 국가 등 공산국과의 관계 개선에 힘을 쏟았지만, 1979년 1월, 베트남군이 캄보디아를 침공하는 과정에서 태국과 캄보디아 국경에 모습을 나타내자 크게 동요했다. 크리앙삭 총리는, 태국을 통과하는 무기지원 수송루트를 이용하여 폴 포트 잔존군에 대해 지원해 달라는 중국의 요구와, 캄보디아 새 정권을 승인해 달라는 베트남 사이에서 갈피를 잡지 못했다. 점차 미국, 중국, 싱가포르 등 대소·대베트남 강경론을 주장하는 국가들의 압력에 눌려 크리앙삭 정권은 폴 포트를 지원하는 쪽으로 무게를 옮겨 갔다.

크리앙삭 정권이 반베트남 정책을 취한 배경은 다음과 같다. 중국과 우호적인 태국 공산세력이, 베트남이 주적이라고 주장하는 중국에 동조하여 태국 국군에 대한 공격을 중지하였고, 많은 태국 공산당원과 게릴라들을 정부에 투항시켰던 것이 크게 영향을 주었다고 생각된다. 사실, 10년간의 캄보디아전쟁 동안 대부분의 태국 공산군은 투항하였고, 더 이상 정부를 위협하지 않았던 것이다.

동요하는 크리앙삭 정권에 대한 치명적인 타격은, 의외로 경제 면에서 찾아왔다. 유가의 상승이었다. 석유의 대부분을 수입에 의존하는 태국은, 제2차 오일쇼크로 석유 부족과 인플레이션에 시달렸다. 결국 1980년 2월 29일, 크리앙삭 총리가 사임하고 후임 총리에 프렘(Prem Tinsulanonda) 육군사령관이 취임한다.

필리핀의 마르코스 대통령은 1978년 4월, 계엄령 속에서 첫 국정 선거인 임시국민의회선거를 치렀는데, 여당 '신사회운동'이 압승했다. 마르코스는 1973년의 헌법 개정으로 대통령제에 의원내각제를 더한 새로운 정치시스템을 도입했는데, 이를 위한 의회선거가 바로 이 해에 열린 것이다. 그 결과 마르코스는 대통령 겸 총리가 되었다.

마르코스는 권력을 확대하는 한편, 1979년 1월에는 미국과의 기지협정을 개정하여, 군사기지에 대한 필리핀의 주권을 회복하였고 5년마다 협정 재계약을 미국에 승인받는 큰 성과를 올렸다.

그러나 석유의 대부분을 수입에 의존하는 필리핀도 석유 위기로 큰 타격을 받아, 석유 부족과 인플레이션 속에서 경제 성장은 정체를 겪었다. 경기침체가 가속화되자 마르코스 정권의 인권 침해와 부패를 비판하고, 옥중의 아키노 전 상원의원을 석방해 달라는 야당의 정치 공세가 강력해졌다. 공산군의 활동도 활발해져서 마르코스 정권의 앞날에 암운이 드리워지기 시작했다.

야당의 정치 공세에 밀려 마르코스는 1980년 5월 8일, 지병 치료를 이유로 아키노 전 의원이 미국 출국을 허가한다. 게다가 같은 해 12월 19일에는, 8년간 지속되어 온 계엄령을 1981년 1월에 해제하겠다고 발표하고 정권의 민주화에 조금씩 다가가기 시작했다.

말레이인 국가인 말레이시아와 인도네시아는 모두 산유국이며, 석유를 비롯하여 팜유, 주석 등 1차 생산물의 가격 상승으로 큰 이익을 올려, 경제는 대체로 순조롭게 성장하였다. 단 인도네시아의 경우, 1978년 11월 수출 진흥을 위해 미국달러화에 대한 루피아화 환율을 50% 절하하였기 때문에 다음 해에는 수입품 가격이 상승하여 물가는 22%나 올랐다.[1]

이슬람 국가인 양국의 공통 문제는, 이란에서 호메이니의 이슬람교 원리파가 정권을 장악하자 자국 내에서도 이슬람교의 엄격한 실시를 요구하는 원리파가 대두할 가능성이 있었다는 점이다.

말레이시아에서는 말레이인 청년을 중심으로 이슬람법을 전국적으로 적용하자는 주장이 나왔고, 일부 주에서는 실제로 회교법이 도입되었다. 1980년 1월 말, 크다(Kedah)주에서 쌀값 인상을 요구하는 농민폭동이 일어났는데 그 배후에는 1978년말 결성된 이슬람 과격파, PAS(Pan-Malaysian Islamic Party) 성전전사단이 있다고도 한다. 게다가 1980년 10

월에는 조호르(Johor)주에서 장검으로 무장한 '광신적인 회교도' 10여 명이 경찰서를 습격하고 8명이 사살되는 사건도 발생했다.[2]

인도네시아에서는 1979~1980년 학생들의 수하르토 정권 비판, 빈부격차의 확대를 배경으로 한 중부자바와 술라웨시에서의 반화교 폭동이 지속되었다. 1981년에 되자 이전의 다룰이슬람을 연상시키는 이슬람교 과격파의 테러 활동이 활발해졌고 같은 해 3월 28일에는 '코만도지하드(Komando Jihad, 이슬람성전)'라 불리는 단체의 조직원 5명이 가루다 항공기를 납치하여, 방콕공항에 착륙시키고 정치범 석방을 요구했다. 이들은 인도네시아 특수부대에 의해 전원 사살되었다.

한편 오일쇼크 시기의 싱가포르는, 리콴유 총리가 이끄는 인민행동당의 주도 아래 공항, 항만, 통신 등 인프라를 건설함과 동시에 공업화를 진전시켜 고도성장을 거듭했다. 1980년 12월 총선거에서는 인민행동당이 전석을 독점했다.

1976년에 틴 우 국방장관의 해임과 젊은 장교의 쿠데타 미수사건으로 어수선해진 미얀마는 1977년 11월, 여당 사회주의계획당의 당대회에서 사회주의 강경파가 실각하고, 온건 노선을 채택하자 도시민들의 지지율이 높아졌다. 외자 도입을 통해 국영공업의 생산을 증가시키고 다수확 품종을 도입하여 쌀 증산이 이루어지자, 1978년부터 1980년 사이에는 근래에 찾아볼 수 없었던 안정을 되찾았다. 그러나 반정부군의 위협은 계속되었다.

ASEAN 국가 가운데 태국, 싱가포르가 대소·대베트남 강경론에 무게를 두었고, 말레이시아, 인도네시아는 중립적인 입장을 표명했지만, 캄보디아전쟁이 장기화되자 전반적으로 반소 움직임이 강해졌다. 높아지던 소련위협론을 받아들여 인도네시아에서는 군사력을 강화시키고 군사합동연습 등 국가 간 군사협력이 활발해졌다.

2   역(逆)오일쇼크와 민주화의 바람

레이건의 반소전략과 1차 생산물 불황

1979년부터 1980년에 이르는 동안 세계정치에서는 소련에 의한 최후 대공세가 이루어지고 있었다. 특히 1979년 1월 베트남군의 캄보디아 침공, 2월 11일의 이란혁명, 7월의 니카라과 공산화, 11월 4일의 주이란 미국대사관 점거사건, 11월 20일의 사우디아라비아 원리주의자에 의한 메카의 카바(Kaaba) 신전 점거, 그리고 12월 27일 소련군의 아프가니스탄 침공은 모두 세계정치에서 소련의 우세와 미국의 약화를 보여주는 것으로 해석되었다.

한편 1979년 10월 한국에서 박정희 대통령이 측근인 김재규 안기부장에 의해 사살되는 믿기 어려운 사건이 일어났다. 이어 12월 12일에는 군사 쿠데타가 일어나 전두환 장군이 이끄는 군사정권이 수립되었다.

소련의 대공세, 특히 주권국가 아프가니스탄에 대한 침공은 반소 입장을 취하는 현지 공산정권을 무력으로 타도하고, 친소정권을 수립하기 위함이라고 하였지만, 이는 명백한 침략이었으며 미 카터 정권을 격노케 했다. 카터 정권은 군사력을 강화하고 소련에 대한 하이테크 관련 물자 수출을 금지하는 제재를 가했다.

그러나 카터 대통령의 반격은 너무 늦은 것 같았으며, 이란에서 미 외교관의 인질 사건이 지속되는 가운데, 1980년 11월 4일에 치러진 미국 대통령선거에서 카터는 '강한 미국 재건'을 외치는 레이건(Ronald Wilson Reagan, 1981~1989년 재임) 후보에게 패배하고 만다.

1981년 1월 20일에 출범한 레이건 정권은, 미 군사력의 강화, 지역 분쟁에 대한 적극적인 개입, 친미 국가들과 제휴한 세계적인 소련 반격체제의 구축 등 닉슨독트린을 정면으로 뒤집는 반소전략을 펼쳤다.[3]

미국은 한국, 일본과 동맹을 맺고 동해에서 소련 해군을 봉쇄하는 작전을 펼치고, 캄보디아에서는 시아누크파 등 비공산군의 반베트남 투쟁을 지원하였으며, 대소련 전략상 중요한 미 해군기지가 있는 필리핀의 마르코스 정권에 대해서는 인권 탄압을 묵인하는 정책을 취했다. 또한 아프가니스탄의 반소세력, 니카라과 반공군에 대한 군사지원도 강화했다.

이러한 레이건 정권의 반소전략에 대항하기 위해 소련도 군사력을 강화하고 각지의 친소세력을 지원하고 나섰다. 그러나 대미 대결 비용의 급격한 증가는 소련 경제를 파탄시키고 결국 소련을 붕괴하게 만들었다.

레이건 정권 출범 당시, 제2차 오일쇼크로 인해 미국을 비롯한 세계경제는 불황에 빠졌다. 이란혁명으로 상승한 유가는 1980년 9월에 시작한 이란-이라크전쟁으로 더욱 치솟았다. 인플레이션이 심화되면서 세계적으로 소비가 후퇴하여 세계는 심각한 경기침체에 직면하게 되었다.

세계불황은 석유 등 1차 생산물에 대한 수요를 감소시켰고, 1차 생산물 가격은 급락하여 1차 생산물을 수출하여 경제 개발을 추진하던 개발도상국 경제에 암운을 드리웠다.

1차 생산물의 수요 감소는 불황뿐만 아니라 고유가에 대한 대책으로 시작된 '에너지·자원절약기술'의 발달에도 큰 영향을 주었다. 오일쇼크 시기의 1차 생산물 붐과 대비하여 '역오일쇼크'로 불린 불황이 시작되었던 것이다.

1차 생산물 불황에 대한 동남아시아의 대책

1차 생산물 불황은 석유, 커피, 곡물 등의 1차 생산물을 수출하고, 미국 은행 등으로부터 차입하여 수입대체형 공업화를 서두르고 있던 남미에 가장 큰 영향을 끼쳤다. 1980년대 초반, 멕시코, 브라질, 아르헨티나 등 많은 중남미 국가들은 주력 상품인 1차 생산물의 수출 부진으로 채무변제 불능상태가 되었으며, 세계경제에 금융 패닉의 위기를 가져왔다. 중남미의 금융 위기는 선진국으로부터의 자본 도입으로 구제되었지만, 중남미 국가는 그 후 경제 회복에 10년 가까이 소비하게 된다.

동남아시아의 경우, 1차 생산물 불황이 중남미만큼 심각한 피해는 가져오지 않았다. 동남아시아의 경제 발전이 선진국의 공적개발원조와 민간투자 등에 의해 추진됨에 따라 비교적 채무액이 적었기 때문이다. 중남미와 같이 공적 기관이 정부의 신용을 배경으로 해외 자금을 대량 차입하는 상황이, 페르타미나의 사례를 제외하고는 없었다.

게다가 동남아시아 특히 ASEAN은 석유, 고무, 주석, 쌀, 팜유 등 다양한 1차 생산물을 수출하고 있었으며, 멕시코의 석유, 브라질의 커피, 아르헨티나의 곡물 등 단품에 의존하는 1차 생산물 수출국보다도 경쟁력이 강하다고 할 수 있었다. 또한 ASEAN 국가는 1960년대 후반 이후 섬유, 가공식품, 목재가공품, 기타 공산품의 수출을 늘리고 있었으며 1차 생산물 수출의 부진을 공산품 수출로 일부 보완할 수 있었다. 이 점에서도 수입대체형의 공업화를 추진한 중남미 국가보다 유리했다.

그러나 동남아시아도 1차 생산물 불황의 영향을 면하지는 못했다. 가장 큰 타격을 받은 것은 수출지향 공업화가 뒤처져 있던 필리핀이었으며, 인도네시아, 말레이시아도 석유류의 수출 부진, 태국은 세계 시장에서의 쌀 공급 과잉으로 역시 수출에 타격을 입었다.

또한, 수출 부진의 원인에는 당시 미국 국내의 고금리로 인해 상승한 미국달러화와 각국의 화폐가치가 연결되어 있었던 점을 들 수 있다. 이는 각국의 환율 상승을 유발하여 수출품 단가를 높였으며 결국 수출 부진으로 이어졌다. ASEAN 국가의 수출 감소 추이는 〈표 9〉를 통해 파악할 수 있다.

경제성장률이 낮아지자 각국은 시급히 대책을 내놓아야만 했다. 대책의 하나는 달러화에 고정되어 있어 평가절상 효과를 가져온 각국의 통화를 큰 폭으로 평가절하하는 것이었다. 1984년 11월, 태국은 1달러당 바트화의 환율을 17.39% 절하하였고 인도네시아는 1983년 3월, 루피아화를 28%, 1986년 9월에는 45%를 각각 평가절하했다. 후술하는 아키노 암살 사건의 혼란 속에서 필리핀은 1983년 10월, 페소화를 27% 절하하였고 그 후에도 계속 평가절하를 단행했다.

ASEAN 국가의 두 번째 대책은 공산품의 수출 확대에 힘을 쏟기 위해

〈표 9〉 ASEAN 국가의 통관수출 증가율 추이

(단위: %)

	싱가포르	인도네시아	태국	말레이시아	필리핀
1981년	8.3	14.9	8.1	▲9.2	▲1.5
1982년	▲0.9	▲11.3	▲1.2	2.3	▲12.1
1983년	5.1	▲5.3	▲8.3	17.4	▲1.6
1984년	10.2	3.5	16.4	17.4	7.9
1985년	▲5.2	▲15.1	▲3.9	▲6.9	▲12.6
1986년	▲1.4	▲20.3	24.6	▲10.9	3.6

자료: 일본경제기획청, 『아시아경제 1997』를 토대로 작성.

외자 도입을 촉진하는 것이었다. 태국의 섬유, 반도체, 식품가공품, 말레이시아의 전기, 전자제품, 인도네시아의 섬유, 합판 등이 유망한 공업 분야로 간주되었다.[4]

외자 도입을 촉진하기 위해 1983년부터 1986년에 걸쳐, 태국과 말레이시아, 인도네시아에서는 수출장려 업종의 합작기업에 외국자본의 참가비율을 높였다.

한편 1981년 7월 말레이시아 총리가 된 마하티르에게, 1차 생산물 불황은 최초의 시련이었다. 1981년 12월, 경제개발 방식을 한국과 일본으로부터 배우려는 '룩이스트운동(Look East Movement, 동방정책)'을 추진했다. 독특한 발상을 내놓은 마하티르는 경제활성화 대책으로, 푸미프트라 정책으로 인해 공영기업이 증가하고 게다가 효율성이 떨어진다는 비판이 높아지고 있는 상황 등을 고려하여, 민영화와 적극적인 외자 도입을 주장했다. 1983년 5월에는 동남아시아 최초로 국산차 생산을 위해, 말레이시아 최대의 자동차 회사인 프로톤(Proton)과 미쓰비시자동차의 합작계약을 체결했다.

1982년과 1986년의 총선거에서 여당 국민전선의 압승을 이끈 마하티르 정권을 차치하더라도, 1980년대 전반의 1차 생산물 불황은 동남아시아 정치에도 영향을 미쳤다. 가장 크게 영향을 받은 곳은 필리핀이었다.

마르코스 정권 붕괴

1981년 1월 17일, 마르코스는 1972년 9월 이후 선포한 계엄령을 해제했지만 이것이 마르코스 독재를 완화한 것은 아니었다. 마르코스는 헌법을 개정하여 임기 6년의 대통령제를 도입하고 1981년 6월 16일의 대통령선거에서 88% 이상의 득표율로 다시 대통령에 선출되었다. 임기는 1987년까지였다.

그러나 1965년부터 계산해 보면 1987년의 시점까지 20년을 넘게 장기 집권하자, 야당은 물론 중산층 사이에서도 점차 마르코스에 대해 강도 높게 비판했다. 제2차 오일쇼크 속에서 1차 생산물 불황으로 필리핀 경제가 악화되자, 실업이 증가하고 생활고에 시달린 국민들은 마르코스에 대한 불만을 터뜨렸다. 범죄가 증가하고 공산군 활동이 다시 활발해졌다. 대중에게 큰 영향력을 미쳤던 가톨릭교회도 마르코스에 대해 강력하게 비판했다.

미국으로 출국했던 아키노 전 상원의원은, 필리핀 내에서 높아지는 정치 불안을 지켜보다가 자신이 직접 마르코스 반대투쟁을 지휘하기 위해 귀국을 결심한다. 그러나 1983년 8월 21일, 마닐라공항에서 비행기의 트랩을 내려서려는 순간, 아키노 전 상원의원은 누군가에 의해 살해된다.

정부가 지목한 진범이 현장에서 사살되었음에도 불구하고, 아키노 암살계획이 마르코스 정권 최고수뇌부에서 결정되었다는 견해가 필리핀과 전 세계로 널리 퍼졌다. 이 사건을 계기로 마르코스 반대투쟁은 일시에 격화되었다.

1984년부터 1985년에 걸쳐, 마르코스 대통령에 대한 신뢰는 추락했으며 건강도 악화되었다. 농촌에서는 공산게릴라가 1만 명으로 늘어났고, 도시에서는 중산층을 중심으로 아키노 전 상원의원 부인 코라손 아키노(Corazon Aquino)를 지지하며 마르코스 반대운동이 격화되어 갔다. 또한 국군 내부에서도 군 상층부의 부패에 반발하여 개혁을 요구하는 젊은 장교들의 움직임이 활발해졌다.

마르코스는 1985년 11월, 1987년으로 예정되어 있던 대통령선거를 1986년 1월로 앞당겨 실시할 것을 발표했다. 마르코스는 재신임을 묻는 투표를 실시하기로 한 것이다. 이 대통령선거는 1986년 2월 7일, 야당 통일후보 아키노 부인 대 마르코스 대통령의 대결로 치러졌다.

마르코스에 의한 대규모 부정선거의 소문이 난무한 가운데, 2월 15일 필리핀 국회는 마르코스의 승리를 선언했다. 아키노를 지지하는 수많은 마닐라 시민들은 선거결과에 분노했다. 개혁파 젊은 장교들은 마르코스 정권을 타도하기 위한 쿠데타 계획을 세웠다. 드디어 1986년 2월 22일 엔릴레(Juan Ponce Enrile) 국방장관과 라모스(Fidel Valdez Ramos) 참모총장대행의 주도로 수백 명이 무장봉기를 하여 마르코스 정권을 몰아냈다. 1986년 2월 25일, 마르코스는 하와이로 망명하고 아키노 부인이 대통령에 취임했다.

마르코스 반대투쟁이 격화되자 미국의 레이건 정권은, 마르코스를 지지하던 입장에서 점차 입장을 선회했다. 이처럼 미국 정부가 '마르코스를 포기'한 배경에는 당시 진행되고 있던 미소 화해와 냉전 종결에 대한 세계정치의 큰 흐름이 있었다.

냉전 붕괴와 민주화 바람

1982년 11월 10일, 소련에서 브레주네프 서기장이 사망하고 후임자인 안드로포프(Yurii Vladimirovich Andropov)도 1984년 2월에 병사한 뒤, 체르넨코(Konstantin Ustinovich Chernenko) 정권이 출범했다. 지도체제가 불안정한 가운데 소련은 그동안의 세력 확대에 대한 대가를 치러야만 했다. 아프가니스탄, 앙골라, 니카라과 등에서 공산세력 지원을 위한 무력 개입은 소련군 유지를 위한 군사비 증가와 함께 소련 경제에 큰 부담을 주었다. 아프가니스탄에서는 소련군 전사자가 급증했다. 유가 하락도 산유국인 소련 경제에 타격을 주었다.

더욱이 1983년 9월 1일, 사할린(Sakhalin)에서 소련 전투기가 영공을 침범한 대한항공기를 격추하여 탑승하고 있던 수많은 미국인 승객이 희생되었던 사건, 10월 9일 미얀마의 랑군을 방문한 한국의 전두환 대통령 일행이 아웅산 장군묘소에 참배하던 중 북한 테러리스트의 폭파공작의 표적이 되어 수행원 상당수가 사망하거나 중경상을 입어 남북관계가 경색된 사건, 또한 10월 25일 미군이 카리브해의 공산국 그레나다(Grenada)를 침공하여 공산정권을 타도한 일련의 사건 등으로 인해 미국과 소련의 관계는 긴장의 연속이었다. 더욱이 레이건 대통령이 1983년 3월, 소련의 핵미사일을 비행 도중에 격추시키는 방법에 관한 연구계획인 전략방위구상(SDI, Strategic Defense Initiative)을 발표함으로써, 소련의 군사비용은 더욱 높아질 것으로 예상되었다.

그러나 소련의 군사비가 높아지고, 그 영향이 생필품 부족과 시민들의 생활고로 이어지는데다 아프가니스탄에서 소련 전사자가 급증하여, 소련 지도부 내에서는 미국과의 대결을 중단하고 소련 경제 재건에 힘을 쏟아야 한다는 여론이 높아졌다.

한편, 레이건 정권도 소련과의 대결로 인해 증가하는 군사비용으로 골머리를 앓았다.

미국 경제의 재건을 위해 레이건 대통령은 '작은 정부'를 지향하고, 세금 감면으로 기업과 국민의 지출을 늘리려고 하였다. 그러나 '강한 미국' 건설을 위해 군사비 지출을 늘리고 의회의 요구로 사회복지예산도 확대한 상태였다. 그 결과 정부 수입의 감소와 지출 증가에 의해 재정적자가 불어났다. 재정적자의 확대는 국내 금리를 높여 금리가 낮은 일본 등으로부터 대미 투자를 증가시켰지만, 이는 달러화에 대한 수요를 높여 달러강세를 유발했다. 강한 달러화는 당연히 미국의 수출가격을 높여 무역적자를 상승시켰다. 레이건의 경제정책은, 재정적자와 무역적자라는 '쌍둥이 적자'를 낳았던 것이다. 결과적으로 레이건 정권은 재정적자의 주요인인 군사비 지출을 삭감할 수밖에 없었다.

　미소 쌍방의 대결구도로 인해 비용 부담이 높아지자 양국은 자연스럽게 대화 무드를 조성했다. 1984년 11월 대통령선거에서 재선에 성공한 레이건은, 그 후 미소 간의 군축협상을 본격화했다.

　이러한 배경 속에서 1985년 3월 10일, 체르넨코 서기장이 사망하고 그 뒤를 이은 고르바초프(Mikhail Sergeyevich Gorbachyev) 서기장이 등장했다. 고르바초프 서기장은 대미 화해, 아프가니스탄과 중미, 캄보디아 등의 지역 분쟁에서 손을 떼고 대중 화해를 비롯해 세계적인 긴장 완화를 위한 신정책을 차례차례 실행했다.

　미소 화해, 냉전 종결의 움직임이 미국에게 있어서 마르코스에 대한 부담을 덜게 되었고 그런 연유로 미국 정부는 '마르코스 포기'를 단행할 수 있었다.

　이제 반공정책이 최우선이 아니었으며, 자국민에게 우호적이고 실리적인 정권과 관계를 맺는 것이 미국 정부에게도 유리하고 바람직한 시대가 열렸다. 실제로 레이건 대통령은 1986년 3월 14일, 좌우익을 가리지 않고 인권을 억압하는 정권에는 반대한다고 천명했다.

　그러나 마르코스 정권이 붕괴하고 레이건 정권이 인권을 지지하는 외교로 전환하자, 많은 아시아의 독재정권들은 충격에 휩싸였다. 이러한 분위기에 편승하여 각국에는 반정부 민주화투쟁이 고조되었다.

　1986년 봄, 한국에서는 학생과 노동자들이 대통령 직접선거제를 요구하며 군정과 충돌하였고, 12월에는 직접선거를 통한 대통령선거를 실현시켰다. 필리핀에서 일어난 일을 흥미롭게 지켜보고 있던 중국의 학생들도 1986년 가을부터 연말까지 상하이 등에서 민주화 요구시위를 벌였지만 당국에 의해 봉쇄되었다. 시위에 대해 적극 대처하지 못했다고 비판받은 후야오방(胡耀邦, 호요방) 총서기장은 1987년 1월 실각하고 말았다. 타이완에서도 1986년 7월, 국민당 정권이 1949년 5월 이후 38년 동안 지속된 타이완성의 계엄령을 철폐하고 민주적인 개혁을 도입했다.

동남아시아의 경우, 필리핀 다음으로 민주화 투쟁에 나선 곳은 인도네시아였다. 인도네시아에서는 1982년 5월 총선거에서 여당 골카르가 압승하고 1983년 3월의 국민협의회는 수하르토 정권의 경제 발전에 대한 업적을 높이 평가하여 수하르토에게 '개발의 아버지'라는 칭호를 부여함과 동시에 수하르토 대통령의 4선을 승인했다. 그러나 수하르토 집권이 장기화되자 반대세력이 증가하였고, 다룰이슬람의 잔존세력을 포함한 반체제 단체들도 계속 활동을 벌였다.

수하르토 정권은 반대파에 대해서는 가차 없이 탄압하였고, 1983년 치안 당국은 범죄자를 포함하여 반대파를 연간 2천 명이나 살해했다고 전해진다.[5]

1984년 수하르토 정권은, 정치적으로 이슬람교 원리주의의 영향을 약화시키기 위해 공작을 펼쳤다. 그 결과 9월 12일, 자카르타 교외의 탄중프리오크(Tanjungpriok)에서 원리파의 선동에 의해 주민 1,500명이 경찰서를 습격하고 차이나타운을 파괴하는 폭동이 일어났다. 10월 이후에도 역시 원리파에 의한 것으로 보이는 폭파 사건이 연이어 발생했다. 10월 4일에는 화교가 경영하는 자카르타의 유명 은행 세 곳이, 17일에는 라면공장이 폭파되었고, 22일에는 국영백화점에서 화재가 일어났다. 게다가 1985년 1월 21일에는 중부자바의 보로부두르(Borobudur) 불교 유적에서 불탑 9개가 폭파되었다. 또한 1985년 3월 13일에는 육군화약고에서 범인을 알 수 없는 폭파 사건이 발행하여 17명이 사망했다.

정부는 이러한 테러활동에 엄중히 대처하겠다고 발표하고 1984년 11월 8일에는 과격파 집회에 출석한 것을 이유로 좌익운동 지도자 다르소노(Darsono)를 체포했다.

마르코스 정권 붕괴는 인도네시아가 이 같은 폭파사건으로 대소동을 겪고 있는 중에 일어났으며, 수하르토 정권은 이웃나라 필리핀의 민주화 투쟁과 미국 레이건 정권의 인권외교를 신중히 고려해야 할 상황에 처했다. 더욱이 1986년 4월 29일, 레이건은 발리섬에서의 ASEAN 외무장관급 회담에 출석했다. 당연히 인도네시아 정부는 자유의 바람을 일으키는 레이건의 횡보에 강한 경계감을 나타냈다.

1980년 3월에 발족한 태국의 프렘 정권은, 1981년 4월과 1985년 9월의 군사 쿠데타 계획을 막아 냈고, 의회민주주의 정착과 정치의 안정화에 성공하였다.

1978년 이후 경제, 정치적으로 점차 안정을 되찾은 미얀마에서는 1981년 11월, 네윈 장군이 대통령직에서 물러나고 후계자로 산유 대장이 취임하는 괄목할 만한 사건이 일어났다. 그러나 네윈은 여당인 사회주의계획당의 의장직에서는 물러나지 않았다.

산유-네윈 집단지도 체제하의 미얀마에서는 1982년부터 1986년에 걸쳐 경제, 정치적으로 괄목할 만한 개혁은 이루지 못했다. 주요 수출품인 쌀의 국제가격 하락으로 수출부진이 지속되었고 정부의 재정난도 개선되지 않았다. 군정은 1985년 11월 3일, 갑자기 20짯, 50짯, 100짯의 고액지폐권의 폐지를 발표하고 고액지폐를 강제 예금시켰는데, 이는 정부의 재정난을 구제하기 위한 방책이었던 것 같다. 이때 정부군은 반정부군에 대한 공세를 비교적 활발하게 펼쳤다.[6]

캄보디아에서는 1982년 7월에, 베트남에 반대하는 폴 포트파와 시아누크파, 구친미세력인 손산파가 손을 잡고 캄보디아 연합정부를 수립했다. 이로써 전쟁은 더욱 장기화될 조짐을 보였으나, 1984년 가을 이후 미소 관계, 중소 관계를 개선하기 위한 움직임이 활발해지자 베트남의 입장은 미묘해졌다. 베트남은 중국카드 전략을 사용하여, 즉 미국과 중국 대 소런의 대결을 이용하여 캄보디아의 친중파 정권을 타도하려고 했었다. 그런데 소련이 붕괴하여 이 작전이 사실상 의미가 없어지자 베트남 정권은 스스로 분노를 가라앉혀야 했다.

캄보디아전쟁의 조기 해결 요구에 봉착한 베트남은, 1984년 말부터 1985년 초반의 건기를 이용하여 태국 국경을 따라 폴 포트군, 손산군 등의 거점에 대공세를 펼쳐 대부분을 섬멸했다. 그러나 그 후에도 폴 포트군은 정글과 농촌에서 소규모의 게릴라전을 멈추지 않았다.

한편 1984년 1월 1일, 반대파의 반란으로 말레이시아연방에 가맹하지 않았던 브루나이가 영국으로부터 독립하고, 1월 7일에는 ASEAN에 가입했다. 지도자는 왕권을 세습한 술탄 하사날 볼키아(Hassanal Bolkiah) 국왕이었으며 사실상의 국왕 전제주의 국가였다. 인구 20여 만 명의 브루나이는 풍부한 석유자원을 갖고 있었으며 국가수입의 99%가 석유·천연가스의 수출에 의한 것이었고, 1인당 국민소득은 1만6천 달러(1994년)로 싱가포르와 비슷했다. 또한, 국왕은 세계 제일의 대부호로 알려져 있다.

註

1) 尾村敬二(1980),「インドネシア」, アジア經濟硏究所,『アジア動向年報』참고.
2) 原不二夫(1980),「マレーシア」, アジア經濟硏究所,『アジア動向年報』참고.
3) 今川瑛一(1991),『アメリカ大統領のアジア政策』, アジア經濟硏究所, p. 207.
4) 今川瑛一(1997),「東南アジアの經濟危機」,『問題と硏究』11월호.
5) アジア經濟硏究所,『アジア・中東動向年報』, 1984년도판, p. 8.
6) 桐生稔(1986),「ビルマ」, アジア經濟硏究所,『アジア・中東動向年報』참고.

제 12 장

탈냉전시대의 동남아시아

1 플라자합의의 충격

수출주도형 공업화 시대

레이건 대통령의 제1기 경제정책의 결과는 재정적자 증가, 달러강세, 무역적자 확대 등이었다. 1981~1985년 동안 1달러당 260엔대라는 엔저(低) 달러고(高) 상황이 이어졌다.

엔화 환율은 1949년 4월부터 1971년 8월 15일에 이르기까지 1달러당 360엔의 고정환율이었다. 이러한 엔/달러 환율 시세는 미국이 급격히 증가하는 금 유출을 막기 위해 금과 달러화의 교환을 중지한다고 선언한, 이른바 제2차 닉슨쇼크로 인해 달러화가 사실상 세계의 주요 통화에 대해 평가절하되기까지 이어졌다. 1971년 12월 18일에는 1달러당 308엔이 되어 달러약세로 전환되었으며, 그 후 시행된 변동환율제로 인해 엔화는 더욱 고평가되면서 카터 정권기인 1978년 10월에는 1달러당 180엔대를 기록했다.

1달러당 180엔대와 비교해 본다면 260엔대는 엄청난 엔화약세였다. 이처럼 엔저 상황에 더하여 이른바 '경박단소(輕薄短小)' 상품 개발 등에 힘입어 당시 일본은 대미 수출을 급속히 증대시킬 수 있었으며, 미국의 대외무역 적자국 1위의 자리 또한 비교적 쉽게 유지할 수 있었다.

물론 레이건 정권이 대일 무역적자가 늘어나는 것을 바랐던 것은 아니다. 레이건 정권의 제1기 대외정책의 주요 목표는 '타도 소련'이었으며, 일본은 이를 위한 중요한 파트너였기 때문에 일본에 대해 엄격한 경제적 보복은 할 수 없었던 것이다.

그러나 1984년 9월 이후 미소 관계가 개선되기 시작하고, 특히 1985년 3월에 고르바초프가 등장하자 미국의 정치적 환경은 급변했다. 더 이상 소련은 미국의 제1의 적이 아니었다. 경제적으로 미국의 지위를 위협하는 일본이 제1의 적이라고 보아도 좋을 법했다. 일본과의 무역적자에 대해 보복하는 것이 이제는 가능해졌다. 불만이 있다고 해서 일본이 미일 안보체제를 이탈하거나 소련에 접근하는 행동은 현실적으로 불가능했다. 일본이 미국에 대해 반격할 만한 대응책은 전무했던 것이다.

1985년 9월 22일, 뉴욕의 플라자호텔에서 G5(프랑스·독일·일본·미국·영국)의 재무장관들과 중앙은행 총재들이 모인 회의에서 달러화의 대폭적인 평가절하가 승인된다.

플라자합의(Plaza Accord)가 이루어진 날, 1달러당 242엔이었던 엔/달러 환율은 1985년말에는 200엔으로 상승했고 1986년 7월 7일에는 160엔을 돌파했다. 그리고 1987년 12월 31에는 1달러당 120엔의 엔고 시대가 시작되어, 1988~1989년에는 1달러당 120~130엔대의 환율이 지속되었다.

이러한 급격한 엔고 현상은, 1차 생산물 불황으로 고통 받고 있던 동남아시아 국가들에게 큰 행운을 가져다주었다. 왜냐 하면 엔고 현상은 달러화 기준의 인건비를 상승시켜 일본 제조기업의 대외수출 경쟁력을 약화시켰으며, 비용 절감을 위해 일본 기업이 미국과 아시아에 제조생산 거점

1965년 11월

1989년 9월
태국과 미얀마 국경지대 메사이에 위치한 다리의 변화된 모습.

을 이전, 확대하기 시작했기 때문이다. 아시아의 경우, 일본의 투자는 우선 한국, 타이완, 홍콩, 싱가포르와 같은 아시아 신흥공업경제지역(NIES, Newly Industrializing Economies)을 향했지만, 이들 국가들로부터의 대미 수출이 급증하면서 미국의 반발을 초래한 결과, 홍콩을 제외한 이들 국가들의 통화도 평가절상되었다.

이 결과 일본 기업과, 제조생산 비용이 급등하게 된 한국과 타이완 기업은 보다 싼 임금을 찾아 태국 등 ASEAN 국가로 투자를 확대했다. ASEAN 국가에 이루어진 공업화 투자는, 1987년부터 1990년 전반 사이 태국, 말레이시아, 인도네시아를 중심으로 ASEAN 경제에 영향을 주고 수도권을 비롯한 대도시의 모습을 크게 변화시켰다.

기존의 공업화가 수입대체형을 지향하고 국내 시장이 협소하다는 한계를 갖고 있었던 것과는 달리, ASEAN 국가에 이루어진 이번 투자는 처음부터 해외 시장으로의 판매를 목적으로 한 것이었다. 세계 시장을 겨냥한 수출주도형 공업 투자는 이전과는 규모 면에서도 확연히 달랐다. 플라자합의 이후 일본의 대외 직접투자 동향은 〈표 10〉에 나타나 있다.

한편 이러한 일본 등의 대규모 투자를 받아 이루어진 태국, 말레이시아, 인도네시아의 공업생산력은 1980년대 후반부터 1990년대 초반까지 급속도로 향상되었으며, 수출품에서 공업제품이 차지하는 비율도 급증하여 1차 생산물의 비율을 웃돌았다.

수도권을 중심으로 한 공업화 투자의 확대는, 수도에 살고 있는 외국인과 화이트칼라 등 중산층의 수를 증가시켰으며 수도 중심부에서는 오피스 빌딩과 고급 아파트, 호텔, 고급 백화점 등의 건설 붐이 일어났다. 도시 중심부의 개발과 함께 주민의 교외 이동이 진행되어, 교외에 주택가와 쇼

〈표 10〉 플라자합의 이후 일본의 대외 직접투자

(단위: 백만 달러)

	1986년	1987년	1988년	1989년	1990년
합계	22,320	33,364	47,022	67,540	56,911
북미	10,441	15,357	22,328	33,902	27,192
유럽	3,469	6,576	9,116	14,808	14,294
아시아 합계	2,327	4,868	5,569	8,238	7,054
한국, 대만, 홍콩	1,229	2,086	2,517	2,998	2,515
ASEAN 5	855	1,524	2,713	4,684	1,082
중국	226	122	296	438	349

자료: 일본 재무성 자료를 토대로 작성.

핑센터가 확대되었으며 도시의 대규모화도 동시에 진행되었다.

교외에 거주하는 중산층이 경기 호황으로 임금이 상승하여, 자동차를 구입하여 방콕 도심의 사무실로 통근하거나 아이들을 도심의 학교로 통학시키는 일이 일상적인 생활이 되었다. 그러자 도로에는 차가 넘쳐나는 등 만성적으로 세계 최악의 교통 정체를 일으키는 사태가 발생했다. 이와 같은 교통 정체는 자카르타와 마닐라로 번져 갔다.

1980년대 후반부터 전개된 ASEAN 국가의 급속한 공업화와 공산품 수출의 증가는 각국의 경제를 크게 성장시켰다. 이 시기의 수출 확대는 무엇보다도 당시의 달러약세 현상이 크게 기여했다. 미국의 달러약세는 달러화에 고정되어 있던 각국의 통화를 평가절하시켰기 때문이다. 또한 일본으로부터 제조 관련 투자 외에도 관광, 부동산, 증권 등에 대한 투자가 증가한 것도 경제성장을 견인했다. 〈표 11〉은 당시 각국의 경제성장률을 나타낸 것이다.

그러나 1990년대에 들어서면서 ASEAN 국가의 경제발전에 어두운 그림자가 서서히 드리워지게 된다.

〈표 11〉 ASEAN 국가의 GDP 성장률 추이

(단위: %)

	1985년	1988년	1989년	1990년	1991년	1992년	1993년	1994년	1995년
태국	4.6	13.3	12.2	11.6	8.4	7.9	8.2	8.8	8.6
말레이시아	▲1.1	8.9	9.2	9.7	8.7	7.8	8.3	9.2	9.5
싱가포르	▲1.6	11.3	9.4	8.8	6.7	6.0	10.1	10.1	8.8
인도네시아	2.5	5.8	7.5	7.2	8.9	7.2	7.3	7.5	8.1
필리핀	▲7.3	6.8	6.2	3.0	▲0.6	0.3	2.1	4.4	4.8

자료: 아시아개발은행, 일본 경제기획청 자료를 토대로 작성.

사회주의 동남아시아의 대전환

ASEAN 국가가 급속한 경제성장을 이루고 있을 때, 베트남, 라오스, 캄보디아(프놈펜 정권), 그리고 미얀마와 같은 동남아시아 사회주의 국가들은 경제적 부진을 면치 못하고 있었다. 전란을 겪고 있던 캄보디아는 경제성장을 거론할 처지가 아니었고, 베트남은 캄보디아, 중국과 동시에 전쟁을 치르면서 물자 부족과 인플레이션에 고통 받고 있었다. 그리고 라오스의 사회주의 체제는 어떠한 성과도 올리지 못했다. 미얀마의 네윈 정권은 1차 생산품의 불황 속에 쌀과 티크재의 수출 부진까지 겪는데다가, 그때까지 자급 능력이 있었던 석유마저 생산 저하에 시달리는 상황이 이어졌다.

이웃 ASEAN 국가들이 수출주도형 공업화를 통해 1차 생산품의 불황으로부터 탈출하는 것을 목도한 사회주의 국가들은, 더 이상 경제 부진을 방치할 수 없었다. 1986년 후반부터 1987년을 중심으로 각국은 일제히 대대적인 경제개혁을 시행하기에 이른다.

1980년부터 1985년 사이에 엄청난 인플레이션으로 고통 받던 베트남 정부는 1985년 6월, 중단했던 중앙관리경제의 대개혁을 다시 시도하기로 결정하고, 배급제의 폐지, 생계비에 따른 급여의 지급, 생산비용에 따른 제품가격의 설정 등 연이어 새로운 정책을 내놓았다. 그러나 결과는 물가의 폭등과 물자, 식량 부족을 초래했다. 4~5개월 사이에 쌀값은 몇 배로 상승했고 일상적으로 소비되는 연료와 의약품의 가격은 10배, 20배로 뛰어올랐다. 국민의 불만은 폭발 직전이었다.

이러한 상황에서 1986년 12월, 베트남의 새 지도자가 된 응우옌반린(Nguyen Van Linh) 공산당 서기장은 근본적인 경제개혁을 추진했다. 이 정책은 베트남어로 '쇄신(刷新)'을 의미하는 도이모이(Doi Moi) 정책이었다.

1987년부터 구체화된 도이모이 정책은, 기존의 중공업 우선정책에서 식량과 소비재, 수출품 위주로 생산을 전환하고, 사기업에 대한 규제 완화, 일부 산업에서 외자 100% 출자 기업을 인정하는 외자도입촉진책 등이 주요 골자였다. 1989년 5월부터는 쌀을 비롯한 식량 거래의 완전자유화가 도입되어 농업집단화는 사실상 붕괴했다. 이로 인해 개인 농가의 생산 의욕이 고취되어 쌀 생산이 상승하였고 쌀값은 하락하여 인플레이션도 크게 진정되었다. 1989년, 베트남은 140만 톤의 쌀을 수출했다.

1987년부터 1989년에 걸쳐, 고르바초프 정권의 대미 화해노선은 점점 더 강도가 높아져, 미소 간 군축협상뿐만 아니라 중남미와 앙고라, 아프가니스탄에서의 미소 간의 화해도 진행되어 1988년 4월 14일에는 소련군 철수를 결정한 아프가니스탄 평화협정이 조인되었다. 또한 중소 관계도 개선되면서 1989년 5월 고르바초프의 베이징 방문이 실현된다. 이러한 미소, 중소 간의 화해 분위기가 무르익어 가는 가운데, 고르바초프 서기장은 대화를 통해 캄보디아전쟁의 조기 종결 문제를 해결하자고 주장했으며, 이는 충분히 예측 가능한 상황이었다.

도이모이 정책을 실시한 베트남이 경제 건설에 전념하고, 중국과 서방국가들의 경제교류가 활발해진 상황에서 캄보디아전쟁의 해결과 대중 화해는 불가피한 것이었다. 이리하여 1989년 9월 26일, 베트남군은 캄보디아로부터 전원 철수했다.

라오스의 경우, 1975년 12월 전국을 장악하고 있던 공산세력 인민혁명당 정권은 은행과 대기업을 국유화하고 사기업을 제한하였으며, 농민을 집단경영에 참가시키는 사회주의 노선을 채용하고 있었다. 그러나 이렇다 할 성과는 없었고, 화교 상인의 국외 탈출과 반공국가인 태국으로부터 취해진 경제거래 제한조치로 경제는 계속 악화되었다.

인민혁명당은 이러한 상황을 개선하기 위해 베트남의 도이모이 정책을 참고하여 1986년 11월, 농업집단화의 중지, 유통의 자유화, 서방 측과의 경제교류 확대 등을 골자로 한 '신사고[新思考, 친타나칸마이(chin tanakan mai)] 정책'을 도입했다. 그 결과 1990년대에 들어 경제는 호전되기 시작한다.

1979년 1월, 베트남군의 지원으로 성립한 캄보디아의 친베트남파 인민혁명당 정권 역시 제조업과 무역을 국유화하고, 농민을 집단농장에 동원하는 사회주의 경제노선을 도입했다. 그러나 800만 명에 이르는 인구가 먹고살기에는 쌀과 물자가 부족하였고, 경제는 밀 수입을 취급하는 암시장 상인이 장악하고 있었다.

그러나 1988년 11월, 프놈펜 정권은 베트남을 거울삼아 대대적인 경제자유화 조치를 단행했으며, 사기업을 장려하고 농지의 소유권을 인정하면서 외자 도입을 적극 도모했다.

이와 같이 인도차이나의 공산정권이 비교적 순조롭게 경제개혁을 해나갔던 것과는 달리 미얀마에서는 유혈사태와 폭동을 동반하는 결과를 가져온다.

미얀마의 네윈 사회주의계획당 의장은 1987년 8월, 쌀과 티크재의 수출 부진, 석유 부족, 그리고 쌀을 비롯한 생필품의 부족과 가격 상승을 타개하기 위해 경제자유화를 선언하고, 9월 1일에는 주요 농산물의 거래를 자유화했다. 그러나 1988년 3월, 쌀은 충분한데도 농민들의 판매 거부와 중간업자의 사재기 때문에 거래는 끊기고 쌀값은 급등하여 국민의 불만이 높아졌다.[1]

1988년 3월 13일, 랑군에서 학생과 주민 간의 가벼운 말다툼에 개입한 경찰이 학생을 사살하는 바람에 폭동이 일어났다. 체포된 학생 74명이 후송차 안에서 질식사한 것이 밝혀지자 분노와 저항은 더욱 커졌다. 1988년 6~7월, 학생, 시민들과 군의 충돌은 랑군에서 지방으로 번져 갔다.

사태가 걷잡을 수 없이 커지자 7월 23일 사회주의계획당 임시대회에서 네윈 의장은 돌연 사임을 하고, 후임으로 세인 르윈(Sein Lwin) 전 부총서기가 대통령에 임명된다.

하지만 지도자가 바뀌었다고 해서 학생들과 시민들의 분노가 수습되지는 않았다. 시민들과 군인들의 충돌은 격화되었으며, 1988년 8월 9일부터 11일 사이 랑군의 전 지역에서 대규모 충돌사태가 발생했다. 국영방송의 발표에 의하면 당시 사망자 수는 53명에 달했다. 이러한 혼란 속에 세인 르윈 대통령은 서둘러 사임하고 사회주의계획당은 8월 19일, 온건파 지식인 마웅마웅(Maung Maung) 박사를 새로운 당의장 겸 대통령으로 선출했다.

그러나 새 정권 수립을 요구하는 학생들의 시위는 그치지 않았고 랑군의 폭동은 계속되었다. 시기를 같이하여 1988년 4월, 어머니의 병문안을 위해 영국에서 잠시 귀국한 아웅산 장군의 딸 아웅산 수치(Aung San Suu Kyi)는 반체제운동의 지도자로 변모해 가고 있었다.

랑군의 무정부 상태가 오랫동안 지속되자, 국군 장성들은 미얀마의 안전을 위해 더 이상 사태를 방치할 수 없다고 판단했다. 1988년 9월 18일, 국군총참모장 쏘마웅(Saw Maung) 대장이 이끌던 국군이 쿠데타를 일으켜 정부의 전권을 장악했다. 이에 맞서 민주화를 요구하며 항의하는 학생들은 가차 없이 사살되었다. 군정에 반대하는 정치세력들이 연합하여 '민주주의민족동맹(NLD, National League for Democracy Party)'을 결성하고, 아웅산 수치를 서기장으로 하여 반정부, 민주화투쟁을 벌였으나 심한 탄압을 받았다.

이에 따라 미얀마 신군부는 국민들의 불만을 해소하기 위해 역시 베트남형 경제자유화를 추진하기에 이른다. 1988년 10월에는 민간 기업의 무역업 참여를 허가하고, 11월에는 외자 도입을 위한 외국투자법을 제정하였으며 12월에는 태국, 베트남, 라오스 등 주변 국가와의 무역을 합법화한다. 1989년 3월에는 민간 기업의 참여 업종이 확대되었으며 점차 미얀마의 경제활동은 활기를 띠었다. 군부는 애초에 총선거를 통해 민간정부로의 이양을 공약으로 내걸었으나, 1990년 5월의 총선거에서 민주주의민족동맹이 압승하자 선거 결과를 무시하고 정권 이양을 거부했다. 이러한 군부의 억압적인 정치체제는 1999년까지 변하지 않았다.

인도차이나와 미얀마와 같은 사회주의 국가가 경제 개방에 나섬으로써 동남아 대륙부에서는 경제 교류와 발전을 위한 기반이 정비되었다. 1988년 8월, 총선거에서 승리한 차티차이 춘하반(Chatichai Choonhavan) 태국 총리는 인도차이나를 "전장에서 시장으로" 바꾸자고 제창하여 주목을 받았다. 또한 인도차이나에서 평화가 회복되자 태국 북부와 라오스, 미얀마 동북부와 중국 윈난성을 포함하여 종합적 경제 개발도 진행하자는 제안이 나왔다. '황금의 사각지대구상(동남아시아에서 가장 많은 전란과 내전을 경험하고, 현재에도 전란이 진행 중에 있어서 상대적으로 경제개발이 낙후된 사각지대로 인식되어 온 인도차이나의 변혁과 개혁의 구상과 이에 따른 노력을 의미함)'과 메콩강유역개발사업(중국 윈난성과 태국, 그리고 인도차이나 국가인 베트남, 캄보디아, 라오스, 미얀마 지역의 사회간접자본 확충과 풍부한 자연자원 발굴을 통해 이들 국가들의 경제개발을 지원한다는 목적으로 1992년부터 추진되고 있음) 등의 계획이 실행에 옮겨졌다.

이러한 인도차이나와 미얀마의 대외 개방으로 인해 1995년 7월에는 베트남이, 1997년 7월에는 라오스와 미얀마가 ASEAN에 가입했다.

2 혼란의 탈냉전시대

사라져가는 냉전의 산물들

미국 부시 대통령이 재임하던 1989년부터 1992년 동안, 아시아를 비롯해 전 세계적으로 미소 냉전체제가 종결되고, 많은 냉전의 산물들이 사라져 갔다.

1989년 2월 23일, 인도네시아와 중국이 국교를 정상화하고, 1990년 8월 8일에 정식 국교를 맺었다. 10월 3일에는 싱가포르와 중국이 국교를 수립하였으며, 바로 전 9월 30일에는 한국과 소련이 국교를 수립했으며, 1991년 9월 남북한이 유엔에 동시 가입했다.

1991년 10월 23일, 파리에서 캄보디아 평화협정이 조인되었으며, 캄보디아의 친베트남 정권과 반베트남 세력은 유엔의 개입하에 평화를 유지할 것을 약속했다. 그러나 폴 포트파는 이러한 평화적 흐름에 동참하기를 거부하여 국내외적으로 고립되면서 곧 자멸하고 만다. 즉 폴 포트파는 1992년 3월에 발족한 유엔캄보디아 과도행정기구(UNTAC)의 관리하에 치러진 1993년 5월의 총선거를 보이콧하여 안팎으로 거센 비난에 직면했다.

총선거에서 제1당이 되었지만, 군사력과 행정력이 약해진 시아누크의 캄보디아민족연합전선(FUNCINPEC, 푼시펙)은 제2당인 인민당과 연립정권을 수립한다. 1993년 9월, 시아누크는 새롭게 개편된 정치제체에서 국왕에 복귀했다.

캄보디아 평화협정 조인 후 1991년 11월 5일, 베트남 정상이 중국을 방문하여 중국과 베트남 관계의 정상화를 선언했다. 드디어 길고 길었던 인도차이나반도의 전란이 여기서 종결되었다.

이 시기 중국에서는 국제적으로 주목받는 대사건이 일어난다. 1989년 6월 4일 발생한 '톈안먼(天安門)사건(천안문사건)'이다. 이 사건은 필리핀의 반마르코스 투쟁에 자극받은 중국 학생들의 민주화운동에 안이하게 대처하여 실각했던 후야오방 전 총서기가 1989년 4월 15일 사망한 것이 계기가 되었다. 이른바 톈안먼사건은 후야호방 전 서기장의 죽음을 추도하는 학생들이 베이징 톈안먼광창(천안문광장)에 모이면서 시작된 것이다. 그렇기에 동남아시아와 전혀 상관없는 사건은 아니었다. 100만 명으로 급격히 불어난 대중의 힘에 위협을 느낀 중국 공산정권은 집회를 무력으로 해산시켰다. 그러나 톈안먼사건은 시대적 흐름이었던 아시아의 민주화투쟁을 여실히 보여주는 또 다른 형태의 모습이었다.

또 하나의 대사건은 1990년 8월 2일 이라크군이 쿠웨이트를 침공한 일이다. 1957년의 이라크혁명 당시, 이라크 혁명정권이 실행하지 못했던 쿠웨이트에 대한 침공을, 이번에는 혁명정권의 새로운 지도자 사담 후세인(Saddam Hussein)이 강행한 것이다.

'걸프전쟁'으로 일컬어지는 이 전쟁은, 이라크군에 반격을 가한 미 부시 정권에게 태평양과 페르시아만 사이에 위치한 동남아시아의 동맹국인 필리핀과 태국의 중요성을 재삼 확인시켜 주었다. 특히 필리핀 수빅

(Subic)만의 미 해군기지는 오키나와(沖繩)나 요코스카(橫須賀)와 같은 주일 미군기지에 버금갈 만큼 중요했다. 그러나 냉전체제하에서 미국의 가장 충실한 동맹국이었던 태국과 필리핀은, 걸프전쟁기에 미국의 기대를 저버렸다.

마르코스 정권의 뒤를 이은 아키노 정권은 마르코스를 지지하는 군대의 반란과 급속한 개혁을 원하는 젊은 군장교들의 쿠데타 미수사건으로 크게 동요했다. 또한 미 군사고문들에 대해 공산게릴라들이 끊임없이 테러활동을 전개하자 이에 대한 대응책 마련에도 부심했다. 냉전체제가 힘을 잃어 가자 의회를 포함한 여론은 미군기지를 폐지해야 한다는 쪽으로 기울었다. 미국의 입장이 난처해지자 싱가포르 정부는 1989년 8월, 필리핀의 미군기지 일부를 싱가포르로 이전할 것을 요청했다. 그만큼 세계정세는 미국에게 불리하게 돌아가고 있었다.

1990년 5월, 수빅과 클라크(Clark)의 두 미군기지 주변에서 미군 병사들이 사살되는 사건이 속출하였고, 걸프전쟁 개시 후인 9월에는 마닐라에서 미국 기업의 연쇄 폭파사건이 일어났다. 필리핀 내의 미군기지의 안전을 우려한 미국은 11월 13일, 싱가포르와 기지이용협정을 맺었다.

그러나 미 정부가 계속적인 기지 사용을 요구하자 아키노 정권은 1991년 8월, 수빅 기지 사용을 지속시키는 대미기지협정을 맺는다. 그런데 필리핀의 여론을 의식한 상원(上院)에서 이 기지협정을 12대 11로 부결하자 미국은 필리핀 내에서의 미군기지를 잃게 되었다. 클라크 공군기지는 1991년 11월, 수빅 해군기지는 1992년 11월에 필리핀에 반환되었으며 필리핀은 스페인에 대한 독립투쟁 이후 1세기 만에 외국군 기지가 없는 나라를 되찾았다. 미군기지 두 곳은 경제특구로 개발되었다.

한편 걸프전쟁 중 특히 과거에 미국과 우호적이었던 태국 군부는 부시 정권에 있어서 결코 용납할 수 없는 행동을 했다. 1991년 2월 23일, 세계의 주목을 받으며 미 지상전투부대가 이라크에 침공작전을 개시한 날, 태국군은 방콕에서 쿠데타를 일으켜 차티차이 총리를 체포하고 군정을 수립한 것이다. 쿠데타를 일으킨 표면적인 이유는 정권의 부정부패였지만, 실제로는 1980년대에 의회정치가 정착되자 군의 정치적 역할이 급속도로 위축되어 군 간부들의 불만이 높아진 것이 근본적인 이유였다.

태국군의 쿠데타는, 부시 정권을 비롯해 거의 모든 나라들로부터 지지를 얻지 못했고 군정은 1992년 3월에 민정에 이관하기 위한 총선거를 실시해야만 하였다.

그러나 1992년 3월 22일의 총선거 후 제1당이 된 군정 여당의 총리 후보가 마약 거래에 관여한 사실이 드러나 결국 4월 7일, 수친다(Suchinda Kraprayoon) 육군사령관이 총리에 선출되었다. 군정의 재집권에 반발한 방콕 시장(市長)과 학생들은 5월 들어 연일 대규모의 반정부집회를 열었다. 5월 17일부터 18일에는, 수십만 명의 시위대가 총리 관저를 향하고 군인들이 이를 저지하는 과정에서 50명이 넘는 사망자를 냈다. 대혼란을 수습하기 위해 푸미폰 국왕이 조정에 나서, 5월 24일 수친다 총리를 물러나게 하고 6월 14일, 아난(Anand Panyarachun) 전 총리가 이끄는 선거관리 내각의 들어서 사태는 겨우 진정되었다.

1992년 9월 12일의 총선거에서는 민주화를 주장하는 추안(Chuan Leekpai) 총재가 이끄는 민주당이 승리하면서, 추안 정권이 출범한다. 추안 정권은 정치권뿐만 아니라 정부기관과 공영 기업의 요직에서 군인을 배제하여, 냉전 시대에 태국 정치의 주역이었던 국군이 정치권에서 영향력을 잃게 되었다. 추안 정권은 1995년 7월까지 집권한다.

이처럼 1989년에서 1992년 사이, 최대의 세계적 사건은 미국과 함께 냉전 시대의 주역이었던 소비에트연방의 붕괴였다.

고르바초프 서기장의 주도로 강력하게 추진된 소련의 개혁은, 동유럽 국가들과 소련연방 소속 국가들의 탈소비에트화를 촉진하여 1991년 12월 26일, 소비에트연방 자체가 붕괴되는 결과를 가져온다. 소련의 해체 후 동남아시아는 1950년 한국전쟁 이후의 냉전 시대를 완전히 마감했다.

냉전 후 1989년 5월, 국가 명칭을 버마에서 미얀마로 개칭한 미얀마의 새로운 군사정권은 군을 앞세워 반대파에 대한 탄압을 강화했다. 이로 인해 소수 민족의 반란도 지속되었지만, 1989년 4월 이후 중국의 지원이 끊어진 미얀마공산당은 붕괴 직전까지 내몰리게 된다. 같은 해, 중국이 역시 지원을 중단한 말레이시아공산당도 무력투쟁을 종결하기에 이른다. 20세기가 저물어가는 시점에서, 캄보디아전쟁 당시 무력투쟁을 중단한 태국공산당을 포함하여 동남아시아의 공산당 가운데 무력투쟁을 전개하고 있던 나라는, 빈부의 격차가 큰 필리핀뿐이었다. 1992년 6월, 필리핀의 대통령이 된 라모스는 파괴활동방지법을 폐지하는 등 공산당과의 화해에 힘을 기울였지만 충분한 성과를 올리지는 못했다.

동남아시아 지역 전체의 안전보장 문제로 1999년에 표면화된 사건은, 남중국해(중국 남쪽과 필리핀 및 인도차이나반도와 보르네오섬으로 둘러싸인 바다, 남지나해)의 난사군도(南沙群島, Spratly Islands)를 둘러싸고 중국과 베트남, 필리핀 사이에 벌어진 영유권 분쟁뿐이었다고 해도 좋을 것이다. 이 지역에는 석유가 매장되어 있다고 한다.

물론 각국의 내정 문제는 각양각색이었다. 필리핀은 공산당 문제뿐만 아니라 민다나오의 이슬람교도와도 갈등을 겪고 있었는데 이것도 화해 무드로 접어들었다. 그러나 마르코스 타도투쟁 이후 치안이 악화되고, 플라자합의 뒤에 외국인의 투자가 필리핀을 외면했던 것이 필리핀의 경제발전을 지연시켰던 것은 틀림없는 사실이었다. 베트남과 라오스에서는 공산정권에 대적할 만한 세력은 없었다. 캄보디아에서는 1997년 7월, 인민당과 캄보디아민족연합전선 사이에 무력항쟁이 일어났지만, 1998년 7

월의 총선거에서 인민당이 승리하여 정권을 잡았다. 인민당이 집권하자 1999년 4월 30일, ASEAN은 캄보디아의 가맹을 승인했다. 또한 1998년 4월에 폴 포트가 병사하자 폴 포트파는 괴멸 상태가 되었다. 싱가포르의 인민행동당 정권은 경제가 안정되어 별다른 동요는 보이지 않았다. 그러나 말레이시아의 마하티르 정권은 1998년 9월, 아시아 통화위기로 초래된 경제 위기에 대한 대응책을 둘러싸고 마하티르가 안와르 이브라힘(Anwar Ibrahim) 부총리를 해임, 체포하는 사건이 일어났다. 이에 안와르 지지파는 마하티르를 독재정권이라 비판하고 지도력에 대한 책임을 추궁했다.

그러나 동남아시아 각국이 정치적 안정을 유지시켜 나가는 데 있어 풀어야 할 최대 과제는, 다름 아닌 꾸준한 경제적 안정이었다. 이른바 수출 주도형 공업화에 토대를 둔 경제성장 때문에 국제경제에 대한 의존도가 점차 심화되는 상황에서, 자국 경제의 안정을 어떻게 유지해 나가느냐 하는 것이었다. 1997년 후반 이후 동남아시아에서는 이미 경제적 안정이 크게 흔들리고 있었으며, 장기 집권을 자랑하던 수하르토 대통령은 사임 압력을 받기에 이른다.

통화위기와 수하르토 정권 붕괴

1990년대, 급속히 발전한 ASEAN 국가들의 경제에 암운이 드리워지기 시작했다.

가장 큰 문제는, 방콕의 교통 대혼란과 같이 경제 발전은 가속화되는데 그것을 받쳐줄 경제 인프라가 부족한 것이었다. 경제 인프라의 부족은 도로뿐만 아니라 항만, 전력, 수도 등 다양한 분야에서 나타났다.

두 번째 문제는, 급속한 공업화와 도시화로 중간관리직과 기술자가 크게 부족한 데서 비롯되었다. 부족한 인력의 임금이 상승하자, 덩달아 각국의 임금 수준이 전반적으로 급상승하였던 것이다. 도시생활자가 늘어나면서 주거비와 식비, 교통비 등이 오른 것이 원인이었다. 이러한 임금 상승은 섬유와 잡화, 신발, 완구 등 노동집약적 산업을 중심으로 각국의 공산품 제조비용을 끌어올려 수출경쟁력을 감소시켰다. 또한 주식은 매도세로 돌아섰으며 강성 노동자의 파업 등 노동쟁의도 빈발했다.

세 번째 문제는 이러한 인프라 부족과 임금 상승을 꺼려한 외국 투자가들이, 새로운 투자처로 임금이 저렴하고 노동력이 풍부하면서 광대한 공업 인프라를 갖추고 있는 중국 연해부 지역과 베트남, 미얀마 등을 선호하기 시작한 것이다. 이렇게 새로운 지역에서의 공업화 발전은 ASEAN 국가의 노동집약적 상품의 수출시장을 빼앗는 결과를 초래했다.

이러한 ASEAN 경제의 심각한 문제점들이 집중적으로 표면화되는 계기가 된 것이, 1997년 7월에 시작된 동남아시아의 통화위기였다.

1996년 들어, ASEAN 국가의 수출증가세가 둔화되기 시작했다. 1996년 한 해를 돌아보면, 각국의 수출 증가는 전년 수준에 크게 미치지 못하였으며 태국은 1985년 이래 처음으로 마이너스 성장을 기록했다(〈표 12〉 참조).

〈표 12〉 ASEAN 국가의 수출증가율 추이

(단위: %)

	싱가포르	인도네시아	말레이시아	태국	필리핀
1991년	12.3	13.5	16.8	23.2	8.7
1992년	7.6	16.6	18.5	14.2	11.2
1993년	16.5	8.4	15.7	13.3	13.7
1994년	30.4	8.8	24.7	22.7	20.0
1995년	22.5	13.4	26.0	25.1	30.6
1996년	5.8	9.7	5.1	▲1.3	18.3

자료: 일본경제기획청, 『아시아경제 1997』.

수출 둔화는 노동집약적 상품의 경쟁력 저하가 주요인이었다. 말레이시아, 싱가포르, 필리핀의 경우에는, 구미에서의 반도체를 비롯한 전자제품의 수요 감소도 영향을 끼쳤다. 또한 1995년 후반 이후, 미국 경제의 회복과 일본의 버블 붕괴 후의 불황으로 인해 엔화 환율이 약세에서 강세로 돌아서기 시작하면서 달러화를 기준으로 하던 ASEAN의 통화가 평가절상되어 수출경쟁력을 약화시킨 것도 수출 감소의 요인이 되었다. 반대로 ASEAN 국가의 수출경쟁국인 중국은 1994년 1월, 위안화를 평가절하했다.

수출이 침체되는 한편 수입은 계속 증가하였다. 공업 생산에 필요한 기계설비, 부품의 수입, 생활 향상을 반영한 대형 승용차와 와인, 위스키, 양탄자 등 외국제 소비물자의 수입이 크게 늘어났다. 무역수지는 자연히 악화되었고, 외자 도입에 의한 대외채무의 급증으로 국제거래의 전체 수지를 나타내는 경상수지의 적자도 대폭 증대되었다. 그리고 무역수지와 경상수지의 악화는, 국제투자가들 사이에 ASEAN 통화와 주가에 대한 불안감을 증폭시켜, 급속히 무역수지가 악화되던 태국 바트화에 대한 투기성 매도가 먼저 시작되었다.

이러한 ASEAN 경제에 대한 불안감은 1997년에 들어 더욱 고조되면서 엄청난 경제 위기의 발발 가능성을 키워나갔다. 그리고 여기에 기름을 부은 것이 바로 태국의 경제상황 변화였다. 1990년대 전반, 태국 경제는 부동산 투자가 과열되어 정부에 의한 고금리정책을 수반한 긴축정책이 추진되었는데, 1990년대 중반 이후 경기 위축으로 부동산 가격이 폭락하면서 경제 성장의 견인역할을 했던 건설 붐이 소멸되는 등 거품이 붕괴된 것이다. 남은 것은 금융기관의 막대한 부실채권이었다.

태국 정부는 1997년 전반의 금융위기를 모면하기 위해 긴축예산을 편성하고 금융구제기금을 조성하는 등의 조취를 취했다. 하지만 오히려 경기는 후퇴하고, 국제적인 바트화 매도세가 확대되어 태국 정부의 외화준비고는 바트화를 방어하기 위한 달러화 매도로 급속히 감소했다. 태국 경제에 대한 불안감이 높아지자 수출 증가를 통해 돌파구를 찾고자 했던 태국 정부는 1997년 7월 2일, 바트화를 자유거래제로 전환했다. 사실상 바트화의 평가절하를 단행한 것이다. 이날 바트화는 미국달러화에 대해 17% 하락했다.

태국의 바트화 평가절하는 ASEAN 경제에 대한 국제적인 불안감을 단숨에 고조시켰으며, 말레이시아와 인도네시아, 필리핀 통화, 나아가 싱가포르달러까지 매도세로 몰아넣는 결과를 초래했다. 이들 통화의 대달러 환율은 급락하여 ASEAN 주요국 전체에 통화위기를 가져왔다. 1997년 7월 11일, 필리핀과 인도네시아는 자국 통화의 환율변동폭을 확대하여, 실질적으로 통화의 평가절하에 나섰으며 8월 14일, 인도네시아는 루피아화를 변동환율제로 전환하여 통화가치 하락을 승인한 셈이 되었다. 드디어 동남아시아 전역은 '통화위기'라는 새로운 위기의 시대로 돌입했다.

이 위기를 극복하고자 태국과 인도네시아는 국제통화기금(IMF, International Monetary Fund)을 비롯한 선진국들에게 금융지원을 요청했다. ASEAN 각국은 우선 통화절하로 수출을 촉진하는 한편, 공공사업과 대형 프로젝트를 보류하여 예산 삭감을 통한 긴축재정으로 사태를 해결하고자 했다. 그러나 경제위기의 골은 더욱 깊어져 갔고 이러한 상황은 2000년대까지 지속되었다.

통화위기로 인해 가장 심각한 타격을 입은 나라는 인도네시아였다. 인도네시아의 루피아화는 달러화 대비 가장 큰 폭으로 하락했으며, 이에 따른 수입품 가격의 급등으로 인플레이션이 가속화하는 등 경기는 악화일로를 걸었다. 인도네시아 루피아화의 대미국달러 환율은 1997년 7월 7일의 2,452루피아에서 1997년말에는 5천 루피아대로 하락하였고, 1998년 1

~4월에는 9천에서 1만 루피아대로 폭락했다. 이 외에도 루피아화 폭락의 배경으로, 가뭄으로 인한 식량 생산의 부진과 수하르토 정권에 대한 불신도 크게 기여했던 것으로 추정된다.

수하르토 대통령은 1980년대 전반, 이슬람 과격파의 폭탄테러 사건 등 일련의 반정부 운동을 힘으로 봉쇄함으로써, 1988년 3월에는 5선, 1993년 3월에는 6선, 1998년 3월에는 7선을 한 대통령이 되었다. 1968년 3월 이후 30년 넘는 기간 동안 대통령에 재임해 왔던 것이다.

그러나 수하르토 정권의 장기 집권은 경제 발전을 가져오기는 했지만, 한편 빈부격차의 확대, 수하르토 일족의 축재와 고위 관료의 부정 때문에 점차 많은 국민들로부터 외면을 당하게 된다. 국민의 불만은 1990년대 들어, 과거의 국민당 등을 모체로 출범한 인도네시아민주당(PDI)의 인기가 급상승하는 형태로 표출되었다. 1993년 12월 이후, 고(故) 수카르노 대통령의 큰딸인 메가와티 수카르노푸트리(Megawati Sukarnoputri)가 인도네시아민주당의 총재가 되었는데, 국민들은 수카르노 시대의 향수를 느껴 높은 호감을 가졌다.

메가와티의 인기에 위협을 느낀 수하르토 정권은 1999년 6월 20일, 인도네시아민주당 내의 친수하르토 세력을 결집하고 군대의 호위 속에 수마트라의 메단시에서 임시당대회를 개최하여 메가와티 총재를 해임했다.

정부의 메가와티 탄압에 반발한 인도네시아민주당 내의 메가와티 지지자들은 자카르타의 당사에서 농성을 벌였으나, 정부군에 의해 강제 진압되었다. 그러나 1996년 7월 27~28일에 치안군과 메가와티파의 충돌로 1만 명에 가까운 군중이 폭동을 일으켜 관공서와 군시설, 은행 등 22개의 빌딩이 불타고 3명이 사망했다.

이 사건 후 수하르토 정권은 메가와티파를 사실상 비합법화하여 1997년 5월의 총선거에 참가할 수 없게 했다. 이러한 강압에 불복한 메가와티파는 1997년 총선거에서 다른 야당을 지원하거나, 집회 및 시위, 상점 탈취 등과 같은 강력한 저항을 하는 학생과 민중을 지원하는 등 반정부활동을 늦추지 않았다.

이러한 때에 1997년 후반부터 통화위기가 인도네시아를 엄습했다. 물가 상승과 실업 증가에 항의하는 시위와 폭동이 중부자바를 중심으로 각지로 퍼졌다.

1998년 1월 20일, 전년도에 치러진 총선거에서 여당인 골카르당이 승리하자 이를 배경 삼아 수하르토는 7선에 도전하는 대통령선거 출마를 표명했다. 수하르토가 출마를 표명하고 1998년 3월 11일 대통령 제7기 취임식을 하자, 청년학생들은 전국적으로 반정부 시위와 집회, 폭동을 일으켰다.

1998년 5월 12일, 자카르타의 학생 시위에 군이 발포하여 학생 6명이 사망하였고, 이것을 계기로 시내 전역으로 폭동이 확산되었다. 당시 사건은 백화점 방화로 인한 사망자를 포함하여 1,188명이 죽은 대참사로 기록되었다. 같은 해 5월 21일, 이러한 큰 희생을 겪은 뒤에야 비로소 수하르토는 대통령직에서 물러났다.

수하르토의 후계자가 된 하비비(Bacharuddin Jusuf Habibie) 부통령은 수하르토의 최측근이었다. 하비비가 집권하자 국민들은 인도네시아의 정치개혁이 어떻게 진행될지에 대해 경계의 눈으로 주시했다. 수하르토 이후 인도네시아 정치의 미래를 결정하게 될 총선거는, 1999년 6월에 실시되었다.

그러나 인도네시아에서 정치적 혼란이 확산되자 동티모르, 이리안자야 등에서는 독립운동이 일어났으며, 또한 자바섬에서 이주한 사람들에 대한 칼리만탄섬 등 현지인의 강력한 반발에서 알 수 있듯이, 다민족국가인 인도네시아의 통합 문제는 인도네시아 지도자들에게 과제를 제시해 주었다.

註

1) 桐生稔(1989), 「ビルマ」, アジア經濟硏究所, 『アジア・中東動向年報』 참고.

맺음말

1950년부터 1999년에 이르기까지 약 50년간 동남아시아에서 일어난 수많은 역사적 사건을 체계적으로 정리하는 작업이 마침내 마무리되었다. 한국전쟁이 시작된 시점부터 1999년 6월 인도네시아 총선거가 전개된 시점까지, 동남아시아의 50년 세월은 파란만장했다.

이 책은 『동남아시아 현대사와 세계열강의 자본주의 팽창』의 하권에 해당되며, 상권과 함께 읽음으로써, 독자들은 20세기 100년간에 걸친 동남아시아 현대사는 물론 이를 둘러싼 미국, 유럽 및 일본 등 선진 강대국들의 집요한 자본주의 팽창의 전개 과정을 파악할 수 있을 것이다.

100년이라는 세월 동안 동남아시아는 격변의 연속이었다. 민족주의자들에게 부과된 엄격한 독립투쟁의 시련, 세계 대공황으로 야기된 경제적, 정치적 궁핍과 혼란, 일본군의 침략으로 인한 동남아시아 국가들의 충격, 그리고 제2차 세계대전 후 격렬한 독립투쟁 등 이러한 역사적 사건과 그 결과는 하권에서 상세히 서술하고 있다.

하권에서는 한국전쟁으로 인해 고착화된 미소 냉전이 동남아시아로 전이된 역사적 흐름, 각국에서 일어난 정치가 및 군인들의 권력 다툼, 이에 따른 쿠데타와 내전, 그 중에서도 인도네시아의 9·30사건 및 베트남전쟁의 비극, 이들 국가들과 한국과 일본, 중국과의 관계 변화, 그리고 닉슨 쇼크가 가져온 탈냉전시대 등 수많은 사건을 서술하고 있다.

이처럼 파란만장한 100년의 세월을 통해, 동남아시아의 정치와 경제는 크게 변했다. 각국은 독립을 달성했고, 또한 ASEAN(동남아시아국가연합)이라는 지역연합체에 참가하게 되면서 국제적으로 비중 높은 발언권을 행사하기에 이르렀다.

또한 경제적 측면에서는, 과거의 선진국 공업사회에 기여하는 1차 생산물 수출지역에서 탈피하여, 이제는 세계 유수의 공업제품 수출지역으로 발전을 거듭하고 있다.

그러나 이러한 공업화의 진전은 한편으로 동남아시아 각국이 구미 선진국은 물론 중국 등 공업제품 수출국과 치열한 경쟁을 할 수밖에 없음을 의미하고 있어, 국제경쟁에서의 패배는 곧 이들 국가들에게 크나큰 고통을 안겨 주기도 했다.

이렇게 100년 동안, 동남아시아의 정치와 경제는 큰 변화를 경험했다. 그리고 동남아시아를 무대로 한 세계열강들의 자본주의 팽창을 향한 과욕과 야망도 쓰라린 결과를 초래했다. 과연 상권과 하권을 통해 이러한 격변의 세월과 역사적 동향을 충분히 그렸는가 혹은 부족했는가에 대해서는 독자들의 판단에 맡기고 싶다.

아울러 이 책은 동남아시아 국가들의 역사를 단순히 나열한 것이 아니라, 어느 시대에 어떠한 사건으로 동남아시아 국가 전체가 움직이고 영향을 받고 변화했는가에 관점을 두고 체계적으로 분석하여 서술하고 있다. 물론 이러한 시도가 가능했던 것은, 동남아시아 국가에 대한 역사적 연구가 많이 존재하고 또 이를 필자가 충분히 참고할 수 있었기 때문이라고 할 수 있다. 이 책에서 인용한 많은 국가별 연구서적의 저자들에게 다시한 번 감사의 뜻을 전하고 싶다. 물론 이 책의 모든 결함은 필자의 부족함에서 비롯된 것임을 밝힌다.

또한 이 책의 출판은, 원고의 집필 과정부터 지속적인 격려와 깊은 배려를 아끼지 않은 아키쇼보(亞紀書房)의 나쓰메다 긴지(棗田金治) 사장과 편집을 위해 고생해 준 아베 다다시(阿部唯史) 선생의 협력이 있었기에 가능했다. 이 자리를 빌려 다시 한 번 깊은 감사의 마음을 전하고 싶다.

2009년 2월

저자

옮긴이 후기

2010년 10월 29일, 베트남 하노이에서는 제13차 ASEAN+3 정상회의가 개최되었다. 이른바 동남아시아의 10개국과 동북아시아 핵심 국가인 한국, 중국, 일본 등 3개국이 한자리에 모였다. 예년과 동일하게 동아시아 지역의 안정과 평화를 지향하고 지속 가능한 경제 발전을 도모하는 동시에, 세계정세에 중추적 역할을 수행하기 위해 서로의 입장과 의견을 제시하는 한편, 상호 이해를 토대로 의무와 책임을 다한다는 데 뜻을 같이했다. 이날 열린 정상회의는 여느 때와 달리 전 세계적으로 많은 관심과 화제를 모았으며, 참가국들은 새삼 달라진 모임의 위상과 자신들의 영향력을 실감했다.

ASEAN이란 동남아시아 국가연합(Association of Southeast Asian Nations)으로 불리고, 태국, 싱가포르, 말레이시아, 인도네시아, 필리핀, 브루나이, 베트남, 미얀마, 캄보디아, 라오스 등 10개국으로 구성되어 있으며, 역내 국가 간 평화와 자유, 그리고 우호협력을 통해 공동 번영을 추구하는 것을 목적으로 하고 있다. 그리고 40년이 넘는 역사를 지닌 ASEAN에 1997년부터 한국, 중국, 일본이 가세하면서 동남아시아 지역 및 국가의 인지도와 중요성은 더욱 높아졌으며, 세계 경제는 물론 정치, 안보, 국방 등에서 점차 영향력을 나타내고 있음은 주지의 사실이다. 그만큼 동남아시아의 위상은 분명히 크게 달라졌다.

돌이켜보면, 동남아시아의 역사는 한시도 쉴 틈 없이 전란과 투쟁에 휩싸인 드라마였다. 세계열강의 계속되는 동남아시아 식민지 지배의 욕망과 반복되는 현지 민족들의 항쟁, 그리고 제2차 세계대전에 의한 일본의 지배, 전후 동남아시아 민족들의 독립과 이로 야기된 열강 간의 치열한 대립, 한국전쟁과 베트남전쟁으로 대표되는 동남아시아의 정치경제적 격렬한 투쟁 등 지금의 동남아시아는 20세기의 세계 정치경제와 그 동란(動亂)의 역사에 있어 매우 중요한 무대였다고 해도 과언은 아닐 것이다.

특히 세계 대공황으로 인해 동남아시아는 구미(歐美) 자본주의에 종속되어 어쩔 수 없이 경제구조를 식민지 체제로 바꿔야 했으며, 이로 인해 중대한 정치적 위기를 초래하게 된다. 또한 군국주의를 표방한 세계열강의 군사 확대 경쟁과 이로 야기된 제2차 세계대전의 발발, 일본군의 점령 등은 동남아시아 경제에 일면 호재(好材)로 작용했으나, 한편으로는 선진 자본주의 경제체제로부터 더 이상 빠져나올 수 없는 경제구조로 고착화되는 모순을 가져왔다. 당연히 이들 국가들은 정치적 위기에 직면했으며, 이를 극복하기 위해 치열한 대립과 투쟁을 전개해야 했다. 대립과 투쟁은, 자본주의 팽창에 대한 열강을 상대로 한 투쟁뿐 아니라 같은 민족 간에도 격렬하게 전개되었다.

이와 같이 『동남아시아 현대사와 세계열강의 자본주의 팽창(상하권)』은 동남아시아 현대사의 핵심을 이루고 있는 끊임없는 전란과 투쟁의 연속을 생생하게 묘사하고 있으며, 이를 토대로 동남아시아 각국이 지니는 독자적인 정치, 경제, 사회적 요소 또한 현대사의 중요한 부문을 차지하고 있음을 지적하고 있다. 더욱이 동남아시아 지역 및 국가들과 세계열강 간의 밀접한 정치경제적 관계를 매우 상세하게 서술하고 있어, 세계 경제의 중추적 생산 및 소비시장으로 거듭나고 있는 최근의 동남아시아가 왜 중요한가를 파악하는 데 큰 도움을 줄 것으로 사료된다.

또한 이 책의 특징은 한국과 중국, 일본 등 동북아시아 중심 국가들을 비롯한 미국과, 유럽 국가들, 그리고 심지어는 오세아니아 국가들까지, 왜 동남아시아 지역 및 국가에 대한 관계 개선 노력과 정치경제적 협력 강화의 중요성을 역설하고 있는가에 대한 궁금증을 풀어 주는 데 매우 유익한 자료를 제공해 준다. 그리고 지금 이 순간에도 세계열강의 대(對)동남아시아 자본주의 팽창의 움직임은 계속되고 있으며, 기존의 구미와 일본에 더하여 중국이라는 거대한 존재가 새롭게 추가되었다는 점에 주목해야 한다는 현실도 직시해야 할 것을 일깨워 준다.

한편 저자인 이마가와 에이치(今川瑛一)는 40여 년 이상을 동남아시아와 중동 지역의 전문가로서 활동했으며, 미국 브루킹스연구소 시절에는 미국의 대(對)세계 정치경제, 외교안보 전략에 대한 논문과 저서를 다수 발표함으로써, 미국의 대세계 패권주의화에 대한 욕망을 샅샅이 들추어냈다. 그리고 미국과 유럽의 대중동 정책에 대해서는 에너지 및 자원의 안전보장을 최우선시하는 전략의 실체를 낱낱이 파헤쳤다. 안타깝게도 지금은 세상을 떠나 만날 수 없지만, 그동안 저자는 일본 하치오지(八王子)시에 위치한 소카(創價)대학교 강단에서 "글로벌 인재육성이 곧 국가경쟁력 제고"라는 일념(一念)으로 학생들에게 세계의 정치경제적 움직임과 변화, 특히 동남아시아를 중심으로 급변하는 세계정세를 역사적 사실에 근거하여 체계적으로 분석하여 전해 주면서 글로벌 사고를 함양하도록 강조했다.

역자 역시 저자의 제자 중 한 사람으로 국제경제학을 비롯해 저자의 많은 수업을 들었다. 저자는 역자의 '학문의 스승'이다. 이 책을 번역하게 된 요인의 하나도, 학부생 시절 저자의 '동아시아 지역 경제' 교과목에서 동남아시아 현대사 내용을 수강한 데 기인하고 있다. 당시 저자의 풍부한 지식과 시대를 초월한 현장감 넘치는 사실 묘사와 함께, 이를 체계적으로 정리하여 전해 주려고 노력하는 저자의 모습이 생생하다.

더욱이 저자는 당시 수업 시간마다 유독 '아시아적 가치', '동아시아 지역 및 국가의 협력 확대' 및 '동반 성장' 등의 중요성과 필요성을 그토록 역설했는데, 역자는 이 책을 모두 번역한 후에야 비로소 그 이유를 알게 되어, 너무나 부끄럽고 죄송스러운 마음에 고개를 떨굴 수밖에 없었다. 분명 저자는 대한민국과 일본에게 있어 동남아시아 지역 및 국가는 "공동운명체"로서, 다 함께 과거를 교훈삼아 현실을 극복하고 미래를 개척해 나가야 한다는 점을 직시해야 한다는 것을 말하려고 했던 게 아닌가 생각한다.

 이 책을 손에 드는 순간, 독자들은 세계 정치경제의 또 하나의 중심축으로 성장하고 있는 동남아시아 지역 및 국가의 파란만장한 역사적 순간과 투쟁의 연속의 현장을 사실적 표현에 입각하여 심층적이고 종합적으로 파악할 수 있을 것이다. 따라서 동남아시아 관련 전문가는 물론 기업의 실무자, 전공 분야 학생, 그리고 세계정세의 변화에 관심 있는 독자 및 이를 활용하여 사업을 전개하는 분들에게는 매우 소중하고 귀중한 역사적 체험과 풍요로운 지식을 축적하고 실용적으로 활용하는 데 크게 기여할 것으로 확신한다.

 반면 역자의 관련 정보 및 지식 부족 등으로 번역과정에서 저자의 의도를 완벽하게 전달하지 못한 부문에 대해서는 용서를 구하며, 앞으로 계속 수정, 보완하도록 노력할 것을 약속 드린다.

 마지막으로 이 책이 번역, 출판되는 과정에서 진심어린 조언과 배려를 아끼지 않은 도서출판 이채 한혜경 대표를 비롯한 출판사 가족들에게 깊이 감사드리며, 번역 초기부터 자신의 직장과 업무보다 더 열성적으로 도와 준 후배 이미혜와 학문적 동반자인 아내 이의정에게도 감사의 말을 전하고 싶다.

2011년 9월
옮긴이 이홍배

동남아시아 현대사 간략 연표(1929~1999년)

날짜	사건
1929년 10월 24일	세계 대공황 시작
1930년 2월 10일	베트남국민당, 옌바이 봉기
12월 22일	미얀마, 사야산의 반란
1931년 9월 18일	만주사변
1932년 6월 24일	시암(태국), 군사 쿠데타, 입헌혁명
1935년 9월 17일	필리핀 대통령선거에서 케손 당선
1937년 7월 7일	중일(中日)전쟁 시작
1939년 9월 3일	제2차 세계대전 시작. 시암, 국가명을 태국으로 변경
1940년 11월 23일	태국·프랑스령 인도차이나전쟁
1941년 5월	베트남독립동맹회(베트민) 결성
7월 28일	일본군, 남부 프랑스령 인도차이나 공격
8월 1일	미국, 대일 석유 수입 금지조치
12월 8일	일본군, 하와이와 필리핀, 말레이시아 공격
1942년 3월 8일	일본군, 랑군 점령
3월 9일	인도네시아의 네덜란드군, 일본에 항복
1945년 8월 15일	일본 항복
8월 17일	수카르노, 인도네시아의 독립 선언
9월 2일	베트남민주공화국 독립 선언
10월 5일	인도네시아 국민군 결성, 독립 전개
1946년 7월 4일	필리핀 독립
12월 19일	프랑스·베트남군, 전면전에 돌입
1947년 7월 19일	미얀마의 아웅산 총리 암살
11월 8일	태국에서 피분 쿠데타, 쁘리디 파놈용 망명
1948년 1월 4일	미얀마 독립
6월 18일	말라야(말레이시아), 공산당 반란으로 비상사태 선언
1949년 12월 27일	인도네시아연방공화국 탄생
1950년 6월 25일	한국전쟁 발발
1954년 5월 7일	베트남군, 디엔비엔푸 획득
7월 21일	제네바에서 인도차이나 휴전협정 조인
9월 8일	마닐라에서 동남아시아조약기구(SEATO) 결성 협정
1955년 4월 18일	반둥에서 아시아·아프리카회의
1956년 12월 20일	수마트라 중부에서 군 반란, 각지로 확대
1957년 2월 16일	수카르노, 민주주의를 주장

날짜	사건
1957년 8월 31일	말라야(말레이시아)연방 독립
9월 16일	태국에서 사릿 장군 쿠데타
1958년 2월 15일	수마트라에 반수카르노 정권
10월 20일	사릿 장군, 제2차 쿠데타
10월 29일	미얀마에 네윈 정권
1959년 2월 21일	인도네시아, 1945년 헌법으로 복귀
3월 4일	인도네시아 의회, 네덜란드 기업 국유화법 가결
1960년 8월 9일	라오스에서 콩레 대위 쿠데타
12월 20일	남베트남해방민족전선 결성
1962년 3월 2일	미얀마에서 네윈 장군 쿠데타
7월 31일	영국과 말레이시아연방 협정에 조인
8월 15일	네덜란드·인도네시아, 서이리안협정
1963년 9월 16일	말레이시아연방 성립
11월 1일	남베트남군 쿠데타, 응오딘지엠 대통령 살해
1964년 5월 3일	수카르노, 말레이시아 공격 명령
8월 2일	베트남에서 통킹만 사건 발생
1965년 3월 7일	미 해병대, 다낭 상륙
8월 9일	싱가포르, 말레이시아로부터 독립
9월 30일	인도네시아공산당, 쿠데타 실패
1967년 2월 9일	인도네시아 국회에서 수카르노 해임 결의
3월 12일	수하르토 장군, 대통령 대행으로 취임
8월 5일	동남아시아 5개국, ASEAN 설립 선언
1968년 1월 30일	남베트남에서 테트 공세
5월 13일	미국과 북베트남, 파리평화회의 시작
1969년 5월 13일	쿠알라룸푸르에서 반중국인 시위
7월 25일	닉슨, 괌 독트린 발표
1970년 3월 15일	캄보디아에서 반시아누크 쿠데타
1971년 7월 15일	닉슨 대통령, 중국 방문 발표
8월 15일	닉슨, 금·달러화 교환 정지 발표
1972년 2월 21일	닉슨 대통령, 중국 방문
1973년 1월 27일	베트남 평화파리협정 조인
10월 6일	제4차 중동전쟁 발발
10월 14일	태국 학생이 군과 충돌, 타놈 정권 붕괴
1974년 1월 15일	다나카 일본 총리의 자카르타 방문으로 반일 시위
1975년 4월 17일	캄보디아 공산당, 프놈펜 점령

날짜	사건
1975년 4월 30일	베트남 공산군, 사이공 해방
8월 22일	라오스에서 공산당 승리
12월 7일	인도네시아군, 동티모르·델리 제압
1976년 2월 23일	발리섬에서 제1회 ASEAN 정상회담 개최
7월 1일	남북베트남 통일
1977년 2월 24일	ASEAN 각국, 역내 특혜무역협정에 조인
12월 31일	캄보디아, 베트남과 국교 단절
1978년 3월 23일	베트남, 남부에서 사회주의 경제화 강행
12월 24일	베트남군, 캄보디아 침공
1979년 1월 1일	미국과 중국, 국교 수립
2월 11일	이란혁명
2월 17일	중국군, 베트남 국경 전 지역에 침공
1980년 4월 10일	인도네시아, 반화교 폭동
1982년 7월 9일	반베트남 세 파벌의 민주캄보디아연합정부 발족
1983년 8월 21일	아키노 전 상원의원, 마닐라 공항에서 암살
1984년 1월 1일	브루나이 왕국 독립(8월 7일, ASEAN 가입)
9월 12일	인도네시아 수도 항만 지구에서 폭동 발발, 폭탄사건 발생
1985년 1월 21일	보로부두르에서 불탑 폭파사건
9월 22일	뉴욕에서 G5 개최, 플라자합의
1986년 2월 25일	마르코스 정권 붕괴, 아키노 대통령 탄생
11월 13일	라오스 인민혁명당, 신사고(新思考) 정책 발표
12월 17일	베트남공산당 서기장에 응우옌반린 선출
1987년 2월 23일	베트남, 개인기업 장려책 발표
9월 2일	미얀마 정부, 쌀 등 곡물의 국내 거래자유화
1988년 2월 8일	라만 전(前) 총리가 통일말레이시아국민조직(UMNO) 설립
2월 16일	마하티르 총리, 새로운 UMNO 설립
3월 10일	수하르토 대통령 5선
6월 21일	랑군에서 대규모 반정부 시위 발생
7월 25일	네윈 미얀마 사회주의계획당 의장 사임
9월 18일	미얀마군 쿠데타, 국가질서회복평의회 설립
1989년 7월 20일	미얀마 군정, 아웅산 수치를 자택연금
9월 26일	캄보디아에서 베트남군 철수 완료
1990년 5월 27일	미얀마 총선거, 민주국민연맹(NLD) 압승
8월 2일	이라크군, 쿠웨이트 침공
8월 8일	인도네시아와 중국, 국교 재개

날짜	사건
1990년 10월 3일	싱가포르와 중국, 국교 수립
1991년 2월 23일	태국군 쿠데타, 아난 과도정부 총리 탄생
9월 16일	필리핀 상원, 대미기지협정 부결
10월 23일	파리에서 캄보디아평화협정 조인
11월 5일	베트남 수뇌부의 중국 방문, 관계 정상화 선언
12월 26일	소비에트연방 붕괴
1992년 1월 28일	ASEAN 정상회담에서 AFTA 결성 합의
3월 15일	캄보디아에서 UNTAC 발족
3월 22일	태국 총선거, 수친다 장군이 총리에 취임(4월 6일)
5월 11일	필리핀 대통령선거, 라모스 취임(6월 30일)
5월 19일	방콕에서 유혈의 반군 시위, 수친다 총리 사임
9월 13일	태국 총선거에서 민주당 승리, 추안 총리 탄생
11월 24일	미국, 필리핀에 수빅 기지 반환
1993년 3월 10일	수하르토 대통령 6선
5월 23일	캄보디아 총선거 투표 시작
7월 1일	캄보디아 과도정부 수립
9월 24일	시아누크, 캄보디아 국왕에 취임
1994년 6월 21일	인도네시아 정부, 「템포(Tempo)」 등 3개 잡지 발간 금지
11월 20일	중국과 베트남, 대화를 통해 영토 문제 해결하기로 합의
1995년 2월 22일	미국 국방성, 동아시아 전략보고서 발표
7월 10일	미얀마 군정, 수치 자택연금 해제
7월 11일	미국, 베트남과의 국교정상화 발표
7월 28일	베트남, ASEAN에 가입
10월 23일	필리핀 정부, 군 내부 반대파와 평화협정
1996년 2월 14일	중국과 베트남 간 철도, 2개 노선으로 운행 시작
7월 27일	자카르타에서 메가와티파 시위
9월 27일	미얀마 군정, 수치 자택 봉쇄, 자택 앞 집회 금지
12월 1일	태국에서 차왈릿 정권 수립
1997년 1월 20일	인도네시아 선거관리위원회, 총선거 후보에서 메가와티 파 배제
1월 31일	태국 경제, 거품붕괴 현상
2월 4일	인도네시아령 칼리만탄에서 주민 시위
4월 18일	하노이와 쿤밍 간 열차 개통
5월 29일	인도네시아 총선거, 골카르당 압승
7월 2일	태국 바트화 평가절하(변동환율제로 이행)
7월 23일	미얀마와 라오스, ASEAN에 가입

날짜	사건
1997년 8월 11일	태국 지원국, 160억 달러 지원 합의
8월 14일	인도네시아 루피아화, 변동환율제로 이행
11월 15일	태국, 추안 내각 발족
1998년 1월 22일	인도네시아 루피아화 급락, 각지에서 폭동 발생
3월 10일	국민협의회, 수하르토 대통령 7선 결정
4월 15일	폴 포트 사망
5월 12일	자카르타에서 군과 학생 충돌, 학생 64명 사망
5월 14일	자카르타 모든 시에서 폭동, 사망자 다수 발생
5월 21일	수하르토 사임, 하비비 대통령 취임
5월 28일	필리핀 대통령에 에스트라다 당선
7월 26일	캄보디아 총선거, 인민당 승리
9월 1일	말레이시아 중앙은행, 외환거래 규제 발표
9월 2일	마하티르, 안와르 부총리를 해임
11월 22일	자카르타에서 이슬람교도와 그리스도교도 충돌, 6명 사망
1999년 1월 19일	인도네시아 암본에서 이슬람교도와 그리스도교도 충돌, 사망자 다수 발생
1월 27일	인도네시아 각료회의, 동티모르 독립 승인
2월 14일	메가와티, 투쟁민주당 결성 선언
3월 25일	캄보디아 상원 발족

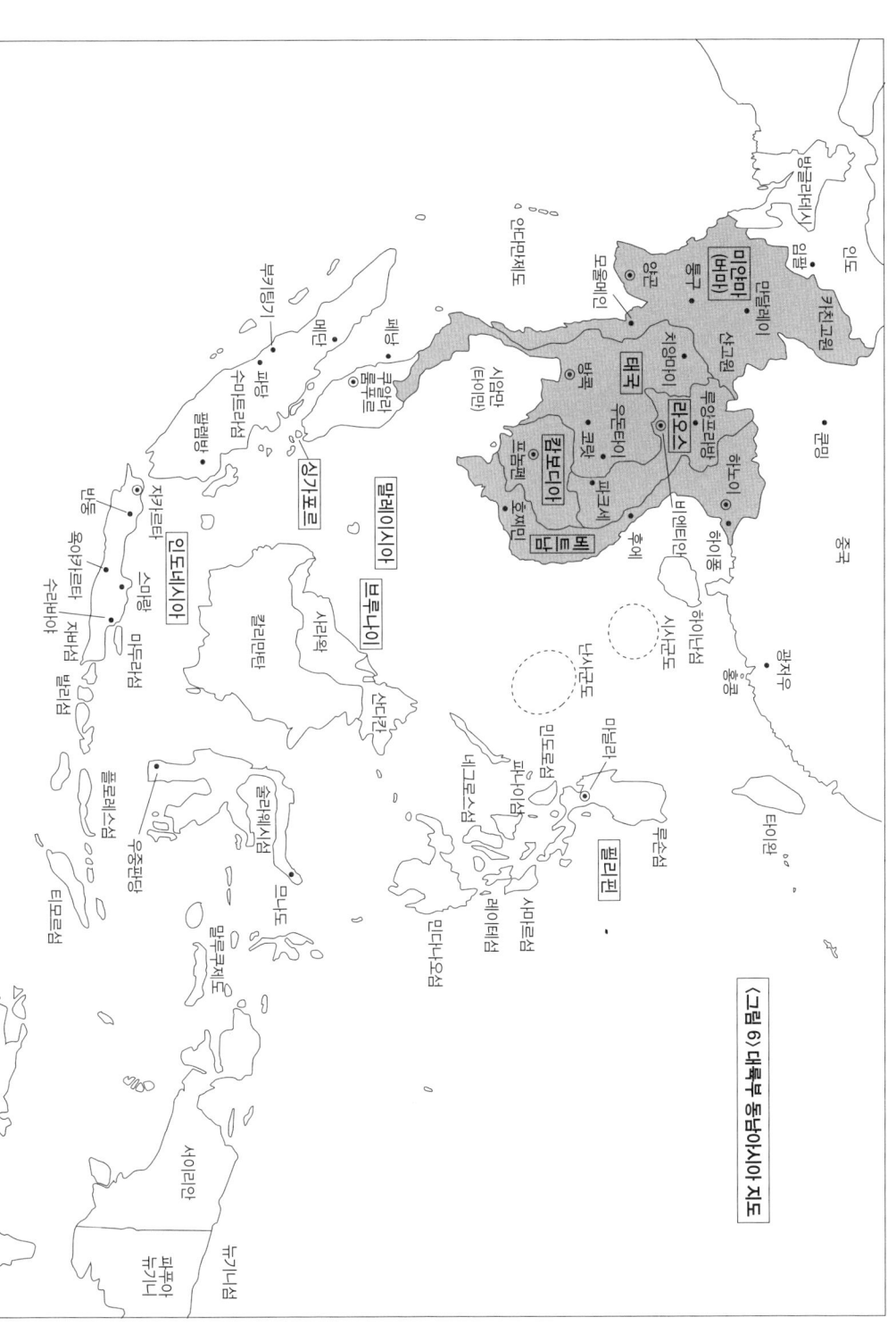

〈그림 6〉 대륙부 동남아시아 지도

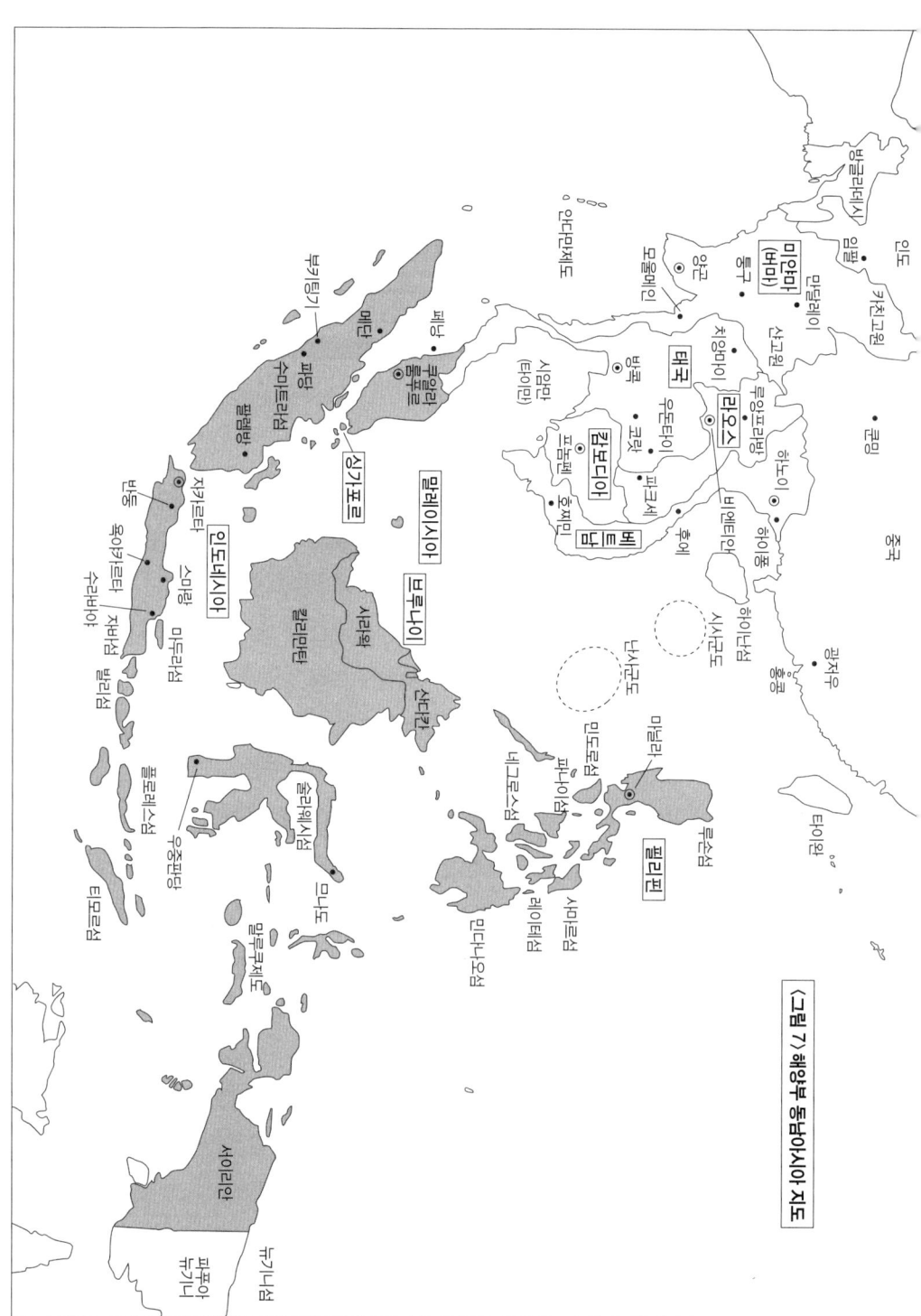

〈그림 7〉 해양부 동남아시아 지도

찾아보기

ㄱ

가루다(Garuda)　47, 305
가르시아(Carlos P. Garcia)　128
걸프전쟁　101, 332, 333
고르바초프(Mikhail Sergeyevich Gorbachyev)　314, 322, 327, 334
고통 로용(Gotong Royong)　134
골카르(Golkar, Golongan Karya)　276, 315
공법480호(PL480)　127
괌독트린(Guam Doctrine)　251, 253, 271
구르카(Gurkha)　37
9·30사건(30 September Movement)　208, 211~213, 236, 285, 343
국제통화기금(IMF, International Monetary Fund)　238, 339
그레나다(Grenada)　313
기시 노부스케(岸信介)　146
김대중　259, 271

ㄴ

나롱(Narong Kittikachorn)　274
나세르(Nasser)　70, 100, 101, 147
나수티온(Abdul Haris Nasution)　43, 46, 89, 90, 131, 211
나지브 라자크(Najib Tun Razak)　129
나콘파놈(Nakhon Phanom)　214, 215
나흐타둘 우라마(Nahdlatul Ulama)　90, 138, 276
난간탕섬(南竿塘島)　104
난사군도(Spratly Islands, 南沙群島)　335, 355, 356
남베트남해방민족전선[VNLF, Vietnamese National Liberation Front, 베트콩(Viet Cong)]　92, 118, 157, 201, 351
남칼리만탄　42
남타(Namtha)　151, 154
낫시르(Mohammad Natsir)　44, 45, 87, 88
「냔잔(인민)」　297
네덜란드·인도네시아연합　47
네루(Pandit Jawaharlal Nehru)　69, 70, 105
네윈(U Ne Win)　50, 84, 114~117, 173, 175~182, 216~218, 245, 263, 280, 281, 316, 326, 328, 329
노사반(Phoumi Nosavan, 포우미 노사반)　119~122, 151, 152, 154, 215, 231
농업수출진흥 및 원조법(Agricultural Trade Development and Assistance Act)　127
뇨토(Njoto)　212
누온 체아(Nuon Chea)　123
뉴기니(New Guinea)　45, 130, 185, 287
니그리토(Negrito)　287
닉슨(Richard Milhous Nixon)　143, 150, 230, 251~254, 257~260, 263, 264, 269~271, 274, 283, 285, 300
닉슨독트린　249, 253, 264, 307
닉슨쇼크　258, 259, 263, 264, 321, 343

찾아보기　357

ㄷ

다나카 가쿠에이(田中角榮) 264
다낭(Da Nang) 151, 203, 205, 228, 283
다니(Omar Dhani) 209, 211
다룰이슬람(Darul Islam) 44, 185, 305, 315
다르소노(Darsono) 315
다야크(Dayak) 41
다카사키 다쓰노스케(高崎達之助) 71
달라이라마[Dalai-Lama XIV, 텐진 갸초
　　　(Tenzin Gyatso)] 104, 105, 116
대량보복전략 68, 147~149
대약진(大躍進)운동 103, 105, 153
덜레스(John Dulles) 68, 143
덩샤오핑(鄧小平, 등소평) 235, 297
데비(Dewi Sukarno, Naoko Nemoto) 211
데탕트(détente, 긴장완화) 269~272
도미노이론(domino theory) 158, 252
도이모이[Doi Moi, 쇄신(刷新) 정책] 326,
　　　327
독립베트남중앙정부 55
동남아시아국가연합(ASEAN, Association of
　　　South-East Asian Nations) 243,
　　　343
동남아시아조약기구(SEATO, Southeast Asia
　　　Treaty Organization) 47, 68, 69,
　　　126, 129, 154, 285, 350
동남칼리만탄 41
동칼리만탄 41, 42
동티모르독립혁명전선(Fretilin, 프레틸린)
　　　287
둥딩(東碇)섬 104
드위코라(Dwikora) 209
디엔비엔푸(Dien Bien Phu) 56~58, 66,
　　　350

디포느고로(Pangeran Dipo Negoro) 210
　　　~212
딜리만 코뮌(Diliman Commune) 262

ㄹ

라만(Tunku Abdul Rahman) 85, 129, 130,
　　　187, 188, 190~192, 194, 240~242,
　　　352
라모스(Fidel Valdez Ramos) 312, 335, 353
라우렐-랭글리협정(Laurel-Langley
　　　Agreement) 127, 285
라자크(Tun Abdul Razak) 241, 242, 279,
　　　280
라킨(Rakhine)족 114, 116
라타나키리(Ratanakiri) 233
랑손(Lang Son) 56
러스크(Dean Rusk) 158
레어드(Melvin Robert Laird) 253
레이건(Ronald Wilson Reagan) 306, 307,
　　　312~314, 316, 321, 322
레주언(Le Duan) 118
로스토(Walt Whitman Rostow) 204, 205
로하스(Manuel Roxas) 30, 127
론 놀(Lon Nol) 168, 232, 255, 256, 270,
　　　284
루딩이(陸定一, 육정일) 103
루비스(Lubis) 90, 131, 133
루앙프라방(Luang Prabang) 57, 151, 152
루이스 타루크(Luis Taruc) 30, 31, 126
루크만(M. H. Lukman) 212
룩이스트운동(Look East Movement, 동방정
　　　책) 310
뤄루이칭(羅瑞卿, 나서경) 179
류사오치(劉少奇, 유소기) 105, 182, 235

리세 시소와쓰(Lycée Sisowath)　123
리아우(Riau)　41, 42
리콴유(李光耀, 이광요)　39, 86, 130, 187, 188, 199, 206~208, 305
린뱌오(林彪, 임표)　264

■
마담 누(Madame Nhu, 쩐레수언)　118, 163, 164
마르세유(Marseille)　55
마르코스(Ferdinand Edralin Marcos)　31, 128, 199, 200, 218, 220, 244, 260~263, 281, 282, 285, 299, 303, 304, 307, 310~312, 314, 316, 332, 333, 352
마슈미(Masjoemi, Masyumi Party)　44
마오쩌둥(毛澤東, 모택동)　15, 77, 105, 233~235, 263, 264, 296, 297
마오쩌둥주의(자)　235, 239, 245
마쭈섬(馬祖島, 마조도)　104, 147
마카파갈(Diosdado Macapagal)　128, 189, 191, 218~220
마틴 루서 킹(Martin Luther King Jr., 마틴 루터 킹)　230
마필린도(Maphilindo)　191, 219
마하티르(Mahathir bin Mohamad)　39, 242, 280, 310, 336, 352, 354
막사이사이(Ramon Magsaysay)　31, 32, 125~128
만국(萬國)수에즈운하회사(Compagnie Universelle du Canal Maritime de Suez)　100
만달라(Mandala)　186
만달레이(Mandalay)　280

말라카낭궁(Malacanang Palace)　262
말레이시아·인도인회의(MIC, Malaysian Indian Congress)　85, 241
말레이시아연방(말라야연방)　36, 84, 85, 128~130, 187~192, 195, 206, 214, 218, 317, 351
말레이시아중국인협회(MCA, Malaysian Chinese Association)　37, 85
말루쿠(Maluku)　42, 132
말리노프스키(Rodion Malinovsky)　182
매독스호(Destroyer USS Maddox DD-731)　203
맥나마라(Robert McNamara)　158, 227
메가와티(Megawati Sukarnoputri)　340, 354
메단(Medan)　133, 192, 340
메콩(Mekong)강　119, 121, 154, 215
메콩강유역개발사업　330
모니봉(Moni Vong)　58
모로(Moro)족　281
몬(Mon)족　114, 116, 176
몽골　264
문화대혁명　225, 233~235, 239, 240, 245, 251, 296, 297
므나도(Menado)　133, 136, 184
미드웨이(Midway)섬　252
미란다광장(Plaza Miranda)　262
미소 전략무기제한협정(SALT I, Strategic Arms Limitation Talks)　270
미얀마공산당　48, 51, 178, 182, 218, 245, 246, 335
미일안전보장조약　20, 145
민다나오(Mindanao)섬　281, 335
민주주의민족동맹(NLD, National League for

찾아보기　359

Democracy Party) 329, 330

ㅂ

바르샤바조약기구(Warsaw Treaty
　　Organization) 99
바리산 소시알리스[Barisan Sosialis, 사회주의
　　전선(Socialist Front)] 206
바리안 132, 133
바오다이(Bao Dai, 保大) 55, 65
바탐방(Battambang) 59, 166, 232, 233,
　　255
바티스타(Batista) 102
박정희 156, 259, 271, 306
반둥(Bandung) 42, 69, 70, 132, 277, 350
반자르마신(Bandjarmasin) 41, 132, 133
반파쇼인민자유연맹(AFPFL, Anti-Fascist
　　People's Freedom League) 84,
　　113, 114, 117, 175
밤방 수겡(Bambang Sugeng) 89
방비엥(Vang Vieng) 231
방카(Banka) 41
백기 공산당 48
백화제방백가쟁명(百花齊放百家爭鳴) 103
범(汎)말레이시아·말레이시아인회의
　　(PMMC) 36
베를린장벽(Berlin Wall) 157
베트남전쟁 15, 82, 91, 93, 113, 118, 141,
　　148, 161, 165, 174, 199, 201~203,
　　214, 223, 225, 227, 229, 230, 234,
　　243, 245, 252, 253, 270, 276, 284,
　　343, 347
베트민(Viet Minh, 베트남독립동맹회) 53~
　　58, 60, 65, 91, 117, 350
베트콩 92, 155~159, 162~166, 201, 202,
　　204, 205, 226, 228, 229, 234
벤 누트(Penn Nouth) 256
보고르(Bogor) 237
보르네오(Borneo)섬 41, 187~189, 191,
　　335
보트피플 298, 300
볼키아(Hassanal Bolkiah) 317
부다페스트(Budapest) 98
부미푸트라(Bumiputra, 토지의 아들, 토착민)
　　88, 240, 242
부수카요노[Bernabe Buscayno, 단테
　　(Kumander Dante)] 261
부키팅기(Bukit Tinggi) 133, 135, 136, 184
북대서양조약기구(North Atlantic Treaty
　　Organization, NATO) 23, 68, 99
북보르네오(사바) 130, 187~191
북칼리만탄(North Kalimantan)국가 190
북폭(北爆)작전 204, 205
불교국교화법 176
붕 움(Boun Oum) 122, 216, 231
브라위자야(Brawijaya) 211
브레주네프(Leonid Il'ich Brezhnev) 299,
　　312
브레진스키(Zbigniew Kazimierz Brzezinski)
　　300
브루나이(Brunei) 42, 187~191, 194, 317,
　　346, 352
브루나이인민당(Brunei People's Party)
　　189, 190
비엔티안(Vientiane) 92, 120~122, 151,
　　152, 161, 174, 215, 231, 284
빌리톤(Billiton) 41
빠순단(Pasundan) 41, 42
쁘라팟(Praphas Charusathian) 110, 111,

274
쁘리디 파놈용(Pridi Banomyong)　32, 54, 350
쁠레이쿠(Pleiku)　151, 204

ㅅ

사담 후세인(Saddam Hussein)　332
사라와크(Sarawak)　187~192, 194, 279
사릿 타나랏(Sarit Thanarat)　33
사바(Sabah)　187, 192, 194, 218, 279
사토 에이사쿠(佐藤榮作)　264
산 유(U San Yu)　280
산야(Sanya Dharmasakti)　275, 277, 278
살레(Darwin Zahedy Saleh)　237
살로트 소르(Saloth Sar)　54
삼누아(Samneua)　66
상쿰(Sangkum)　93, 166
샌프란시스코강화조약　127
샤푸루딘 프라위라네가라(Sjafruddin Prawiranegara)　135
샨(Shan)족　49, 115, 116, 176, 182, 246
서(西)몰루카(Molucca)　44
서이리안　45~47, 70, 88, 90, 130, 132~134, 136, 138, 184~186, 189, 287
서칼리만탄　41, 42
세니(Seni Pramoj)　278
세인 르윈(Sein Lwin)　329
셀레베스(Celebes)　41, 44, 132, 133
소련공산당　97, 98, 299
손곡민(Son Ngoc Minh, 손응옥민)　56
손곡탄(Son Ngoc Thanh, 손응옥탄)　53, 58~60, 123, 166, 270
손산(Son Sann)　59
손센(Son Sen)　55, 123, 166, 294

솜사니트(Tiao Samsanith)　120, 122
수라마리트(Nordom Suramarit)　93, 124
수마트라(Sumatra)　41, 46, 90, 130~135, 184~186, 193, 340, 350, 351
수무알(Ventje Sumual)　132, 133
수반드리오(Subandrio)　192, 209, 237
수빅(Subic)　332, 333, 353
수에즈운하(Suez Canal)　100, 101, 143
수입대체 공업화　72, 73, 80, 81, 83, 86, 87, 113, 219, 308
수출주도형 공업화　321, 326, 336
수치(Aung San Suu Kyi)　329, 352, 353
수친다(Suchinda Kraprayoon)　334, 353
수카르노(Sukarno)　40~47, 70, 89, 90, 130, 132, 134~138, 147, 184~188, 190~194, 199, 208~210, 212, 213, 236~240, 340, 350, 351
수키만(Sukiman Wirjosandjojo)　44, 45
수토요(Sutoyo)　211
수파누봉(Souphanouvong)　55, 57, 92, 120~122, 154, 284
수하르토(Suharto)　43, 186, 199, 212, 213, 236~240, 276, 277, 286, 287, 305, 315, 316, 336, 340, 341, 351~354
술라웨시(Sulawesi, 셀레베스)　44, 90, 132, 133, 136, 184, 305
술탄(Sultan)　36, 129, 189, 190, 317
스미트로 계획　87
스탈린(Iosif Vissarionovich Stalin)　14, 15, 20, 52, 57, 65, 97, 98, 102
스탈린비판　97~99, 102~104, 234
스탠백(Stanvac, Standard-Vacuum Oil)　209
스프라부트(Soeprapto)　211

찾아보기　361

시·아유타야(Ayuthaya) 34
시손(Jose Maria Sison) 261, 262
시아누크(Nordom Sihanouk) 53~56, 58
　　　~60, 66, 92, 93, 123, 124, 165~
　　　168, 231~233, 255~257, 284, 294,
　　　301, 332, 353
시아누크빌(Sihanoukville, 콤퐁솜) 167
시암만(Gulf of Siam) 151, 152, 154
시엥쿠앙(Xieng Khouang) 152
시클로(cyclo, 인력거 택시) 112
신사고[新思考, 친타나칸마이(chin tanakan
　　　mai)] 정책 328, 352
신인민군(NPA, New People's Army) 261
신촌(新村)계획 37, 38, 162
실론 13
심볼론(Makmur Simbolon) 132, 133, 136,
　　　184
싸남루앙(Sanam Luang) 108, 111
싸하품당(Sahaphoom Party) 111
쏘마웅(Saw Maung) 329
씨엠립(Siem Reap) 165

ㅇ

아난(Anand Panyarachun) 334, 353
아난다(Ananda Mahidol) 32
아담 말릭(Adam Malik) 238
아마드 후세인 133, 184
아바나(La Habana, 하바나) 102
아바이(Kou Abhay) 120, 122, 201
아스완하이댐(Assuan High Dam) 100
아시아 통화위기 336
아웅산(Aung San) 48, 49, 313, 329, 350
아웅치(U Aung Kyi) 179, 180
아이디트(Dipa Nusantara Aidit) 45, 209~
　　　212
아이젠하워(Dwight David Eisenhower)
　　　20, 68, 143, 144, 146, 152
아자하리(A. M. Azahari) 190
아체(Aceh) 42, 185
아키노, 베니그노(Benigno Simeon Aquino
　　　Jr.) 31, 262, 263, 304, 309, 311,
　　　312
아키노, 코라손(Corazon Aquino) 311,
　　　333, 352
아파이웡(Khuang Abhaiwongse) 109
아프 바크(Ap Bac) 162
아프가니스탄 300, 306, 307, 312~314,
　　　327
안드로포프(Yurii Vladimirovich Andropov)
　　　312
안와르(Anwar Ibrahim) 336, 354
알리 사스트로아미조요(Ali Sastroamidjojo)
　　　45~47, 69, 90, 131, 132
암페라(Ampera, Amanat Penderitaan
　　　Rakyat) 237, 238
애치슨(Dean Gooderham Acheson) 16
앤저스 조약(ANZUS Treaty) 20
야니(Ahmad Yani) 211
야오원위안(姚文元, 요문원) 297
S&D작전(Search and Destroy, Seek and
　　　Destroy) 205
에콜 테크니크(École Technique) 54, 55
엔릴레(Juan Ponce Enrile) 312
오마르 다니(Omar Dhani) 209
오일쇼크 267, 278, 286, 299, 302, 303,
　　　305, 307, 308, 311
와(Wa)족 246
왕훙원(王洪文, 왕홍문) 297

우 탄트(U Thant) 280
우누(U Nu) 48~50, 52, 70, 83, 84, 113~117, 175~178
우돈(Udon) 152, 214
우본(Ubon) 151, 214
우수리(Ussuri, 우쑤리)강 251
운퉁(Untung Syabsuri) 210~212
워터게이트사건(Watergate Affair) 271, 274, 299
윈난(雲南) 35, 176
윌로포(Wilopo) 45, 46, 87, 89
유연반응전략(strategy of flexible response) 148~151, 202, 205
응오딘지엠(Ngo Dinh Diem) 91, 117~119, 123, 155, 157, 158, 161~167, 201, 204, 231, 234, 351
응오진누(Ngo Dinh Nhu) 118, 163
응우옌반린(Nguyen Van Linh) 326, 352
응우옌반티에우(Nguyen Van Thieu, 구엔반티우) 228, 252, 284
응우옌칸(Nguyen Khan) 164, 204
이라와디 삼각주(Irrawaddy delta) 50, 51, 116, 218, 246
이라크혁명 101, 104, 332
이란혁명 302, 306, 307, 352
이멜다(Imelda Marcos) 263
이승만 144, 156
이시바시 단잔(石橋湛山) 146
이엥 사리(Ieng Sary) 55, 123, 166, 294
인도네시아공산당 187, 190, 199, 239, 243, 351
인도차이나전쟁 53, 54, 56, 58, 65, 68, 73, 91, 270, 350
인민행동당(PAP, People's Action Party)

39, 130, 187, 206~208, 305, 336
임레 너지(Nagy Imre) 99

ㅈ

자경단(自警團) 44
자르평원(plain of jars, 항아리평원) 57, 152, 161, 264
자바(Java) 40~42, 46, 70, 90, 133, 134, 185, 239, 286, 341
자위대(自衛隊) 18
자유라오스(Lao Issara, 라오 이싸라) 54, 55
자유크메르(Khmer Issarak) 54, 56~58, 60, 66, 67
자유태국 32~35
장춘차오(張春橋, 장춘교) 297
장칭(江靑, 강청) 297
저우언라이(周恩來, 주은래) 18, 66, 257, 258, 273, 296
전략방위구상(SDI, Strategic Defense Initiative) 313
전바오섬(珍寶島, 다만스키섬) 251, 252
제2차 세계대전 13, 14, 16, 29, 30, 33, 35~37, 40, 44, 48, 67, 71~76, 79, 85, 98, 111, 125, 145, 188, 204, 205, 219, 260, 343, 346, 347, 350
제네바협정 65~67, 92, 117, 120, 162
제네바회담 65, 66, 68, 91, 92
존슨(Lyndon Baines Johnson) 158, 194, 202~205, 226, 229
주더(朱德, 주덕) 296
주안다(Raden Djuanda Kartawidjaja) 134, 137
중국카드(China Card) 299, 300, 316
중소국방신기술협정 103

찾아보기 363

중인(中印)분쟁 105
즈엉반민(Duong Van Minh) 164, 284
진먼섬(金門島, 금문도) 104, 147

ㅊ

차오프라야(Chao Phraya) 34
차티차이 춘하반(Chatichai Choonhavan) 330
참라온 비치아(Chamraon Vichea) 123
참파삭(Champasak) 왕조 215
찻상콤(Chaat Sang khom) 111
창시(創始)산업법 86
체르넨코(Konstantin Ustinovich Chernenko) 312, 314
추안(Chuan Leekpai) 334, 353, 354
친(Chin)족 115, 116

ㅋ

카다르 야노시(Kádár János) 99
카다피(Muammar al-Qaddafi) 281
카레아니스탄 49
카렌(Karen)족 49~52, 116, 176, 182
카바(Kaaba) 신전 306
카스트로(Fidel Castro) 102, 147, 156
카야(Kayah)족 115, 116
카친(Kachins)족 49, 116, 182, 246
카터(Jimmy Carter) 299, 300, 306, 307, 321
칼리만탄(Kalimantan, 보르네오) 132, 133, 341, 353
캄보디아공산당(크메르노동자당) 233, 255
캄보디아민족연합전선(FUNCINPEC, 푼시펙) 332, 335
캄보디아왕국민족연합정부(GRUNK, Royal Government of National Union of Kampuchea) 256
캄보디아전쟁 302, 303, 305, 317, 327, 335
캄푸치아민족통일전선(FUNK, National United Front of Kampuchea) 256
캠프데이비드(Camp David) 143, 150
케네디, 존(John Fitzgerald Kennedy) 150~161, 163~165, 194, 202, 230
케네디, 로버트(Robert Francis Kennedy) 230
케산(Khesanh) 229
케손(Quezon)시 262
코랏(Khorat) 151, 214
코만도지하드(Komando Jihad, 이슬람성전) 305
코민포름(Cominform) 98
코시긴(Aleksei Nikolaevich Kosygin) 234, 256
코치노스만(피그스만) 사건 156
콜롬보(Colombo) 68~70
콤퐁참(Kompong Cham) 59, 166, 255
콩레(Kong Le) 119, 121, 122, 161, 231, 351
쿠바혁명 101, 102, 147
쿠알라룸푸르(Kuala Lumpur) 192, 240, 241, 351
쿠크리트(Kukrit Pramoj) 278
크리앙삭(Kriangsak Chomanan) 302, 303
크메르노동자당(KWP) 123, 166, 168, 255
크메르루주(Khmer Rouge, 공산군) 284
크메르인민혁명당(KPRP, Kampuchean People's Revolutionary Party) 59
클라크(Clark) 333
키리노(Elpidio Quirino) 30~32, 125
키신저(Henry Alfred Kissinger) 149, 258,

269
키우 삼판(Khieu Samphan) 124, 232, 257, 270, 294
키우 티리스(Khieu Thirith) 123
키우 포나리(Khieu Ponnary) 123

ㅌ

타놈 키티카촌(Thanom Kittikachorn) 110
타닌 크라이비치엔(Thanin Kraivichien) 278
타마삿(Thammasat)대학 274, 275, 278
타킨 탄툰(Thakin Than Tun) 48
탐롱(Tamron) 32, 33
태국애국전선(Thai Patriotic Front) 215
태평양안전보장조약(Pacific Security Pact) 20
터너조이호(USS Turner Joy DD-951) 203
테이크오프(Take off) 204
테일러(Maxwell Davenport Taylor) 149, 151, 158, 202, 205
테트 대공세(Tet Offensive) 228, 229
테트(Tet) 228
테프 초티누치트(Thep Chotinuchit) 108
톈안먼(天安門)사건(천안문사건) 332
통일말레이시아국민조직(UMNO=United Malay National Organization) 36, 85, 352
통킹만 결의(Gulf of Tonkin Resolution) 203
통킹만 사건(Gulf of Tonkin Incident) 201, 203, 234, 351
툭툭(Tuk Tuk) 112
트루먼(Harry Shippe Truman) 17, 19, 20, 127, 253

티베트 반란 116
티베트(Tibet) 19, 104, 105, 144, 176
티토(Josip Broz Tito) 99
틴 우(Tin Oo) 281, 305

ㅍ

파당(Padang) 131, 133
파오(Phao Sriyanond) 35, 108, 110, 111
파테트라오(Pathet Lao, 라오스해방전선) 55~57, 66, 92, 119~122, 154, 161, 215, 231, 284
파푸아(Papua) 287
판자이탄(D. I. Panjaitan) 211
팔만(S. Parman) 211
페르타미나(Pertamina) 286, 308
페사라트(Phetsarath) 53~55
펜텡 정책 88
포드(Gerald Rudolph Ford Jr.) 283
포즈난(Poznań, 포즈나뉴, 포젠) 98
포탈라궁(Potala Palace) 105
포트 사라신(Pote Sarasin) 111, 112
폴 포트(Pol Pot) 54, 55, 59, 60, 67, 123, 166, 168, 233, 255, 270, 293~295, 298, 301~303, 336, 354
폴세나(Quinim Pholsena) 161
퐁살리(Phongsali) 66
푸마(Souvanna Phouma) 55, 92, 119, 121, 122, 151, 153, 154, 201, 216, 270, 283
푸미폰(Phumiphon Adunyadet, 라마 9세) 32, 334
푸옥탄(Phuoc Tan) 157
푸이 사나니콘(Phoui Sananikone) 119, 122

프놈펜(Phnom Penh)　54, 58, 59, 122, 123, 151, 166, 167, 232, 233, 256, 257, 284, 293, 294, 301, 351
프렘(Prem Tinsulanonda)　303, 316
프롤레타리아 문화대혁명(Great Proletarian Cultural Revolution/GPCR)　235
플라자합의(Plaza Accor)　321, 322, 324, 335, 352
피다웅주연합당(Pydaunugzu Union)　175, 177
피도타(Pyidawtha, 복지국가)계획　82, 83
피분(Phibun Songkhram)　32~35, 47, 82, 106~111, 113, 350
PAS(Pan-Malaysian Islamic Party)　304
필리핀농공업개발계획　79

ㅎ

하노이(Hanoi)　57, 123, 151, 229, 346, 353
하라합(Burhanuddin Harahap)　89, 90, 131, 132, 136, 185
하리야티(Hariyatie)　211
하비비(Bacharuddin Jusuf Habibie)　341, 354
하심(Hashim)　101
하이드파크(Hyde Park)　108
하이퐁(Haihpong)　57, 151
하일레셀라시에 1세(Haile Selassie I)　273
하타(Mohammad Hatta)　43
하토야마 이치로(鳩山一郞)　145
한국전쟁　11, 13~16, 18~25, 27, 29~32, 34, 35, 38, 40, 44, 50, 52, 56, 57, 65, 67, 68, 73, 74, 77, 79, 83, 85, 97, 106, 144, 147, 259, 335, 343, 347, 350

할요노(M. T. Haryono)　211
헝가리 동란　102
헤이그협정　88, 89, 130
호메이니(Ayatollah Ruhollah Khomeini)　302, 304
호세 라바(Jose Lava)　30, 31
호찌민(胡志明)　53, 56, 118, 151, 253, 296, 298
화궈펑(華國鋒, 화국봉)　296
후 님(Hu Nim)　257
후세인 온(Hussein Onn)　280
후야오방(胡耀邦, 호요방)　314, 332
후이 칸툴 보라(Huy Kanthoul Vora)　59
후크발라하프(Hukbalahap)　30
흐루쇼프(Nikita Sergeevich Khrushchyov)　97, 102, 143, 144, 153, 160, 234